輸出取引・輸出手続きの流れ

輸出の手続き	書類の流れ	貨物の流れ
❶輸出商品を決定する		
❷市場調査を行う 取引相手国を選ぶ		
❸取引相手先を選ぶ 相手の信用を調査する		
❹法的規制を確認する		
❺取引を勧誘し、引合いを受ける オファーを行う 合意して契約が成立する	勧誘レターを送る 引合いレターを受取る オファーを送る 契約書を取りかわす	
❻信用状を受取る	信用状を受取る （信用状取引の場合）	
❼貨物を生産・調達する 輸出通関手続きを行う	 輸出申告書を提出する （＋外為法の輸出許可承認書） （＋インボイスなど）	受注貨物を生産・調達する 貨物を保税地域へ搬入する
❽貨物の運送契約を結ぶ 貨物の保険契約を結ぶ	本船の船腹を予約する 保険証券を受取る	
❾貨物を船積・出荷する	船荷証券を受取る	輸出許可後、船積する
❿輸出代金を回収する	銀行による荷為替手形の買取り （＝為替手形＋船積書類）	

図解 最新版

なるほど！ これでわかった

よくわかる これからの貿易

貿易にまつわる制度、取引条件などの実務の基本から、
貿易立国・日本のこれからまでがわかる！

高橋靖治

同文舘出版

はじめに

本書は、貿易取引のしくみを100のテーマにまとめたものです。取引の条件、代金の決済、貨物の運送と保険、輸出入の手続きなど、これから貿易の仕事に取組む人に基礎的な知識を、また現在、貿易の実務に携わっている人に仕事上のヒントを提供したいと考えて、構成しています。

平成18年発行の初版以来、多くの方にご利用いただき、ご好評をいただきました。今回の最新版では、2020年に改訂された最新の貿易ルールであるインコタームズ2020に対応しているほか、国際物品売買の事実上の世界標準となりつつあるウィーン売買条約、貨物海上保険の協会貨物約款2009、税関手続きのAEO制度など、いろいろな貿易取引のルールを取込んでいます。図解を参照しながら、理解を深めていただけると思います。なお、㈱商船三井からは、貴重な写真をご提供いただきました。この場を借りて厚くお礼申し上げます。

最後に、この本を書くチャンスと助言をいただいた同文舘出版の古市達彦氏、いろいろの手配りをしてくださった竹並治子さんに、心からお礼申し上げます。

高橋　靖治

最新版 図解 なるほど! これでわかった

よくわかる これからの貿易

CONTENTS

第2章　貿易取引と売買契約

第3章　信用状と取引代金の決済

第4章　海上運送と船荷証券

第5章　航空運送と国際複合輸送

第6章　貨物海上保険と貿易保険

第7章　輸出入手続き

第8章 外国為替と貿易金融

第9章 貿易取引のクレーム

第10章 これからの貿易取引

[参考文献]

天田乙丙『港運がわかる本』成山堂書店
石田貞夫『貿易用語辞典』白桃書房
今川博・松本敬『メガＥＰＡ 原産地規則―自己申告制度に備えて―』日本関税協会
大崎正瑠『詳説　船荷証券の研究』白桃書房
小口幸伸『入門の金融　外国為替のしくみ』日本実業出版社
恩蔵直人『マーケティング』日本経済新聞社
加藤修『国際貨物海上保険実務』成山堂書店
木下達雄『国際航空貨物運送の理論と実際』同文舘出版
経済産業省通商政策局編『不公正貿易報告書』経済産業調査会
経済法令研究会編『ゼミナール外為実務Ｑ＆Ａ』経済法令研究会
国際商業会議所日本委員会『ＩＣＣ取立統一規則』
国際商業会議所日本委員会『ＩＣＣ荷為替信用状に関する統一規則および慣例』
国際商業会議所日本委員会『インコタームズ2020』
国際通貨研究所『外国為替の知識』日本経済新聞社
小室程夫『ゼミナール国際経済法入門』日本経済新聞社
自由国民社『現代用語の基礎知識』自由国民社
鈴木暁『国際物流の理論と実務（新訂版）』成山堂書店
高橋靖治『貿易の取引と実務』東京リーガルマインド
田村諄之輔·前田重行·大塚龍児·倉沢康一郎『手形・小切手の法律入門（新版）』有斐閣
D·バジャー・G·ホワイトヘッド著・大谷孝一監訳『貿易貨物保険の基礎』成文堂
土井秀生『図解マーケティング·マネジメント』東洋経済新報社
東京海上日動火災『貨物保険案内』
東京銀行システム部·ＴＲＩ『貿易と信用状』実業之日本社
東京リサーチインターナショナル『外国為替の実務』日本経済新聞社
東京リサーチインターナショナル編·浦野直義著『外国為替と貿易実務がわかる』実業之日本社
東芝輸出管理部編『キャッチオール輸出管理の実務』日刊工業新聞社
中村秀雄『国際商取引契約·英国法にもとづく分析』有斐閣
新堀聡『実践貿易取引』日本経済新聞社
日本インターナショナルフレイトフォワーダーズ協会『国際複合輸送業務の手引』
日本関税協会『関税六法』日本関税協会
浜谷源蔵著·椿弘次補訂『最新貿易実務·補訂版』同文舘出版
林忠昭『貨物海上保険』有斐閣
堀出一郎·山田晃久編著『グローバルマーケティング戦略』中央経済社
堀米明・小山洋明·東聡『はじめての貿易金融EDI』東洋経済新報社
三井住友海上火災保険『外航貨物海上保険案内』
三井物産審査部編『海外審査の実務』商事法務研究会
三宅輝幸『貿易実務と外国為替がわかる事典』日本実業出版社
宮本栄『貿易実務の基礎知識』成山堂書店
八尾晃『貿易·金融の電子取引』東京経済情報出版
横尾登米雄著·松田和也改訂『改訂第７版貨物海上保険』損害保険事業総合研究所
汪正仁『ビジュアルでわかる国際物流』成山堂書店

立体イラスト　野崎一人
本文デザイン　メディファーム
本文イラスト　つのださとし

第1章

貿易取引のしくみと取引条件

SECTION 1

貿易取引のしくみ①

貿易取引にはさまざまなルールがある

貿易取引のルールをクリアするとともにうまく利用したいもの。

外国との貿易取引では、国内取引とはいろいろな点で違いがあります。

取引相手国の法律や政治・経済の制度が違っていることも多く、またものの考え方（価値判断の基準）やことばも違うことが一般です。貿易取引では、相手国の経済状況や対外政策などにもとづく国ごとのルール、さらに国際的なルールや規制にも対応しなければなりません。これらの違いやルールを克服してお互いに満足できる取引をしたいものです。

●世界各国による輸出入の規制

商品を輸出するとき、品物によっては自由に輸出することができません。一定の手続きが必要とされるからです。これを規制と呼んでいます。たとえば、けん銃や麻薬などです。輸入についても、規制が行われています。

世界の貿易は、品物によって、①**輸出国による輸出の規制**、②**輸入国による輸入の規制**が行われています。

●条約の取決めによる国際的なルール

③**世界貿易機関（WTO）による貿易のルール**　WTOのルールは、個々の企業に対するルールではなく、WTO加盟国に貿易の規制をなくすように努力させて、貿易取引の自由化を促進させるためのルールです。

④**自由貿易協定（FTA）あるいは経済連携協定（EPA）**　2国間あるいは複数国間で貿易取引などを自由化しょうとする取決めです。

⑤**ウィーン売買条約**　貿易取引の基本的な契約条件を定めた条約です。売買契約の成立、および契約にもとづく売主および買主の権利と義務について規定しています。

●商慣習にもとづく貿易ルール

貿易取引には、過去の長い歴史を踏まえて、形作られた商取引の慣習をルール化したものがあります。⑥**国際商業会議所が制定したインコタームズ（取引条件に関するルール）**や⑦**国際商業会議所による信用状統一規則、取立統一規則**などのことです。

貿易取引のしくみ（貿易取引と国内取引の違い）

取引相手との相違点（リスク）：

・ものの考え方（価値判断の基準）
・通貨（外国為替相場の変動リスク）
・法律・政治・経済などの制度
・ことば
・商取引の慣習
・カントリーリスク

↓

・輸出の規制
・輸入の規制
（外為法）（植物防疫法）
（家畜伝染病予防法）
（食糧法）（食品衛生法）
（医薬品医療機器法）
（文化財保護法）
（家庭用品品質表示法）
（電気用品取締法）
（関税法）など

・WTO協定（世界貿易機関協定）

・FTA協定（自由貿易協定）
・EPA協定（経済連携協定）

・ワシントン条約（野生動植物の保護）
・モントリオール議定書（オゾン層の保護）
・バーゼル条約（有害廃棄物の国際間移動禁止）
・その他の条約による取り決め

↓

・民法
・商法
・独占禁止法
・その他の法令

・ウィーン売買条約（売買契約のルール）
・ニューヨーク条約（仲裁のルール）
・その他の取り決め

・船荷証券統一条約（海上貨物の運送）
・ワルソー条約（航空貨物の運送）
・その他の取り決め

↓

・国際海上物品運送法
・保険法
・その他の法令

・インコタームズ（取引条件のルール）
・ICC信用状統一規則（信用状を利用する代金決済のルール）
・ICC取立統一規則（銀行経由取立のルール）

↓

・マーケティング
・貿易取引の契約を結ぶ　・契約を実行する
・輸出入税関手続き（関税法、関税定率法、関税暫定措置法など）

SECTION 2

代金決済の基本となる信用状取引のしくみ

貿易取引のしくみ②

信用状は輸出者輸入者それぞれの不安を小さくすることができる。

貿易取引はモノ（商品）の売買取引です。売り手と買い手の間で結ばれる売買契約にもとづいて、売り手が商品を引渡し、買い手が代金を支払う取引です。ここでは、信用状を利用して代金を決済する場合を例に、貿易取引のしくみを説明します。次ページの図解および表紙裏の取引の流れを参照してください。なお、信用状は、銀行が発行する支払いの保証書です。

●信用状を利用する代金決済

①売り手（輸出者）と買い手（輸入者）の間で、商品の売買契約が結ばれます。

②信用状を利用して決済することを取決めた場合、買い手は取引銀行へ信用状の発行を依頼します。

③④信用状発行銀行は、業務提携関係にある相手国（輸出国）の銀行（コルレス銀行といいます）経由で、売り手に信用状発行を通知します。

⑤信用状を受取った売り手（輸出者）は、代金回収の不安がなくなり、安心して商品を調達し船積します。売り手は、信用状の受益者と呼ばれます。

⑥運送人である船会社は、貨物を受取ると、受取証である船荷証券を発行します。

⑦売買契約で、売り手が貨物保険の手配をすることを取決めた場合、売り手は保険会社と保険の契約をします。

⑧保険会社は、保険契約成立の証拠書類である保険証券を発行します。

⑨売り手は、信用状条件に合わせて、荷為替手形を作成し、取引銀行へ買取を依頼します（荷為替手形＝為替手形＋船積書類）。なお、為替手形は、支払を請求する手形（書類）であり、船積書類には、船荷証券、保険証券、輸出者作成のインボイス（送り状）などが含まれます。

⑩信用状によって支払を保証されているので、売り手の取引銀行は、荷為替手形を受取って、その代金を立替えて支払います。荷為替手形を買う売り手の取引銀行は、買取銀行と呼ばれます。

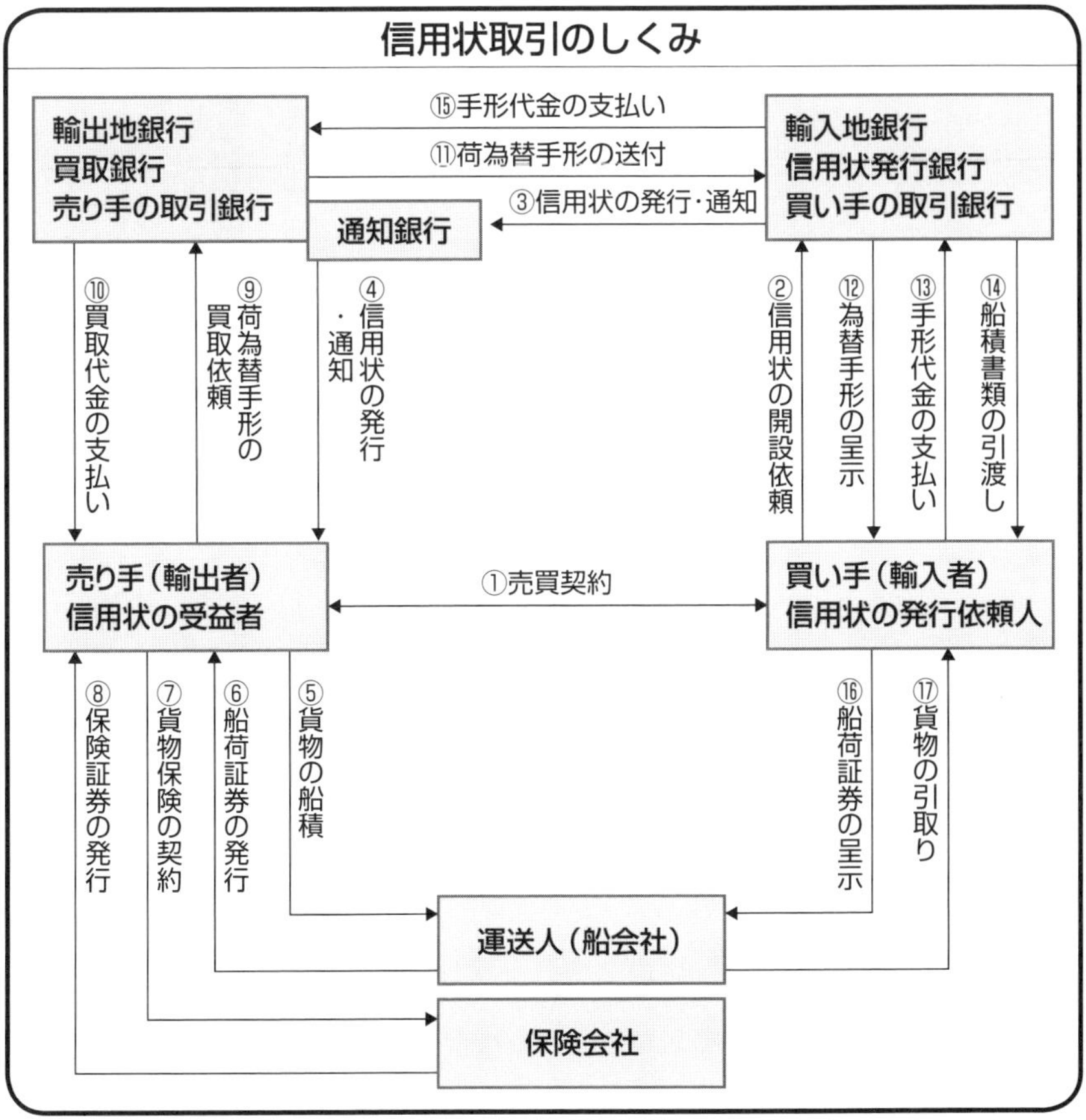

⑪買取銀行は、信用状の指図にしたがって、荷為替手形を信用状発行銀行へ送ります。

⑫⑬⑭発行銀行は、為替手形を買い手（輸入者）に呈示し、手形代金の支払を受けて、船積書類を買い手に引渡します。

⑮発行銀行は、買い手から受取った手形代金を買取銀行へ送り、買取銀行は売り手に支払った買取金額を回収します。

⑯⑰輸入者は、船積書類の中の船荷証券を船会社に呈示して貨物を引取ります。船荷証券は、輸出地における貨物の受取証であると同時に、輸入地における貨物の引換証でもあります。

●信用状のメリット

信用状は、輸出者の「代金回収に対する不安」と輸入者の「約束通りに商品が船積みされたか否かの不安」を小さくします。

貿易促進のための国際協定・組織

GATT（関税及び貿易に関する一般協定）とWTO

第2次大戦後、GATTがリードしてきたが、GATTの不足部分を補うかたちでWTOが設立される。

WTOは、GATTのウルグアイラウンド交渉の結果、「世界貿易機関を設立するマラケシュ協定」にもとづいて、1995年1月1日に設立された国際機関です。

GATTは、1947年の設立以来、参加各国の関税率引下げ、貿易取引の拡大に大きな役割を果たしてきました。しかし、GATTが政府間協定によって成立していたため、各国の国内法がGATT規定に優先して適用されることもあり、その限界もはっきりしました。

このためGATTの第8回多角的貿易交渉であるウルグアイラウンドでは、①新たに設立することになったWTO加盟国全員の権利義務を同じにし、②暫定的な存在のGATTを改組して条約にもとづく国際機関とし、③紛争解決手続きを公平な統一ルールにしたいと考えました。

また、WTOは、その活動範囲を、物品（商品）の貿易だけでなく、今後ますます増加の傾向にあるサービスと知的所有権の貿易をも取込んでいくことにしています。

●WTOの原則

WTOはGATTの考え方を引き継いで、三つの原則をもとに貿易の自由化を図っています。

①無差別の原則　最恵国待遇（ある外国からの輸入品と他の外国からの輸入品を差別待遇しないこと）と内国民待遇（外国からの輸入品と自国の国産品を差別待遇しないこと）

②貿易自由の原則　関税を引下げ、数量制限を廃止し、非関税障壁（貿易促進を妨げる関税率以外の要素）をなくすこと

③多角主義の原則　すべての加盟国が一堂に会して交渉し、全会一致で決定すること（コンセンサス方式）。

●ネガティーブコンセンサス方式

WTOは、紛争解決の手続きの場合のみ、加盟国全員が一致して反対しない限り、（1ヶ国でも賛成すれば）採択することにしています。

マラケシュ協定（WTO設立協定）

世界貿易機関（WTO）を設立するマラケシュ協定
（WTOを設立するための協定であり、WTOの組織、加盟、意思決定などに関する一般的な規定によりできている）

付属書1A：物品の貿易に関する多角的協定

①1994年の関税および貿易に関する一般協定（1994年版GATT）
②農業に関する協定
③衛生植物検疫措置の適用に関する協定（SPS協定）
④繊維および繊維製品（衣類を含む）に関する協定（繊維協定）
⑤貿易の技術的障害に関する協定（TBT協定）
⑥貿易に関連する投資措置に関する協定（TRIMs協定）
⑦1994年の関税および貿易に関する一般協定第6条の実施に関する協定（アンチ・ダンピング協定）
⑧1994年の関税および貿易に関する一般協定第7条の実施に関する協定（関税評価に関する協定）
⑨船積前検査に関する協定（PSI協定）
⑩原産地規則に関する協定
⑪輸入許可手続きに関する協定
⑫補助金および相殺措置に関する協定
⑬セーフガードに関する協定
⑭貿易の円滑化に関する協定

付属書1B：サービスの貿易に関する一般協定（GATS協定）

付属書1C：知的所有権の貿易関連の側面に関する協定（TRIPS協定）

付属書2：紛争解決にかかる規則および手続きに関する了解(DSU協定)

付属書3：貿易政策検討制度に関する協定（TPRM協定）

付属書4：複数国間貿易協定

SECTION 4

増える自由貿易協定（FTA）

FTA（自由貿易協定）とEPA（経済連携協定）

WTOにおける多角的貿易交渉がまとまりにくくなったため、2国間あるいは複数国間でFTA締結へ。

世界の国々の間でFTAの取組が増えています。FTAとは、「二つの国、あるいは複数の国や地域の間で、お互いに関税を撤廃し、輸出入の手続きを簡素化して、貿易などの経済活動を活発化させるために締結する協定」のことです。

日本が外国と結ぶFTAは、EPAと呼ばれています。EPAは、単に商品の貿易だけでなく、投資、知的財産、経済協力、人の移動など、幅広い分野で連携を深める協定であると説明されています。しかし、海外でFTAと呼ばれている協定には、これらの幅広い分野を含めることが一般的です。

WTOにおける貿易自由化交渉では、加盟国すべてに対して、等しく関税などの貿易障壁の削減・撤廃を要求しますが、輸出するものが少ない開発途上国は、貿易の自由化は、十分に育っていない自国産業を弱体化させるばかりでなく、関税収入を減らすことにもなります。他国市場が開放されても、自国の利益につながらないと主張しています。

WTOは、全会一致で採決することが原則であり（コンセンサス方式）、加盟国の80%が途上国といわれる現状では、多角的交渉がなかなか進展しないため、手っ取り早い成果を求めて、FTAが急速に増えているのです。

なお、FTAに関するWTOの規定では、「FTAを締結する国同士は、関税などを基本的に撤廃すること」、「第三国に対しては、FTA成立前より関税などを高くしないこと」が求められています。

FTAのメリットは、関税（輸入税）の減免税によるコストの低下です。

FTAを利用して取引が行われる場合、関税（輸入税）が減免されて、利益を得るのは輸入者（買い手）です。輸出者（売り手）は、輸入者と売買価格の交渉（関税減免分を売買価格に上乗せする）によって、利益を得ることができます。

EAP（経済連携協定）の現状（全体像）

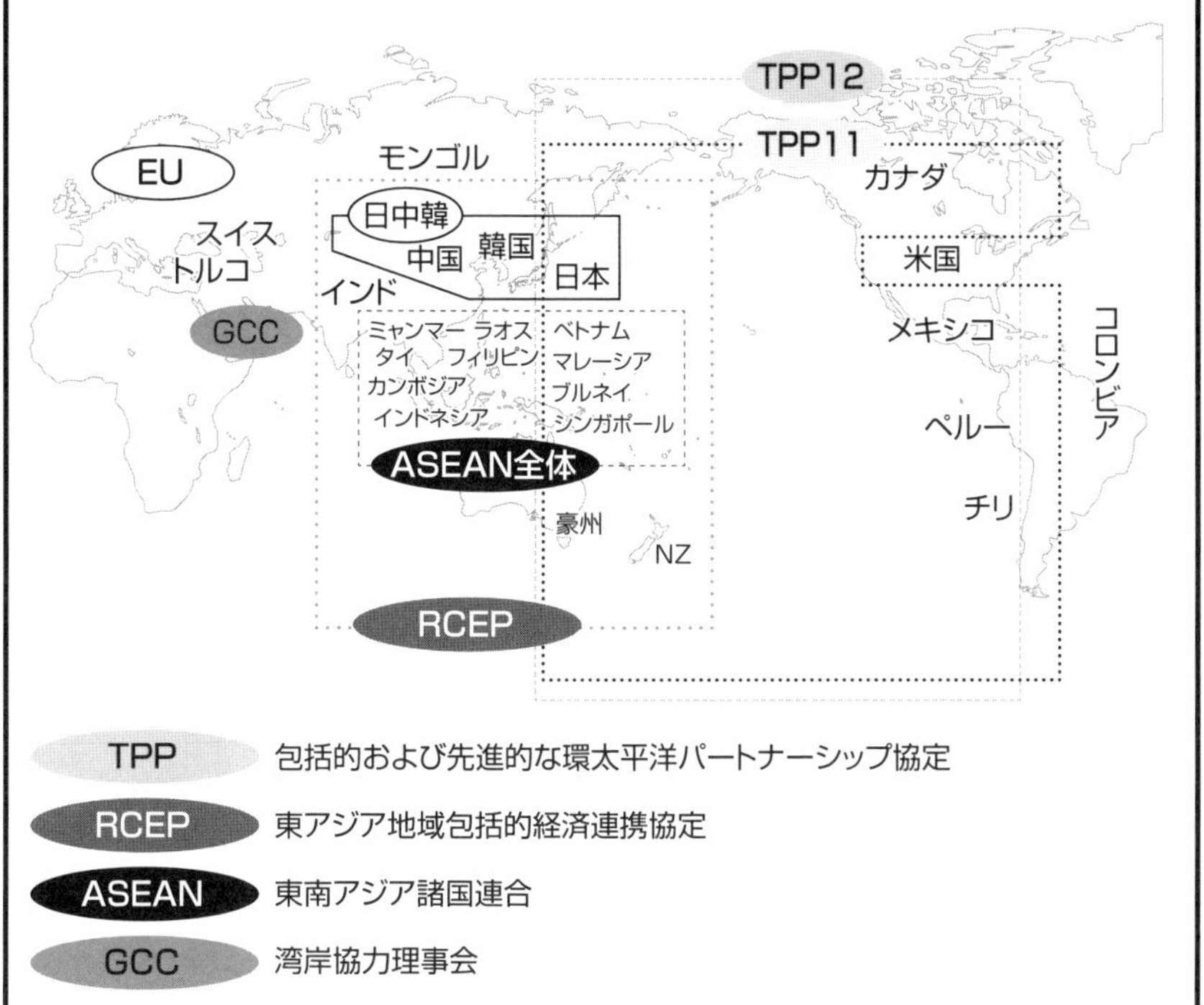

※図の国・協定名は、日本と「発効済」「署名済」「交渉中」のすべてを記載（2019年12月時点）

資料：農林水産省「経済連携交渉の状況について」

日本とＦＴＡ協定のある外国Ａの取引先Ｂに輸出販売する場合、外国Ａと
ＦＴＡ協定のない外国Ｃの競争相手（ライバル）よりは、有利に販売することができます。

買い手とＦＴＡ関係のない外国の企業や、ＦＴＡに対応していない国内の競合企業に対して、ＦＴＡは、自社を有利な立場においてくれる制度です。

ＦＴＡは、日本の場合、発効・署名済み18件（２０１９年２月現在）、世界では、発効・署名済み３３５件（２０１８年12月現在）です。今後、この潮流が加速していくことになるでしょう。

しかし、一方で、ＦＴＡに対応する輸出者の手続きには、かなりのテマ（労力）・ヒマ（時間）がかかりそうです。ＦＴＡを活用するべく、準備を始めては、いかがでしょうか。

SECTION 5

FTA・EPAの原産地規則

優遇された税率適用のためクリアすべきポイント

FTA 自由貿易協定とEPA 経済連携協定。

FTA・EPAを利用することによって、輸入関税ゼロあるいは軽減された税率で、外国産品を輸入することができます。しかし、このメリットを受けるためには、輸入される産品が、取引相手国（FTA・EPA締約国）の産品であることが必要です。このため、それぞれのFTA・EPAでは、原産地規則を定めています。

①原産地規則とは、産品の原産地を決めるためのルールのことです。輸入しようとする産品が、FTA・EPAの特恵関税率（優遇された関税率）を適用する対象であることを確認するために、原産地規則を利用します。

②FTA・EPAの特恵関税率を利用するためには、次の4条件を満たしていることが必要です。

a．輸入される産品に特恵関税率が設定されていること

b．原産地基準を満たしていること（生産品が、特恵原産地規則にもとづく原産品であること）

c．積送基準を満たしていること（運送の途中で原産品という資格を失っていないこと）

d．税関に対して、原産地基準＋積送基準の両方を満たしていることを証明すること（特恵原産地規則にもとづく原産地証明書・船荷証券などを提出すること）

③原産地基準（次の産品は、当該締約国の産品とする）

a．完全生産品（生産が1ヶ国で完結している産品をいう）、たとえば、オーストラリアで生まれ育った牛から得られた牛肉

b．原産材料のみから生産される産品（締約国の原産材料のみから、当該締約国において完全に生産された産品をいう）、たとえば、チリで栽培されたブドウを使って、チリで醸造しビン詰めしたワイン

c．実質的変更基準を満たす産品（非原産材料を使用し生産した場合でも、実質的変更基準の要件を満たす産品をいう）、たとえば、ニュージーランド

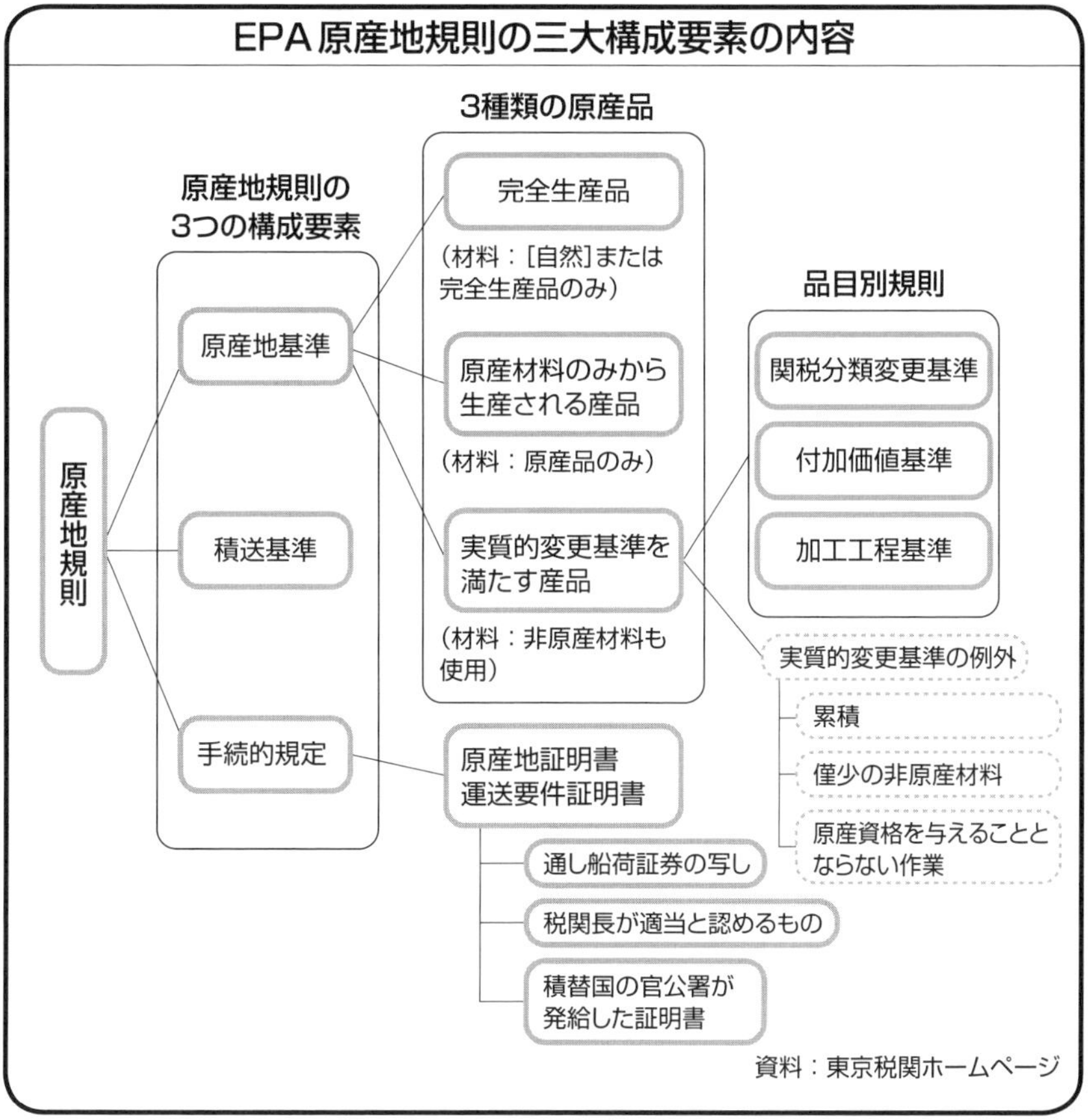

産の羊毛を使って、ベトナムで糸を紡ぎ、かつ編んだセーター、一定価格以下の日本製のガソリンエンジンを積んだタイ製の自動車

④原産地証明書

輸入される産品が原産地基準を満たしていることを税関に証明する方法には、次の三つの方法があり、ＥＰＡごとに決められています。

ａ．自己申告制度（原産地証明書を産品の生産者、輸出者または輸入者が作成する）

ｂ．第三者証明制度（輸出地の商工会議所などの公的機関が証明し発行する）

ｃ．認定輸出者による自己証明制度（輸出国政府が認定した者が自己証明する）

SECTION 6

自分に代わって外国で商売をしてもらうには

代理店契約と販売店契約

代理店はいわば〝手足〟で手数料を取るだけ、販売店は〝手足＋頭〟で販売店みずから儲けを追求する。

貿易取引は、国内取引と同様に、信頼できる相手と継続して取引することが、取引を伸ばし、安定した利益を生み出す最も良い方法です。継続した取引の方法として①代理店契約にもとづく取引と、②販売店契約にもとづく取引があります。

●代理店契約

代理とは、他人（本人）の依頼を受けて、本人に代わって物事を処理する（売買を行う）ことです。代理店は、依頼人（本人）の名前と利益計算により、売買取引を行い、あらかじめ決められた手数料を受ける人または企業のことをいいます。外国現地における取引規模が小さいとか、自分が直接に営業拠点を設けて活動するより効果がある場合などに、現地の人または企業に依頼して、代理店として自分の代わりに営業活動をしてもらうのです。

代理店が営業活動を行った結果、利益がでれば依頼人（本人）の利益となり、損失がでれば依頼人（本人）の損失となります。代理店自身の利益、損失にはなりません。代理店活動の結果、受取る手数料が代理店の利益です。

なお、本人とは、自分で取引の利益計算を行い、売買にともなう危険と責任を負担する人のことで、一般的には輸出者、輸入者のことです。なお、本人と代理人または代理店の関係を「本人対代理人」の関係といいます。

●販売店契約

売り手・買い手のそれぞれが、自分で取引の利益計算を行い、売買にともなう危険と責任を負担する場合、すなわち代理人としてでなく、本人として取引を行う場合、この場合の売り手と買い手の契約を販売店契約といいます。両当事者の関係は「本人対本人」の関係で、販売店は、自分の販売力で売れる数量を、自分の価格計算にもとづいて仕入れ、在庫し、販売します。

日本では、「代理店」という表現が、卸商、問屋すなわちここでいう「販売店」の意味で使われることが多いので要注意です。

代理店と販売店

1. 代理店契約にもとづく取引の例

（「本人対代理人」の取引）

本　人＝自分の名前で、自分の利益計算にもとづいて売買する人または企業。
代理人＝他人（本人）の依頼を受けて、他人（本人）の名前を使って、
　　　　他人（本人）の利益計算にもとづいて、売買する人または企業。

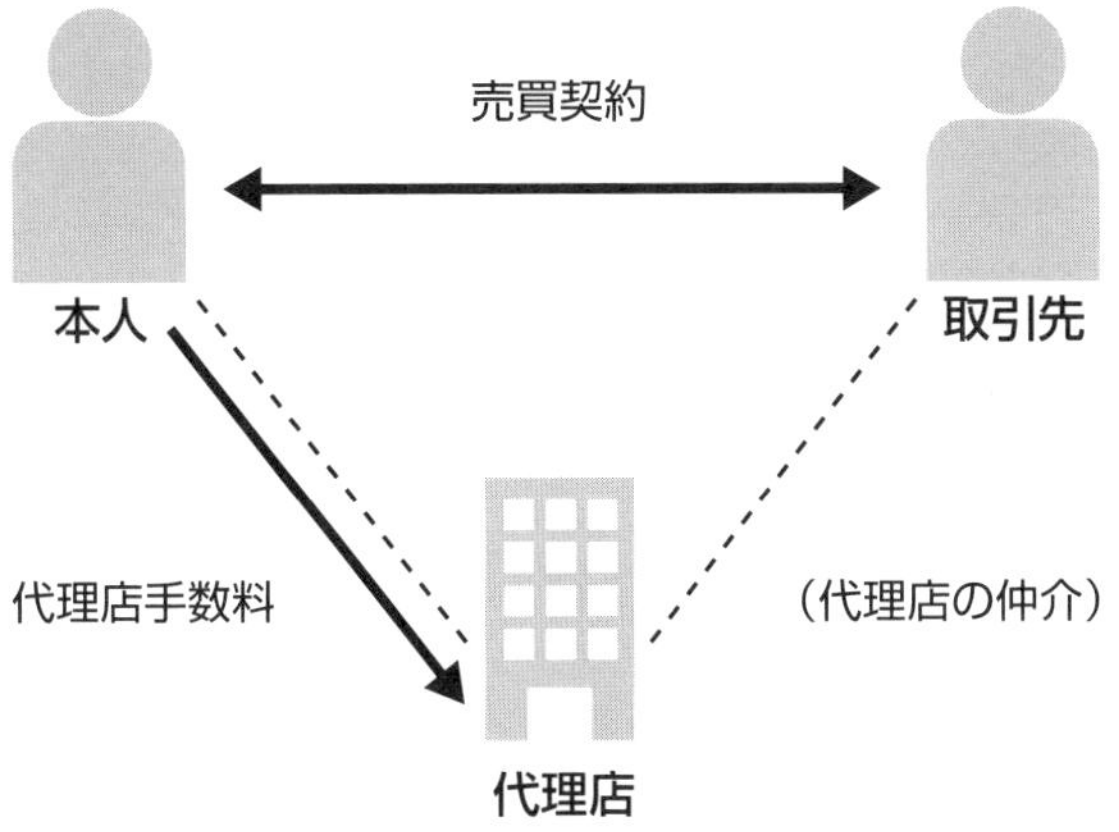

①代理店が、販売代理店の場合：　本　人　＝売り手（輸出者）
　　　　　　　　　　　　　　　　取引先　＝買い手（輸入者）
②代理店が、買付け代理店の場合：本　人　＝買い手（輸入者）
　　　　　　　　　　　　　　　　取引先　＝売り手（輸出者）

2. 販売店契約にもとづく取引の例

（「本人対本人」の取引）

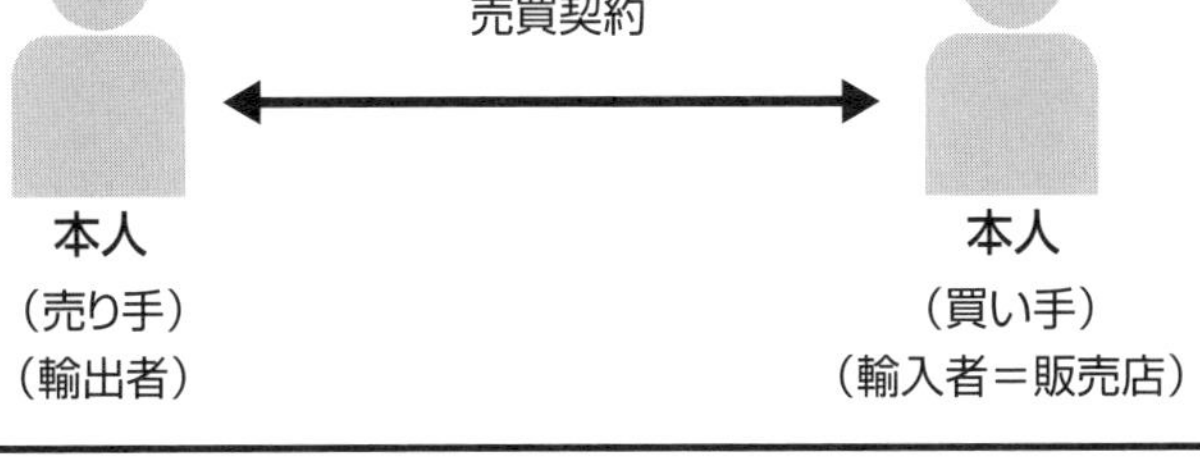

SECTION 7

総代理店以外によるブランド物輸入

並行輸入・仲介貿易

商標権の侵害を理由に長く許可されなかったが今はOKに、阻害すれば独禁法違反のおそれも。

●並行輸入

継続して輸入され販売される商品、特に有名な商標（ブランド）の商品は、一般にその商標権を持つ外国のメーカーまたは輸出者と日本の輸入者との間の総代理店契約または総販売店契約にもとづいて輸入販売されることが一般です。しかし、この商品が、輸入販売に関する正式の契約を結んでいない第三者によって輸入され販売されることがあります。この第三者による輸入を並行輸入と呼んでいます。

並行輸入は、商標権者の権利を侵害するとの理由で、長い間、税関は輸入を許可しませんでした。しかし、パーカー万年筆事件における1970年の大阪地裁判決、71年の大阪高裁判決の結果、現在では「並行輸入される商品が真正商品（ほんもの）であれば、商標権の侵害にあたらない」との理由で、並行輸入が認められています。

また、自動車用アルミホイールのBBS事件における97年の最高裁判決の結果、特許権についても「並行輸入される商品が真正商品であれば、特許権の侵害にあたらない」との理由で並行輸入が認められています。

公正取引委員会は、並行輸入が価格競争を促進する効果を持っており、価格維持のために並行輸入を阻害する行為があれば、独占禁止法上問題になると考えています。

なお、アフターサービスが必要な並行輸入品は、サービスを受けられるか否かの不安があり、買う前に、保証内容の確認をおすすめします。

●仲介貿易

外為法では、仲介貿易とは「本邦の居住者が、非居住者との間で行う、外国相互間の貨物の移動をともなう貨物の売買に関する取引」のことをいいます。

日本の商社Aが中国のメーカーBと売買契約を結んで衣料品を購入し、それを英国の小売業者Cへ販売するため、商品を中国から英国へ直送する場合が、この仲介貿易に該当します。

並行輸入・仲介貿易

並行輸入 Parallel Import

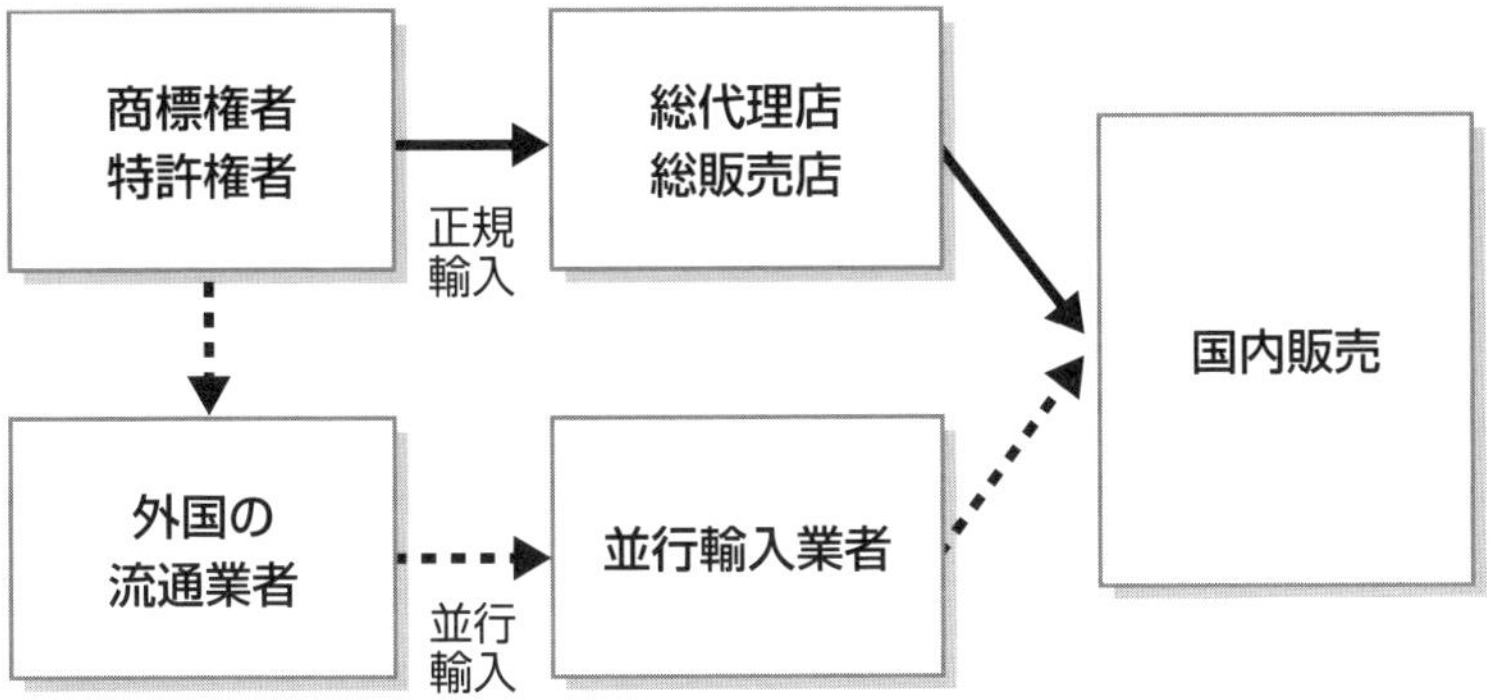

並行輸入品が、真正商品(ほんもの)であれば、商標権・特許権の侵害にあたらない。輸入通関手続きも問題なく行うことができる。

仲介貿易 Intermediary Trade

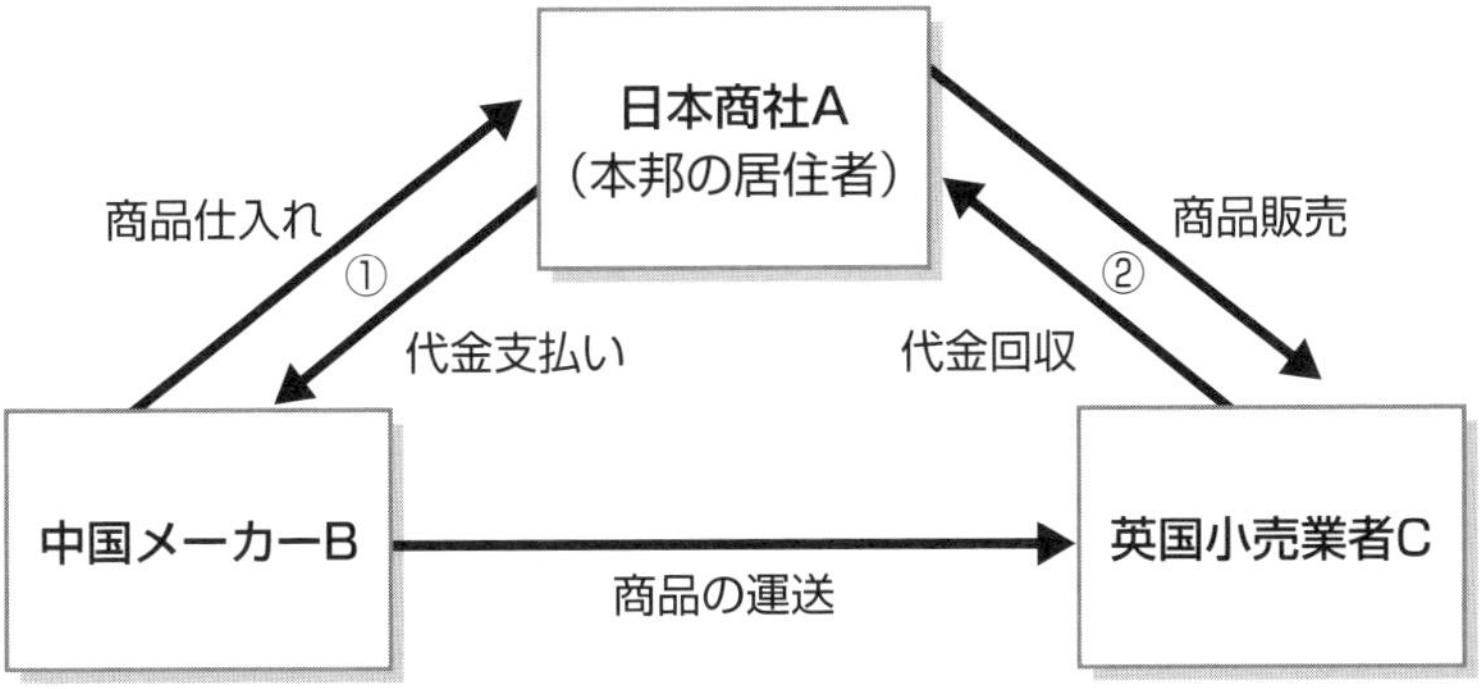

①A-B間の取引と、②A-C間の取引は、別々の取引である。しかし、商品が同一物であること、商品の運送が直送であることから、①の取引と②の取引が一つの取引のように誤解されるおそれがある。

※なお、株式会社日本貿易保険は、相手国の理由による輸出不能や代金回収不能などによる日本の商社の損害をカバーするため、この仲介貿易契約に対する貿易一般保険を引受けている

SECTION 8

国際物品売買の事実上の世界標準

ウィーン売買条約

加盟国の法律を準拠法とすれば、原則としてウィーン売買条約が自動的に適用される。

外国との輸出・輸入の具体的な取引は、売買契約の成立からはじまります。売買契約の内容は、売り手と買い手の合意により取決めることができますが、契約をめぐって紛争が発生した場合、どの国の法律によって解決するのか問題です。国によって法律の規定が異なっていることが多いからです。

国際的な売買に関する統一ルールとして、ウィーン売買条約があります。正式名称を「国際物品売買契約に関する国連条約」といい、1980年ウィーンで成立し、1988年から発効しています。日本は2009年8月に加盟しましたが、当時すでに70カ国が加盟していました。英国を除いて、日本の貿易相手国がほとんど加盟しており、国際物品売買のデファクト・スタンダード（事実上の世界標準）となっています。

売買契約の成立・効力・解釈などのよりどころとする法律を、一般に準《じゅん》拠法《きょほう》と呼びますが、ウィーン売買条約加盟国の法律を準拠法とする場合、当事者が契約で適用しないと明記した内容を除いて、原則としてウィーン売買条約が自動的に適用されます。

ウィーン売買条約には、次の内容が含まれています。

①**条約の適用**　外国との物品売買契約で、かつ当事者の営業所がいずれも条約締約国である場合、あるいは条約締約国の法律を準拠法とする場合に適用される。

②**条約の規定**　売買契約の成立（申込みと承諾）、契約から生じる売主の権利と義務、買主の権利と義務について規定している。

③**条約が規定しない**　売買契約の有効性、契約に取込まれる商慣習の有効性、売買物品の所有権は規定していない。

④**契約の方式**　契約は書面による必要はない。しかし、加盟国が「書面による合意を必要とする」ことを宣言すれば、その加盟国に所在する当事者は、書面による契約が必要条件となる。

国際物品売買契約に関する国際連合条約（ウィーン売買条約）

第1部（適用範囲および総則）

第1章（適用範囲）

・条約が適用される＝①外国との物品売買契約で、②当事者双方の営業所が条約締約国にある場合、または③契約により締約国の法律が適用される場合。

・条約を適用しない＝契約に条約の全部または一部を適用しないことを明記した場合。

・条約が規律しない＝①契約の有効性、②商慣習の有効性、③所有権の移転。

第2章（総則）

・売買契約の方式＝①書面による必要はない、②例外＝当事者が、書面を必要とする旨を宣言した締約国に所在する場合、書面が必要。

第2部（契約の成立）

・申込みの効力発生＝申込みが相手方に到達したとき。

・申込みの失効＝申込拒絶の通知が申込者へ到達したとき。

・承諾の効力発生＝契約の成立＝申込みに同意する意思表示が申込者に到達したとき。

・反対申込み＝申込み内容を実質的に変更しない反対申込みは、承諾となる。実質的な変更には、代金、支払い、品質、数量、引渡しの場所・時期の変更を含む。

第3部（物品の売買）

第1章（総則）

第2章（売主の義務）

・売主の義務＝①物品の引渡し、②関係書類の引渡し、③物品所有権の移転。

・クレーム提起＝買主は①できるだけ早く物品を検査し、契約不適合を発見後できるだけ早く通知する、②いかなる場合でも物品引渡日から2年以内に通知する。

・売主の契約違反＝買主は①契約義務の履行を要求、②契約を解除、③代金の減額、④損害賠償を請求できる。

第3章（買主の義務）

・買主の義務＝①物品代金の支払い、②物品の受取り。

・買主の契約違反＝売主は①契約義務の履行を要求、②契約を解除、③損害賠償を請求できる。

第4章（危険の移転）

第5章（売主・買主の義務に共通する規定）

第4部（最終規定）

貿易取引はどこで引渡完了となるのか その1

インコタームズ2020①いかなる運送手段にも適した規則

FCA（運送人渡し）、CIP（輸送費保険料込み）、CPT（輸送費込み）。

貿易取引の商品を「売り手はどこで買い手に引渡すのか」「売り手はどこまでの費用を負担するのか」「売り手はどこまでの危険（事故による損害）を負担するのか」などの条件によって、同一の商品でも売買価格が違ってきます。売買価格の計算基準を簡潔な言葉にまとめた表現を「貿易（取引）条件」または「トレードタームズ trade terms」といい、国際商業会議所が取りまとめたトレードタームズのルールをインコタームズと呼んでいます。

現在最も新しいのは、「インコタームズ2020」の11規則で、2020年1月1日から使われています。

このうち、複合運送を含む、いかなる運送手段にも適した規則が7種類あり、代表的な3規則は次のとおりです。コンテナ貨物に利用できるインコタームズです。

●FCA（運送人渡し）

売主が輸出通関を行い、売主の施設その他の指定地で、買主指名の運送人に貨物を引渡す取引条件です。貨物が運送人に引渡される時までの費用と危険（事故による損害）は売主の負担です。すなわち、その時以降、貨物にかかるすべての費用と運送中の貨物の滅失・損傷の危険は、買主の負担です。

●CIP（輸送費保険料込み）

売主が輸出通関を行い、自分が契約した運送人に貨物を引渡す取引条件です。さらに、売主は、指定仕向地までの運賃を支払い、保険料を支払わなければなりません。貨物引渡し後に発生するすべての費用とあらゆる危険は買主の負担です。

CIPにおける最低保険金額は、貨物のCIP金額の110%であり、売主は、ICC（A）または同等の補償範囲を満たす保険条件で付保しなければなりません。

●CPT（輸送費込み）

CPTは、CIPからI（保険）を除いた条件です。上記のCIP条件のルールから、保険に関する部分を除くとCPTの内容になります。

インコタームズ Incoterms2020 ①

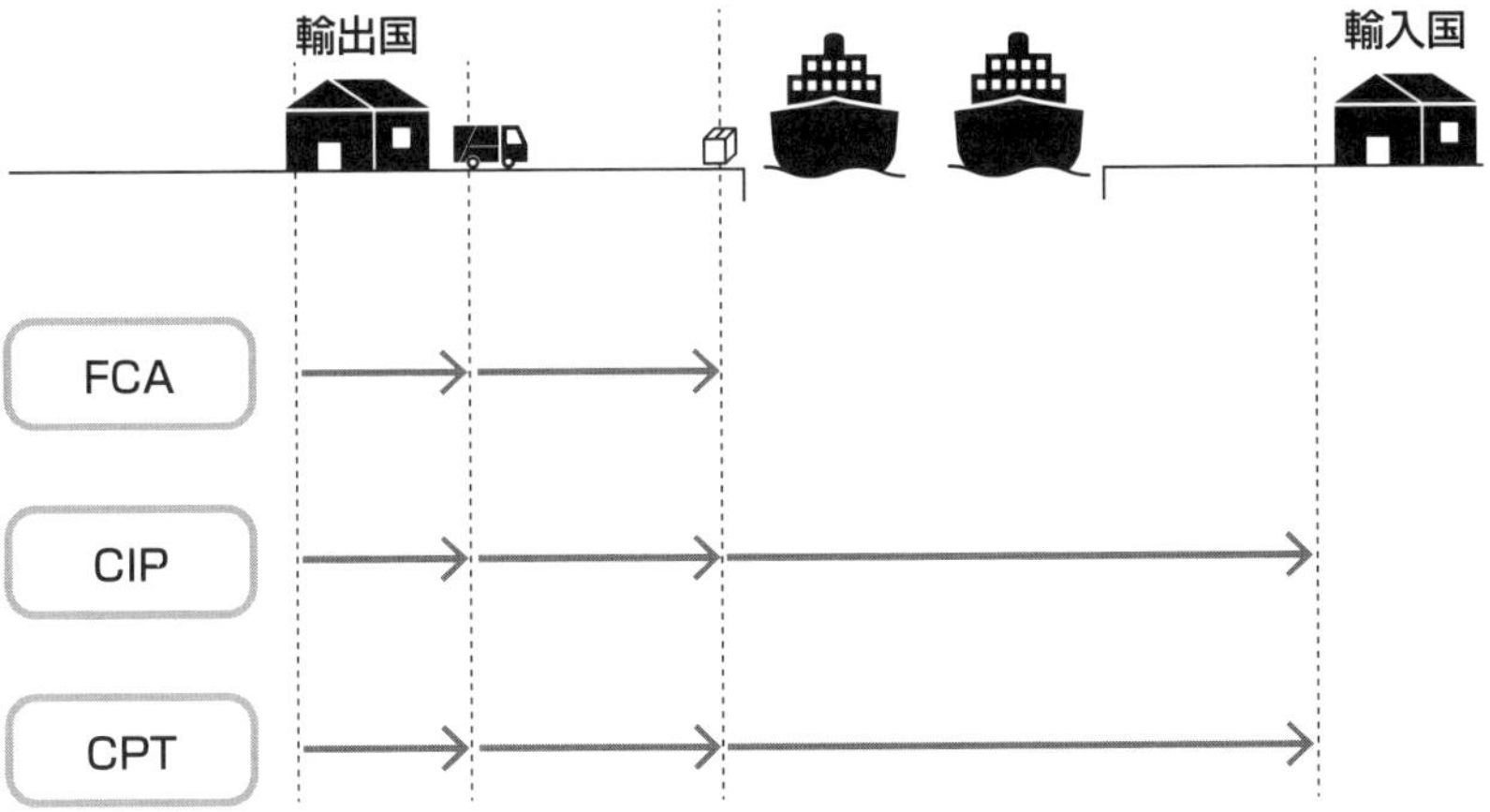

1. FCA(Free Carrier)=運送人渡し

ⓐ貨物の引渡し+ⓑ危険の移転+ⓒ費用負担の分岐点は、次の通り。

・ⓐⓑⓒともに、

①物品が売主の施設で、買主手配の輸送手段に積み込まれたとき、または

②その他の場所の場合、買主指名の運送人に物品の自由な処分を委ねたとき

③なお、売主の費用負担は、物品引渡しまでのすべての費用

2. CIP(Carriage Insurance Paid to)=輸送費保険料込み

ⓐ貨物の引渡し+ⓑ危険の移転+ⓒ売主の費用負担は、次の通り。

・ⓐⓑ物品を売主契約の運送人に引渡したとき

・ⓒ物品引渡しまでのすべての費用+運送費用+保険費用

3. CPT(Carriage Paid To)=輸送費込み

ⓐ貨物の引渡し+ⓑ危険の移転+ⓒ売主の費用負担は、次の通り。

・ⓐⓑ物品を売主契約の運送人に引渡したとき

・ⓒ物品引渡しまでのすべての費用+運送費用

(注)コンテナ貨物に使用されるFCA、CIP、CPTの3条件は、FCAを基本として、変形した条件です。在来船に使用されるFOB、CIF、CFRの3条件は、FOBを基本とする変形条件です。貨物の引渡し場所は異なりますが、FCAグループ3条件とFOBグループ3条件は、それぞれ非常によく似た関係にあります。

貿易取引はどこで引渡完了となるのか その2

インコタームズ2020② 海上および内陸水路運送のための規則

FOB（本船渡し）、CIF（運賃保険料込み）、CFR（運賃込み）。

インコタームズ2020には11種類の規則が含まれており、①「単数・複数のいかなる運送手段にも適した規則」（7規則）と②「海上および内陸水路運送のための規則」（4規則）に分けられています。

①の7規則は、複数の運送手段（複合運送）を利用する場合にも、また海上運送を利用しない運送（航空運送、陸上運送）にも使用することができるルールです。海上運送にも使用することができます。

②に含まれる4規則は、海上運送を利用する場合のみを想定している規則です。②の規則は、海上運送を起源として、これまで長く使われてきた伝統的な取引条件であり、次の規則が含まれます。

●FOB（本船渡し）

売主が輸出通関を行い、指定船積港で買主指定の本船（貨物積載の外国貿易船）の船上で、貨物を引渡す取引条件です。貨物が本船船上に置かれた時、貨物の滅失・損傷の危険は売主から買主へ移転し、その時以降に発生する費用も買主の負担です。

●CIF（運賃保険料込み）

売主が輸出通関を行い、本船の船上に貨物を置いたとき、貨物を引渡したことになる取引条件です。売主は、指定船積港までの運賃および貨物保険料を支払わなければなりませんが、引渡し以降の貨物の滅失・損傷の危険と引渡し以降に発生する費用は買主の負担です。

CIFにおける最低保険金額は、貨物のCIF金額の110％であり、売主は、ICC（C）または同等の補償範囲を満たす保険条件で付保しなければなりません。

●CFR（C&F）（運賃込み）

CFRは、かつてC&Fと呼ばれていた取引条件で、CIFからI（保険）を除いた条件です。上記CIF条件から保険に関する部分を除くとCFRの内容になります。

インコタームズ Incoterms2020②

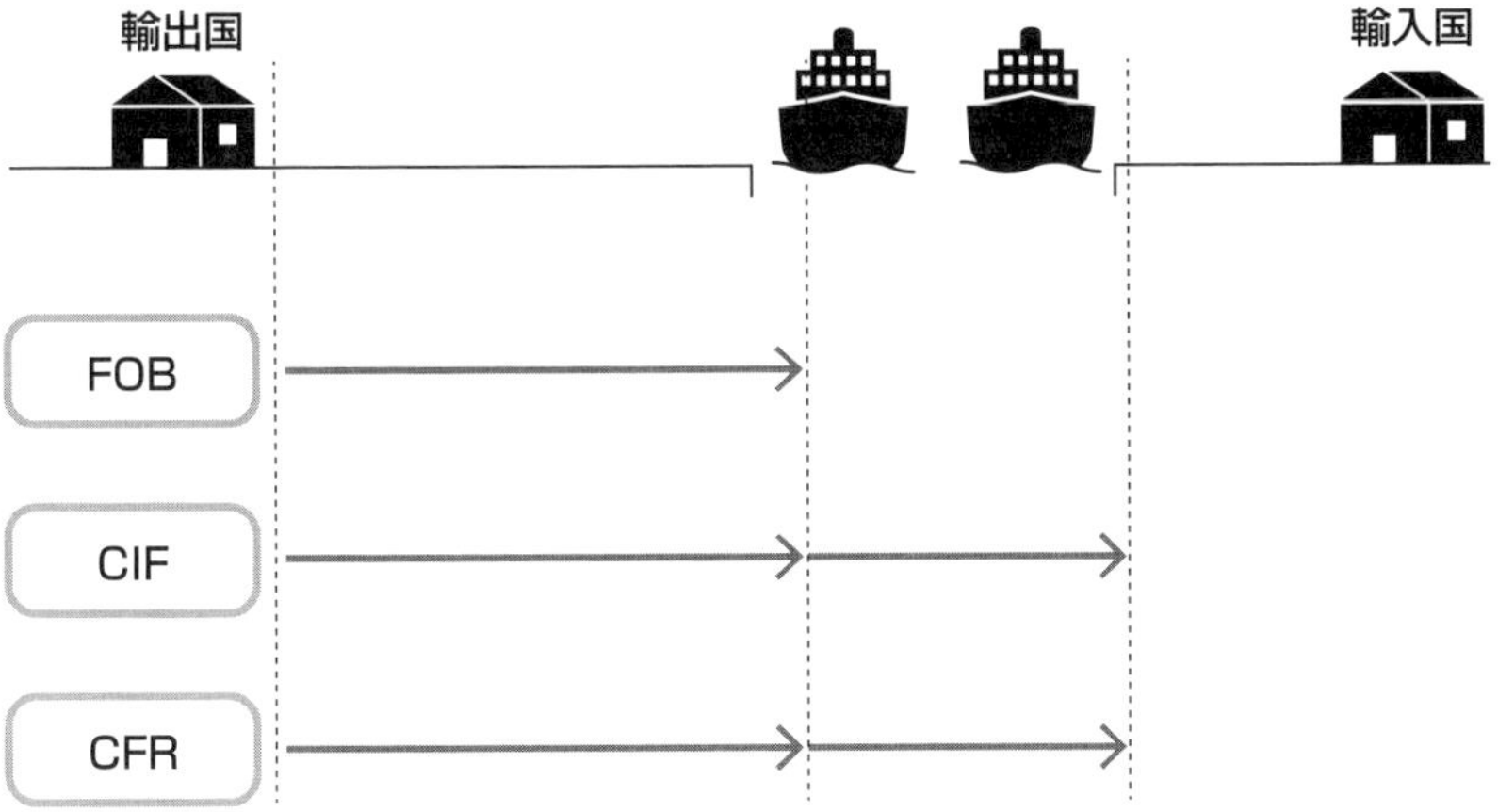

1. FOB(Free on Board)=本船渡し

ⓐ貨物の引渡し+ⓑ危険の移転+ⓒ売主の費用負担は、次の通り。

・ⓐⓑ売主が買主指定の本船上で物品を引渡したとき

・ⓒ物品引渡しまでのすべての費用

2. CIF(Cost Insurance and Freight)=運賃保険料込み

ⓐ貨物の引渡し+ⓑ危険の移転+ⓒ売主の費用負担は、次の通り。

・ⓐⓑ売主が物品を本船上で買主に引渡したとき

・ⓒ物品引渡しまでのすべての費用+運送費用+保険費用

3. CFR(Cost and Freight)=運賃込み

ⓐ貨物の引渡し+ⓑ危険の移転+ⓒ売主の費用負担は、次の通り。

・ⓐⓑ売主が物品を本船上で買主に引渡したとき

・ⓒ物品引渡しまでのすべての費用+運送費用

(注)インコタームズ11条件は、標準的な取引条件であり、売買当事者の必要に応じて、取引条件の内容を変更することができます。この場合、インコタームズの解釈を離れることになるので、誤解のないように明確な相互の了解が必要です。

貿易取引はどこで引渡完了となるのか　その3

インコタームズ2020③ その他の規則

ＥＸＷ（工場渡し）、ＤＡＰ（仕向地持込渡し）、ＤＤＰ（関税込み持込渡し）など。

インコタームズ２０２０に含まれる、その他の５規則は次の通りです。

●単数複数の、いかなる運送手段にも適した規則

①ＥＸＷ（工場渡し）

売主が、売主の工場・倉庫などで貨物を買主に引渡す取引条件です。売主は買主の運送手段に積込む義務もなく、輸出通関も行いません。貨物引渡し後に発生する費用および危険は買主の負担であり、11規則のうちで買主が最大の義務を負う取引条件です。

②ＤＡＰ（仕向地持込渡し）

売主が、輸出通関後、指定仕向地に到着した貨物を運送手段から荷卸ししない状態で、買主に引渡す取引条件です。貨物引渡し後の費用および危険は買主の負担です。

③ＤＰＵ（荷卸込み持込渡し）

売主が、輸出通関後、貨物を指定仕向地まで運送し、運送手段から荷卸し後、買主の処分に委ねたとき、売主が引渡しを行ったこととなる取引条件です。貨物引渡し後の費用および危険は買主の負担です。

ＤＰＵは、仕向地において、売主が貨物の荷卸しを要求されるインコタームズ２０２０唯一の規則です。

④ＤＤＰ（関税込み持込渡し）

売主が、輸出国の輸出通関および輸入国の輸入通関後、指定仕向地に到着した貨物を輸送手段から荷卸ししない状態で、買主に引渡す取引条件です。仕向地までのすべての費用と危険は、売主の負担です。11規則のうち、売主の義務が最大となる取引条件です。

●海上および内陸水路運送のための規則

⑤ＦＡＳ（船側渡し）

売主が、輸出通関後、指定船積港において、貨物を買主指定の本船の船側に置いたとき、売主が引渡し義務を果たしたことになる取引条件です。貨物引渡し後の費用および危険は買主の負担です。本船の船側には、本船陸側の埠頭の上、海側の艀《はしけ》の上を含みます。

インコタームズ Incoterms2020 ③

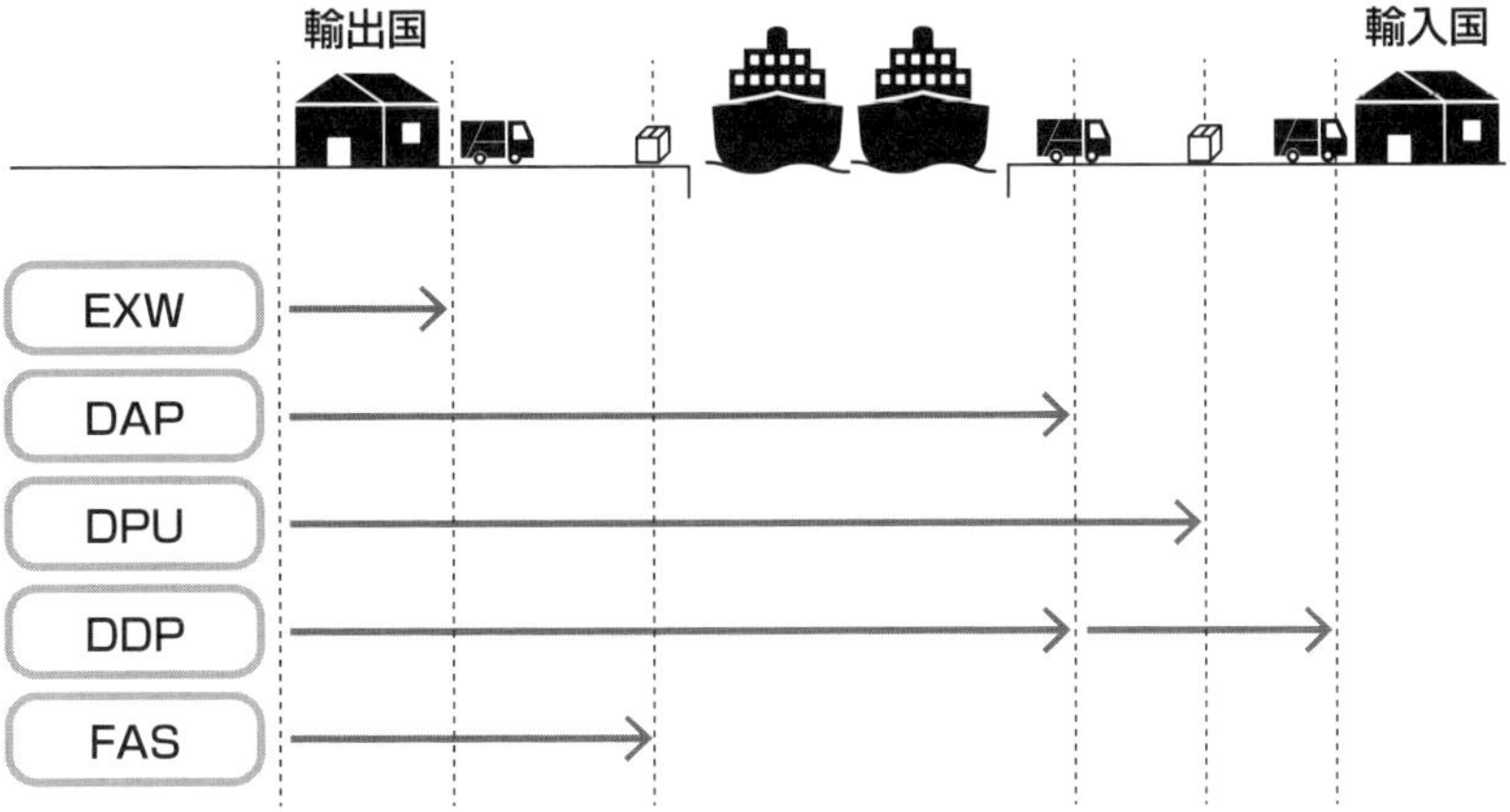

1. EXW(Ex Works)=工場渡し

ⓐ貨物の引渡し+ⓑ危険の移転+ⓒ売主の費用負担は、次の通り。
・ⓐⓑ売主が指定場所(工場など)で物品を買主の処分に委ねたとき
・ⓒ物品引渡しまでのすべての費用

2. DAP(Delivered at Place)=仕向地持込渡し

ⓐ貨物の引渡し+ⓑ危険の移転+ⓒ売主の費用負担は、次の通り。
・ⓐⓑ指定仕向地で荷下ろしの準備ができている到着した運送手段の上で、物品が買主の処分に委ねられたとき
・ⓒ物品引渡しまでのすべての費用

3. DPU(Delivered at Place Unloaded)=荷卸込み持込渡し

ⓐ貨物の引渡し+ⓑ危険の移転+ⓒ売主の費用負担は、次の通り。
・ⓐⓑ指定仕向地に到着した物品が輸送手段から荷卸しされ、買主の処分に委ねられたとき
・ⓒ物品引渡しまでのすべての費用

4. DDP(Delivered Duty Paid)=関税込み持込渡し

ⓐ貨物の引渡し+ⓑ危険の移転+ⓒ売主の費用負担は、次の通り。
・ⓐⓑ指定仕向地で輸入通関後荷下ろしの準備ができている到着した運送手段の上で、物品が買主の処分に委ねられたとき
・ⓒ物品引渡しまでのすべての費用

5. FAS(Free Alongside Ship)=船側渡し

ⓐ貨物の引渡し+ⓑ危険の移転+ⓒ売主の費用負担は、次の通り。
・ⓐⓑ売主が買主指定の本船船側で物品を引渡したとき
・ⓒ物品引渡しまでのすべての費用

SECTION 12

インコタームズ以外の貿易定義

改正アメリカ貿易定義

今なお使用されるこの貿易定義には11種類の条件があり、うちＦＯＢ条件は6種類ある。

アメリカには「改正アメリカ貿易定義」と呼ばれる貿易条件の解釈基準があります。インコタームズに似ていますが、別の貿易条件です。

改正アメリカ貿易定義は、１９１９年に制定されたアメリカ貿易定義を、41年に改訂したものですが、その後改訂されていません。そのためインコタームズが使われることが多くなりつつありますが、現在なお、改正アメリカ貿易定義は使われています。この貿易定義には11種類の条件があります。

●注意したいＦＯＢ条件

ＦＯＢが6種類あって、アメリカ独特の内容を持っています。

①ＦＯＢ（国内積出地における国内運送人への積込み渡し）
②ＦＯＢ（国内積出地における国内運送人への積込み渡し、ただし輸出地までの運賃込み）
③ＦＯＢ（国内積出地における国内運送人への積込み渡し、ただし輸出地までの運賃は売主が輸出地払い）
④ＦＯＢ（輸出地における国内運送人への到着渡し）
⑤ＦＯＢ ｖｅｓｓｅｌ（船積港における本船への積込み渡し）
⑥ＦＯＢ（輸入国における指定地への到着渡し）

アメリカとＦＯＢ契約を結ぶ際には、改正アメリカ貿易定義のＦＯＢ条件か、インコタームズのＦＯＢ条件か、確認することが必要です。広いアメリカ大陸の内陸部から出荷する場合、売主が、出荷地でトラックまたは鉄道貨車に積込むことによって引渡しを完了する条件もＦＯＢ条件であり、さらに売主が、貨物を輸入国の内陸部にいる買主のもとまで運送する費用と危険を負担する条件もＦＯＢ条件に含まれているからです。

●ＦＯＢ以外の条件

①Ｅｘ現地渡し
②ＦＡＳ船側渡し
③Ｃ＆Ｆ運賃込み
④ＣＩＦ運賃保険料込み
⑤Ｅｘ Ｄｏｃｋ埠頭渡し

改正アメリカ貿易定義
Revised American Foreign Trade Definitions

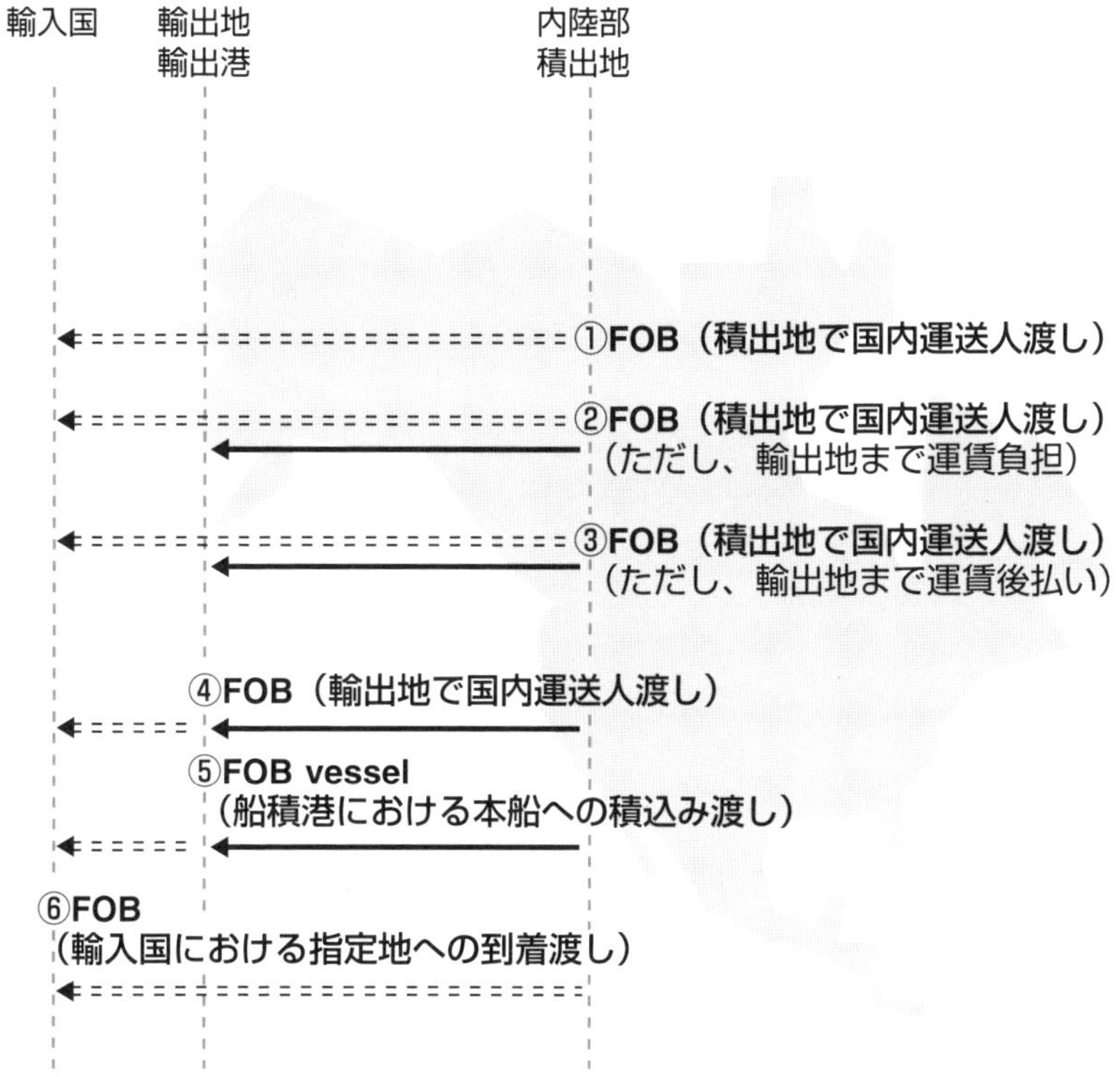

①FOB (named inland carrier at named inland point of departure)

②FOB (named inland carrier at named inland point of departure) Freight prepaid to (named point of exportation)

③FOB (named inland carrier at named inland point of departure) Freight allowed to (named point of exportation)

④FOB (named inland carrier at named point of exportation)

⑤FOB vessel (named point of shipment)

⑥FOB (named inland point in country of importation)

貿易取引の価格は何によって決まるか

取引価格の構成要素

コストプラスαなのだが、αの算出は輸出者、輸入者それぞれの思惑がある。

●コストを正確に把握する

貿易取引で、商品をいくらで販売（輸出）するか、いくらで仕入れる（輸入する）かは、輸出者にとって、また輸入者にとって非常に重要なことです。取引の相手が満足する価格であり、かつ自分の利益が最大となる価格が最も望ましい価格です。

このため、売買交渉に先立って、輸出者は、自分が輸出する商品の希望輸出価格とコスト（製造原価または仕入原価）を知っておく必要があります。商品を安く売って損をしないためです。同様に、輸入者は、自分が仕入れる（輸入する）商品の希望輸入価格と予定販売価格（転売価格）を知っておく必要があります。コスト（輸入価格）が高すぎて、損を出さないためです。

これらの数字は、商品の売買ごとに採算帳を作成して、その商品コスト（製造原価または仕入原価）から積み上げて見積もることができます。また、販売価格を決め、そこから逆算して仕入価格を見積もることもできます。取引完了後に実績コストと比較対照することによって、将来のため、より一層正確な計算をすることができます。ここでは、製造業者が作成することができる「製造業者（メーカー）の販売価格」および輸出者が作成することができる「輸出商社の輸出価格」の構成の概略を表にしました。

●売買価格をどのように決めるか

輸出者が販売（輸出）価格を決める場合、①販売原価に一定の利益率を乗せて価格を設定する「コストプラス法」、②商品を買ってくれる顧客の需要の大きい小さいに合わせて価格を設定する「需要にもとづく価格設定」、③競合他社のライバル商品の価格を参考に価格を設定する「競争にもとづく価格設定」などの方法があります。輸入者が、輸入商品に対する需要をにらんで、販売価格から逆算した仕入（輸入）価格を決めて輸入することも多くなっています。これは②「需要にもとづく価格設定」の考え方によるものです。

貿易取引商品の価格構成

1．製造業者（メーカー）の販売価格

販売価格の構成要素	インコタームズ
①製造原価 ②営業費など一般管理費 ③利益	
④工場渡し価格（①～③の合計）	EXW (Ex Works) 工場渡し

2．輸出商社の輸出価格

輸出価格の構成要素	インコタームズ
④仕入原価＝工場渡し価格 ⑤国内運送費 ⑥輸出通関諸費用 ⑦船積諸費用 ⑧営業費など一般管理費 ⑨利益	EXW (Ex Works) 工場渡し
⑩輸出港渡し価格（④～⑨の合計） a. コンテナヤード渡し b. 船側渡し c. 本船甲板渡し	 a. FCA (Free Carrier) 運送人渡し b. FAS (Free Alongside Ship) 船側渡し c. FOB (Free on Board) 本船渡し
⑪運賃･輸送費など（輸出港～仕向地）	
⑫運賃輸送費込み価格（⑩～⑪の合計） a. 在来船による海上運送 b. その他の運送	 a. CFR (Cost and Freight) 運賃込み b. CPT (Carriage Paid To)輸送費込み
⑬貨物保険料	
⑭運賃保険料込み価格（⑫～⑬の合計） a. 在来船による海上運送 b. その他の運送	 a. CIF (Cost Insurance and Freight) 運賃保険料込み b. CIP (Carriage Insurance Paid) 輸送費保険料込み

SECTION 14

外国為替および外国貿易法（輸出の規制──輸出許可・輸出承認）

経済産業大臣の許可・承認が必要な輸出とは

外為法にもとづく輸出許可、外為法にもとづく輸出承認がある。

外国為替および外国貿易法（外為《がいため》法《ほう》）は、日本の輸出・輸入などの貿易取引、送金・決済・投資などの外国為替取引などにかかわる基本を定めた法律です。

外為法に記載のとおり、輸出は原則として自由に行うことができます。しかし、武器弾薬やニセ札などは、自由に輸出してもらっては困ります。そのため、一部の商品は、あらかじめ経済産業大臣の輸出許可、あるいは輸出承認を受けなければ、輸出することができません。

●外為法にもとづく輸出許可

外為法上、輸出許可の対象は「国際的な平和および安全の維持を妨げると認められる貨物」であり、戦争に使われる恐れのある貨物のことです。輸出許可の対象貨物は、貨物の機能、性能から見て、①リスト規制（技術レベルが高い貨物で、軍事目的に使われる可能性が特に大きい）、②キャッチオール規制（技術レベルが低い貨物であっても、軍事目的に転用使用できる。一般民生品が軍事目的に使用される可能性あり）、③積替え規制（輸出許可の対象に該当する外国貨物が運送途中、日本の港で仕向港向けの船に積替えられる）、④仲介貿易取引規制（輸出許可の対象貨物を日本所在の企業が、A外国から仕入れてB外国へ、仲介貿易する）に分けて、規制されています。

取引の数、その重要性からみて、規制の中心は、①と②です。なお、技術の輸出は、技術に対応する貨物の輸出と同じように規制されています。

●外為法にもとづく輸出承認

外為法上、輸出承認を受けなければならない貨物は、「国際収支の均衡の維持のため、外国貿易および国民経済の健全な発展のため、国際約束を誠実に履行するため」に承認を受けることが必要とされる貨物です。すなわち、国内産業保護のため、あるいは国際的な取決めを実施するために特定されている貨物などで、広い範囲の分野にわたっています。

外為法にもとづく輸出許可および輸出承認

1．経済産業大臣の輸出許可を要する貨物

規制の目的	規制対象となる貨物の例	規制対象となる仕向地
国際的な平和および安全の維持を妨げる貨物の規制 (規制対象品がリストアップされており、「リスト規制品」という)	①銃砲、火薬、戦車、軍用機、軍艦など ②核兵器関連物資（ウラン分離装置など） ③化学兵器関連物資（軍用化学製剤など） ④生物兵器関連物資（軍用細菌製剤など） ⑤ミサイル関連物資（ロケットなど） ⑥兵器関連物資および装置（先端材料、電子機器など）	全地域
上記と同じ (あらゆるものが規制対象となる可能性があり、「キャッチオール規制」という)	⑦兵器関連物資および装置（上記①～⑥と同じ、ただし技術レベルが低いもの） ⑧すべての貨物（軍用に転用できない食料・木材などを除く） (注) キャッチオール規制については、Section15を参照してください。	全地域 (グループA国を除く)

2．経済産業大臣の輸出承認を要する貨物

規制の目的	規制対象となる貨物の例	規制対象となる仕向地
国際収支の均衡の維持、外国貿易・国民経済の健全な発展、国際約束を誠実に履行するため	a．漁労設備・漁獲物加工・保存設備つき船舶 b．配合飼料、ウナギの稚魚 c．オゾン層を破壊する物質 d．絶滅のおそれのある動植物 e．偽造・変造・模造の通貨、郵便切手など f．風俗を害するおそれのある書籍・図画・彫刻 g．仕向国で特許権・商標権などを侵害する貨物	全地域
上記と同じ	h．皮革および皮革製品の半製品 (革、毛皮、皮革製品に使用する原材料) (外国に依頼する委託加工貿易契約で、経済産業大臣が指定する加工に関するもの)	全地域

戦争目的に利用される貨物が輸出許可の対象であるのに対して、戦争目的以外の規制対象が輸出承認の対象です。

大量破壊兵器等の開発に使用されるものの輸出規制

外国為替および外国貿易法（輸出の規制――キャッチオール規制）

輸出貨物が大量破壊兵器・通常兵器の開発などに使用されることを知った場合など、輸出許可の申請が必要に。

国際的な平和および安全の維持のため、通常兵器のみならず、大量破壊兵器についても、きびしい国際的な輸出管理が必要となっています。なお、大量破壊兵器とは、核兵器、化学兵器、生物兵器、およびこれら兵器の運搬手段であるミサイルのことをいいます。

1991年、湾岸戦争後、国連等のイラクへの査察によって、イラクの大量破壊兵器の開発に多くの民生品が使用されていたことが判明し、大量破壊兵器の主要供給国間合意による規制対象品以外の品目であっても、「大量破壊兵器の開発・製造などに使用される恐れのある、原則としてすべての貨物、技術」は、すべて外為法にもとづく経済産業大臣の輸出許可を受けるべき対象となりました。このことを「キャッチオール規制」と呼んでいます。

輸出者は、①輸出貨物が、大量破壊兵器の開発・製造などに使用される恐れ（可能性）があることを知った場合（用途要件といいます）、②輸出貨物の最終需要者が、これまでに大量破壊兵器の開発などを行っていた恐れ（可能性）があること、あるいは現在行っている恐れがあることを知った場合（需要者要件といいます）、③輸出貨物が大量破壊兵器の開発などに使用される恐れがあるとの通知を、輸出者が経済産業大臣から受けた場合（インフォーム要件といいます）、のいずれかに該当するときには、経済産業大臣に輸出許可を申請しなければなりません。

なお、輸出相手が、輸出管理を厳格に行い、キャッチオール規制を実施している国である場合は、キャッチオール規制の対象外です（これらの国はかつてホワイト国、2019年8月からは「グループA」と呼ばれています）。

また、国連武器禁輸国を対象に、通常兵器の開発などに使用される恐れのある貨物について、キャッチオール規制が行われています。国連安保理事会の決議によって、武器の輸出が禁止されている北朝鮮、イラク、アフガニスタンなど向けのことです。

キャッチオール規制

1．兵器・技術に関する主要供給国間の合意

兵器・技術	合意	規制品の例
通常兵器	ワッセナーアレンジメントWA	戦車、軍用機など 先端技術材料、エレクトロニクスなど
核兵器	原子力供給国会合NSG	天然ウラン、原子炉など
化学兵器	オーストラリア・グループAG	シアン化ナトリウムなど
生物兵器	オーストラリア・グループAG	炭そ菌、日本脳炎ウィルスなど
ミサイル	ミサイル技術管理制度MTCR	ロケットなど

2．キャッチオール規制の要件（規制対象の貨物であることの確認）

→ 輸出許可申請が必要となる貨物

①大量破壊兵器の開発・製造などに使われる恐れがある場合（用途要件）
②通常兵器の開発・製造などに使われる恐れがある場合（用途要件）
③最終需要者が大量破壊兵器の開発・製造などを行ったことがある、あるいは行う恐れがある場合（需要者要件）
④経済産業大臣から、上記①②③を理由として、許可申請をすべき旨の通知を受けた場合（インフォーム要件）

3．大量破壊兵器とは

・核兵器
・軍用化学製剤
・軍用細菌製剤
・軍用の化学製剤または細菌製剤の散布のための装置
・300km以上運搬することができるロケット
・300km以上運搬することができる無人航空機

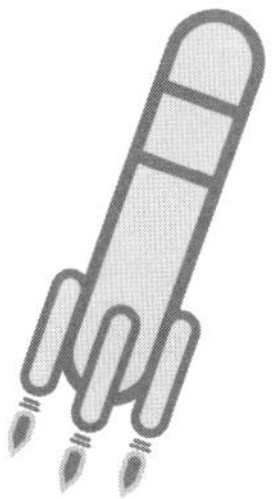

4．「グループA」の国（かつてのホワイト国）

アルゼンチン、オーストラリア、オーストリア、カナダ、フランス、ドイツ、イタリア、オランダ、ニュージーランド、スペイン、スイス、英国、アメリカ合衆国など26ヶ国

5．国連武器禁輸国

アフガニスタン、コンゴ民主共和国、イラク、レバノン、リビア、北朝鮮、スーダンなど10ヶ国

SECTION 16

外国為替および外国貿易法（輸入の規制）

輸入規制の対象となる貨物

特定種のニシン、アジ、大麻エキス、天然ウラン、武器、ワシントン条約付属書にかかげる動植物など。

外為法は、輸入について、原則として自由であると規定しています。しかし、麻薬やけん銃など、自由に輸入してもらっては困るものがあります。このため外為法では、輸入規制の対象となる貨物を次の4種類に区分けして規制しています。

●経産相の輸入割当を受けるべき貨物

輸入を自由化することが困難な貨物や国内産業保護のため自由化を促進できない貨物が、輸入割当貨物に該当します。

①非自由化品目

②国際条約にもとづく輸入規制品

●経産相の輸入承認を受けるべき貨物

①特定の原産地または船積地域から輸入される特定貨物

たとえば、ⓐ国際捕鯨取締条約の非加盟国から輸入されるクジラおよびその調製品。ⓑ国際的な資源管理が行われているクロマグロなど。

②原産地、船積地域がどこであるかを問わない特定貨物

たとえば、天然ウラン、火薬、軍用航空機、特定の野生動植物など。

③国際条約にもとづく輸入規制品

たとえば、ⓐワシントン条約付属書Ⅰ、Ⅱ、Ⅲの動植物など。ⓑ特定国から輸入されるモントリオール議定書にかかげる特定物資など。

●所管大臣の事前確認を受ければ、経産相の輸入承認が不要となる貨物

たとえば、ⓐ農林水産大臣の確認を受けた治験用の微生物性ワクチン（口蹄疫ワクチン）。ⓑ文部科学大臣の確認を受けた特定外国文化財（外国への返還を必要としない）。

●輸入通関時に一定書類を税関に提出すれば、経産相の輸入承認が不要となる貨物

たとえば、ⓐ地方厚生局麻薬取締部発行の証明書がある「けしの実および大麻の実」（熱処理により発芽不能である）。ⓑ船積国発行の国際証明書のあるダイヤモンド。

外為法にもとづく輸入割当および輸入承認

1．経済産業大臣の輸入割当を受けるべき貨物

	規制対象となる貨物の例
①非自由化品目	ⓐ特定種のニシン、タラ、ブリ、イワシ、帆立貝、貝柱など
②国際条約の規制物質	ⓑモントリオール議定書付属書A、B、C、Eに属する特定物質など

2．経済産業大臣の輸入承認を受けるべき貨物（2号承認品目）

	規制対象となる貨物の例
特定の原産地または船積地域から輸入される貨物（国際条約などに定める規制物質を含む）	ⓐクジラおよびその調製品など ⓑクロマグロ、ミナミマグロ、サケ・マスおよびその調製品など ⓒ（北朝鮮からの）すべての貨物 ⓓワシントン条約付属書Ⅱ Ⅲに掲げる動植物、その派生物など ⓔモントリオール議定書付属書に掲げる特定物質など ⓕ化学兵器禁止法に定める特定物質を含むもの

2-2．経済産業大臣の輸入承認を受けるべき貨物（2-2号承認品目）

	規制対象となる貨物の例
全地域を原産地または船積地域とする輸入貨物（国際条約などに定める規制物質を含む）	ⓐ特定原産地のダイヤモンド原石（通関時一定書類の提出がない） ⓑ天然ウラン、濃縮ウラン235、原子炉など ⓒ火薬、爆薬、軍用航空機、戦車、軍艦、武器、けん銃など ⓓワシントン条約付属書Ⅰに掲げる動植物、その派生物など ⓔ特定有害廃棄物の輸出入の規制に関する法律に定める特定物質

3．所管大臣の事前確認を受ければ、経済産業大臣の輸入承認が不要となる貨物

規制対象となる貨物の例
ⓐ治験用の微生物性ワクチン（農林水産大臣） ⓑ特定外国文化財（文部科学大臣）

4．輸入通関時に一定書類を税関に提出すれば、経済産業大臣の輸入承認が不要の貨物

規制対象となる貨物の例
ⓐけしの実および大麻の実（地方厚生局麻薬取締部発行の書類） ⓑ一定のダイヤモンド原石（船積国発行のダイヤモンド国際証明書）

SECTION 17

米国ルールの域外適用

米国の安全保障輸出管理（EAR）

軍事転用可能品目の米国による輸出規制・再輸出規制

米国では、安全保障輸出管理について、いろいろな省庁が米国からの輸出、外国経由の第三国への再輸出を管理・規制しています。たとえば、国務省（武器）、財務省（経済制裁にかかわる取引）、エネルギー省（核燃料物資）などです。

ここでは、商務省産業安全保障局（BIS）管轄の輸出管理規則（EAR）について説明します。

EARの対象品目は（品目とは、産品、ソフトウェア、技術のこと）、軍事用に転用可能な民生品であって、①米国内にあるすべての品目、②米国原産のすべての品目（所在地を問わない）、③米国外で製造された産品で、米国原産の輸出規制品が組込まれている品目、④米国原産の技術・ソフトウェアを用いて外国で製造されたものなどのことです。

米国商務省（BIS）の事前の輸出許可（再輸出許可）が必要となるのは、これらのEAR対象品目のうち、㋐なにを輸出するのか（輸出管理分類番号）、㋑どこの国へ輸出するのか（最終仕向地）、㋒最終用途、㋓最終使用者によって決まります。

主な輸出規制対象品目として、核物質、化学物質、細菌、有毒物質、エレクトロニクス、コンピュータ、通信装置、レーザーおよびセンサー、航法装置、海洋技術、宇宙機器などが含まれています。

EARは、米国の国内規則ですが、これに違反した場合、輸出禁止、罰金、禁固などのほか、取引禁止顧客として指定され（Denied Persons List＝DPLに記載）、米国企業、米国企業と取引している米国以外の企業、との取引が禁止され、米国政府調達からも除外されます。DPL指定者と取引すると、今度は、自分がDPL指定者に指定されるので、直接・間接に、米国との取引ができなくなるという状態になってしまいます。このことは一般に米国による「域外適用」と呼ばれています。

米国の安全保障輸出管理規則EAR

米国商務省産業安全保障局BISによる米国輸出管理規則EARの適用

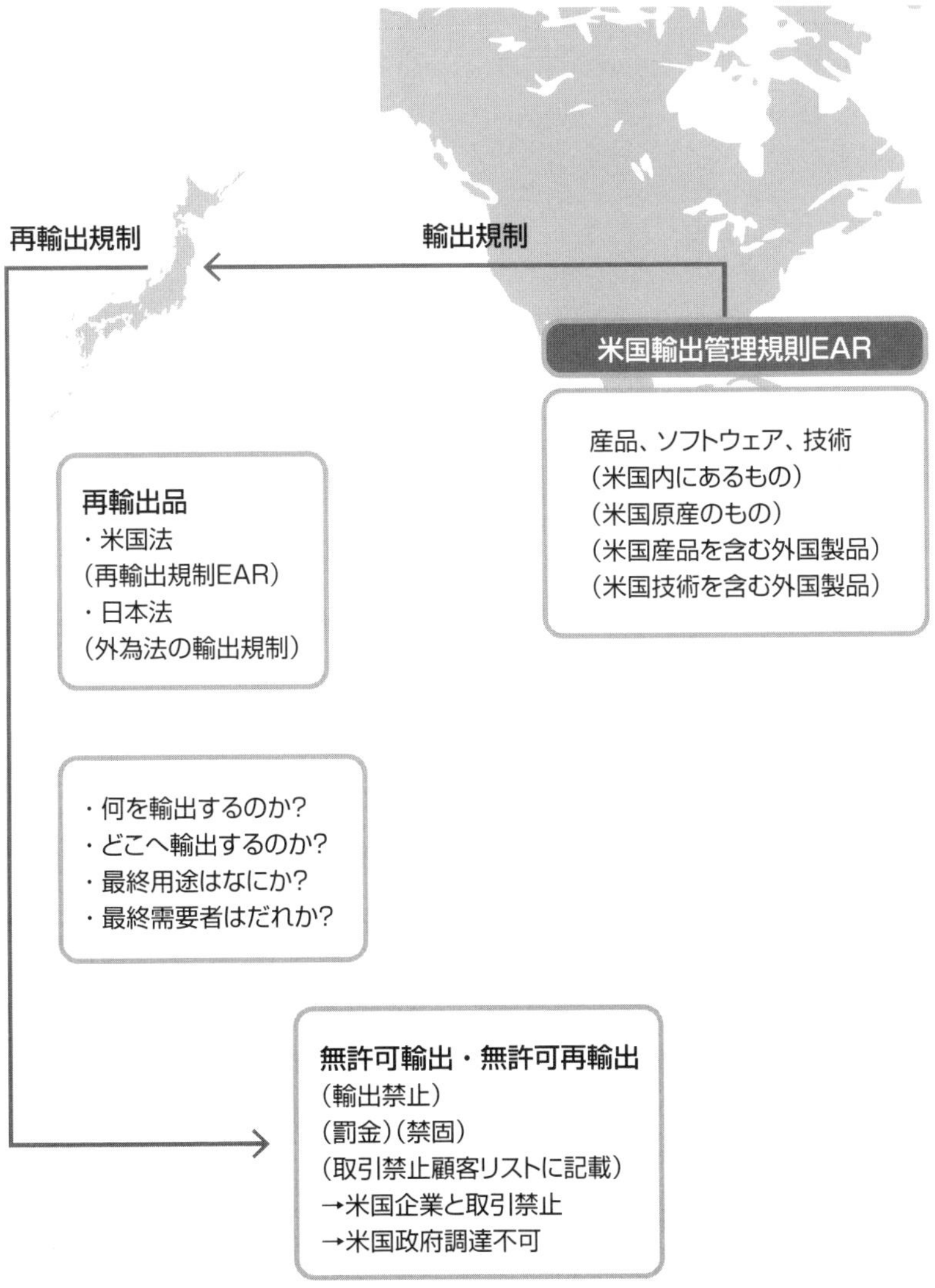

・米国商務省産業安全保障局BIS = Bureau of Industry and Security
・米国輸出管理規則EAR=Export Administration Regulations

COLUMN 1

GATTを生んだ ブレトンウッズ協定

第2次世界大戦終了のおよそ1年前、1944年7月米国ニューハンプシャー州の保養地ブレトンウッズに連合国44ヶ国が集まって「連合国通貨金融会議」が開かれました。

ここで第2次大戦後の国際経済体制として、ブレトンウッズ協定と呼ばれる①各国通貨の安定を図る国際通貨基金（IMF）設立協定と②戦後の戦災復興資金を提供する国際復興開発銀行（IBRD、通称世界銀行）設立協定が結ばれました。また、ブレトンウッズ協定の一つとして、国際貿易を促進する組織として、国際貿易機関（ITO）の設立が検討されました。

29年の世界大恐慌のあと、①30年代に各国が国産保護のため関税率を引上げて、輸入を抑えたこと、また②平価切下げによって輸出を促進しようとしたこと、さらに③植民地を持つ国々が、本国と植民地で閉鎖的な経済ブロックをつくって、ブロック外の国々からの貿易を差別化したことなどが、第2次大戦ぼっ発の原因であるとの反省によるものです。

しかし、53ヶ国が調印した「ITO設立のためのハバナ憲章」は、わずか2ヶ国を除いて、各国議会の承認（批准）を得ることができませんでした。ITO憲章が、貿易の自由化をはじめ、補助金、雇用など幅広い分野を含み、しかも内容が非常に進歩的であったためです。

一方で、ITO設立の話し合いと並行して、関税率の引下げ、貿易の自由化を中心テーマとする交渉が行われており、その交渉がかなり進展していたために、関税と貿易に関する部分を一つにまとめて「関税と貿易に関する一般協定（GATT）」とし、参加各国の政府間協定として成立させることになったのです。GATTもブレトンウッズ協定の一つと考えることができます。

47年に成立したGATTは、各国の批准がない暫定的な存在でしたが、その後、参加国の多角的貿易交渉を通じて関税を引下げるなど、貿易の自由化に大きな成果をあげています。GATTの自由、無差別、多角主義は、第2次大戦の反省を踏まえたものであり、第3次大戦のぼっ発を、その根源から抑える働きをしてきたのです。

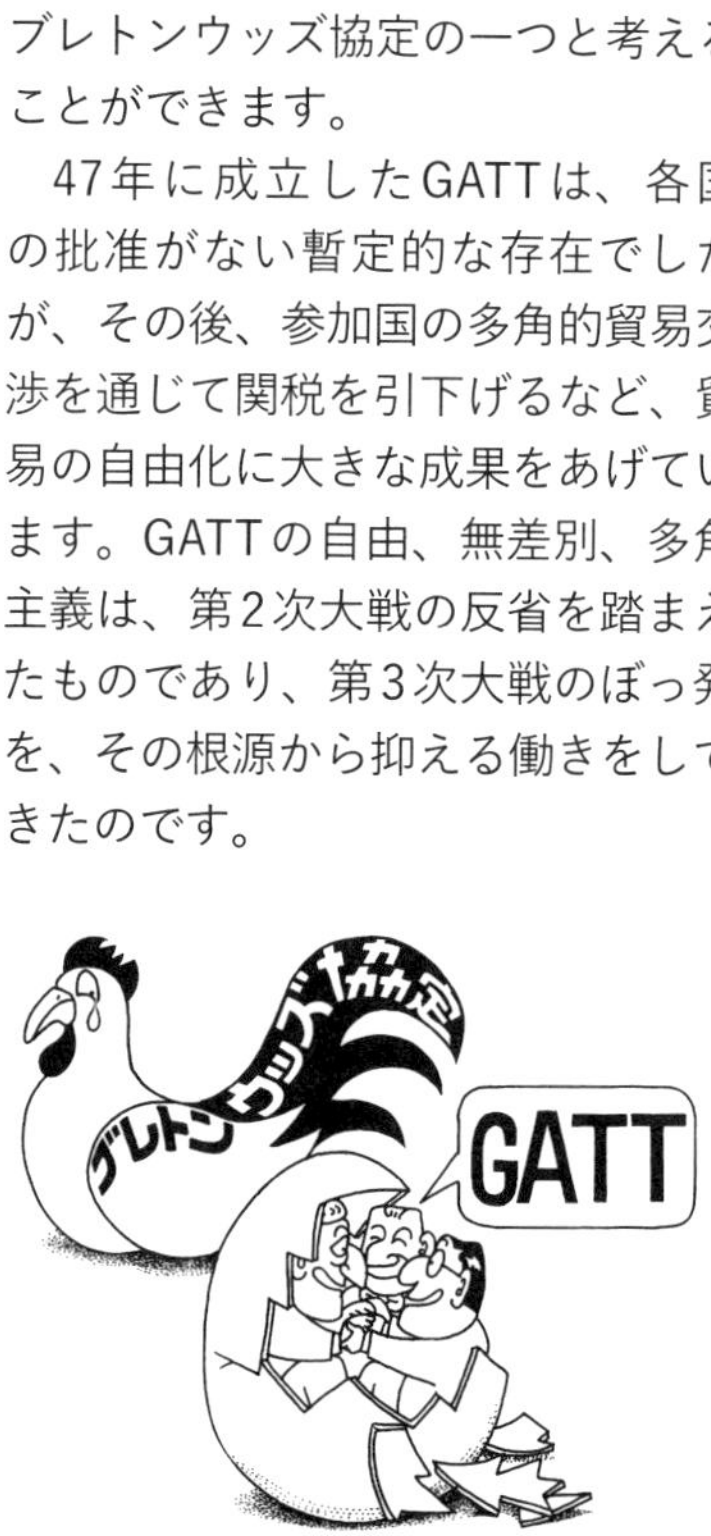

第2章

貿易取引と売買契約

SECTION 18

グローバル・マーケティングの時代

貿易取引とマーケティング

貿易取引の増加とともに、国内市場から世界市場を視野に入れたマーケティングが求められる。

●グローバル・マーケティングの時代

マーケティングとは①顧客のニーズ（欲求）や好みを調べ、②魅力的な、満足できる製品を考え出し、③製品化し、④価格を設定し、⑤最もふさわしい流通チャネルを利用して顧客に提供し、⑥宣伝広告その他の販売促進活動によってその製品の存在を知ってもらう、この一連のプロセスを計画的に、すなわち戦略的に行うことをいいます。

顧客のニーズ（欲求）や好みは、はっきりと決まっているものではありません。新しい価値のある製品が提示されると、顧客は従来製品に満足しなくなり、新製品に魅力を感じることが多くなります。

顧客を満足させ、競争上の優位性を確保するためには、企業は常に競合品よりすぐれた製品を、効果的な販売促進と流通チャネルにより、かつできるだけ低い価格で提供する必要があります。

貿易取引が増加するとともに、国内市場が対象であったこれまでのマーケティング活動が、国境を越えて外国にまで広がります。さらに世界を相手に、地球規模のグローバル・マーケティング活動が必要になります。世界の国々が貿易取引（輸出・輸入）の自由化を進め、投資のための資本の移動（外国資本の導入）に対する規制をなくし、人の移動（入国・出国・居住）を自由化しつつあるからです。

さらに技術革新、なかでも進歩し発達した情報技術が行き渡ると、世界中の人々のニーズ（欲求）が共通化（グローバル化）してきます。たとえば、どこの国でもテレビが放送され、自動車が利用され、携帯電話が使用されています。

しかし、一方で、世界の国々は政治的に独立しており、人種・民族による独特の特徴を持っており、宗教上の独自の信条を持ち、さらに地理的・気候的な個別の条件下にあります。すなわち、すべての国があらゆる点で共通化

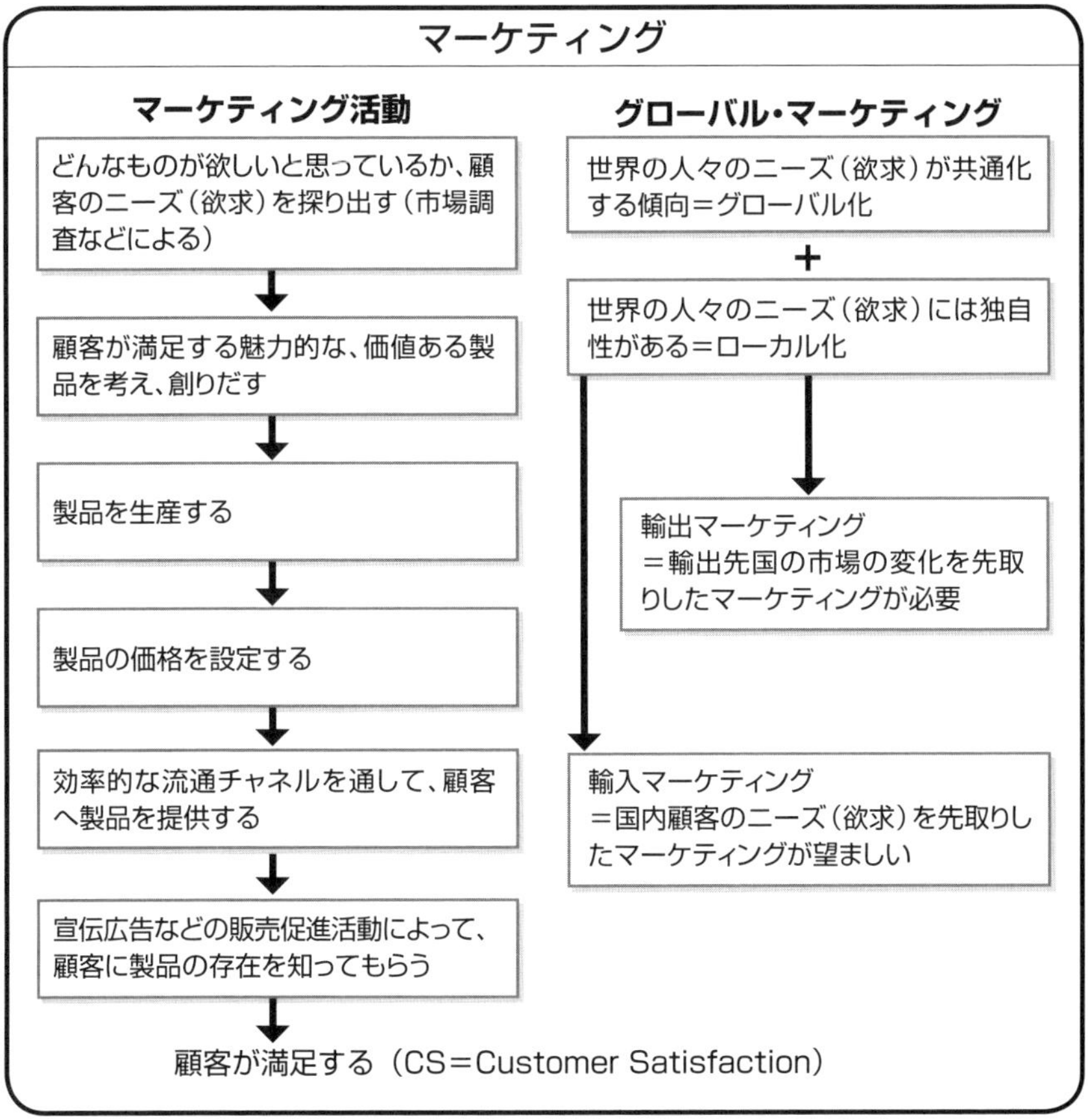
マーケティング
マーケティング活動
どんなものが欲しいと思っているか、顧客のニーズ（欲求）を探り出す（市場調査などによる）
顧客が満足する魅力的な、価値ある製品を考え、創りだす
製品を生産する
製品の価格を設定する
効率的な流通チャネルを通して、顧客へ製品を提供する
宣伝広告などの販売促進活動によって、顧客に製品の存在を知ってもらう
顧客が満足する（CS＝Customer Satisfaction）
グローバル・マーケティング
世界の人々のニーズ（欲求）が共通化する傾向＝グローバル化
＋
世界の人々のニーズ（欲求）には独自性がある＝ローカル化
輸出マーケティング
＝輸出先国の市場の変化を先取りしたマーケティングが必要
輸入マーケティング
＝国内顧客のニーズ（欲求）を先取りしたマーケティングが望ましい

（グローバル化）することはなく、それぞれの独自性（ローカル化）もあわせ持つことになります。

●輸出マーケティング

日本の工業製品は世界中で売られ、よろこばれています。中国や東南アジア、あるいは販売現地で生産される製品もあり、また複数国にまたがって生産されるものなどいろいろです。輸出先国の市場の変化を常に先取りしたマーケティングの戦略を持つ必要があります。

●輸入マーケティング

外国製品には、日本製品にないデザインや品質・性能を持っているものがあります。また価格が非常に魅力的な品物もあります。いつも顧客のニーズを先取りするマーケティング活動が望まれます。

SECTION 19

貿易で成功するための相手選び

取引相手先の探し方

ジェトロ、日本商工会議所、世界貿易センターなどを利用する。

●マーケット・リサーチまでの手順

貿易取引の相手を探したい場合、まず何を売りたいのか、何を買いたいのかを決めなければなりません。日本の売り手（輸出者）がメーカーであれば、売る商品は自社の得意とする製品、または自社製品を相手の希望に合わせて手直しした製品になることが多いでしょう。売り手（輸出者）が商社であれば、自社が強みを持っている分野の商品や今後伸びて行くと思われる分野の商品を選ぶことが多いでしょう。日本が買い手（輸入者）となる場合は、これから国内の消費者や使用者がよろこんで買ってくれる商品を輸入したいと考えることでしょう。

何を輸出したいのかが決まれば、その商品をよろこんで買ってくれる国を探します。何を輸入したいのかが決まれば、その商品を生産・調達できる国を探します。市場調査を行って、希望する条件に合った国を探します。あるいは相手国の条件に合わせて、こちらの条件を柔軟に変更する必要があるかもしれません。統計資料など客観的なデータを利用し、マーケティングの考え方を活用して、候補相手国の市場状況を判断します。また取引相手国を1国に限る必要はありません。むしろ複数の国と取引できれば、そのほうがいいかもしれません。長期的な取引の場合は、カントリーリスクの小さい国を選ぶことが大切です。

●取引相手を探す七つの方法

取引相手国が決まれば、次は、その国のだれと取引するかを決める必要があります。将来性のある、良い取引相手を見つけることができれば、それだけで半分成功したということができます。取引相手を探す方法にはいろいろあります。表には、ジェトロ（独立行政法人日本貿易振興機構）以下、七つの方法をリストアップしました。

いろいろな情報にもとづいて探し出した取引先候補とは、取引を始めるに先立って、ぜひ直接に会って相手の人間性、人柄などを判断してください。

取引相手を探す方法

売りたい商品（輸出したい商品）を決める

↓

市場調査（輸出品が売れる市場であるか＝地理的、社会的、政治経済的条件）（相手国がよろこんで買ってくれる商品とは＝商品の性能・価格・デザインなど）

↓

輸出相手先の企業を探す

↓

買いたい商品（輸入したい商品）を決める

↓

市場調査（輸入したい商品を生産・調達できるか＝地理的、社会的、政治経済的条件）（輸入したい商品＝あらかじめ性能、価格、デザインなどを計画しておく）

↓

輸入相手先の企業を探す

↓

1．ジェトロ（独立行政法人日本貿易振興機構）を利用する

①ジェトロTTPP（Trade Tie-up Promotion Program）＝インターネットによる海外の取引先探し支援サイト）
②ジェトロTTPPグローバルリンク＝世界各地の公的・私的な取引先探し支援サイト
③ジェトロ貿易投資相談窓口など

2．日本商工会議所を利用する

①International Business Opportunities＝インターネットによる商工会議所の海外取引先探し支援サイト
②World Chambers Network＝世界各地の商工会議所による取引支援サイトなど

3．世界貿易センター（東京）を利用する

①WTC JAPAN貿易引合掲示板＝世界各国にある世界貿易センターのネットワークを利用して、海外取引を希望する中小企業支援のための貿易引合情報サイト
②貿易引合情報の提供など

4．在日外国大使館、在日貿易促進機関、在日外国商工会議所などを利用する

5．国内・海外の見本市や展示会を利用する

6．海外の貿易促進機関を利用する

7．海外のダイレクトリー（業界業者名簿）、業界紙、専門雑誌などを利用する

SECTION 20

さまざまなリスクを抱え込んでいる国々

カントリーリスクと貿易取引

取引相手国のリスク状況を常に把握し、みずからの取引のカントリーリスクの最小化に努める。

貿易取引は、モノの売買取引です。売り手（輸出者）の立場から見ると、モノを売り、代金を回収して初めて取引が完了します。

ところが、取引相手の買い手（輸入者）が、どんなに誠実な人または企業であり、契約通りの支払いをする意思があっても、その国（政府）が外国への支払いを禁止した場合には、売り手は代金を回収することができません。

貿易取引や投資、融資に対するこういう状況は、取引相手国における、次のような危険によって発生します。

①**国際収支が悪化する危険性**　外貨不足に陥り、外国からの投資・融資に対する元利金や配当金の送金ができなくなる、また輸入代金の支払いができなくなる。

②**宗教・人種などを原因とする国内の武力衝突（内乱）、テロ行為が発生する危険性**　戦争に発展する可能性も含めて、外国の現地では、事業が継続できなくなる。

③**革命などにより政権や政体が変わる危険性**　その変更に伴って、それまでの債権債務が継承されないことがあり、また外国資本の有望事業が接収され、国有化されることもある。

④**自然災害、その他売買当事者の責めによらない危険が発生する可能性**

⑤これら危険の発生によって、その国に本拠を置く企業本体だけでなく、その海外事業までも経営困難に陥ることがあり、外国企業が予期しなかった損害を受ける可能性もあります。

●リスク情報に目を光らせる

このように取引相手の国の政治、経済、社会、国際関係などの環境が変化することにより、日本など外国の取引先が影響を受け、期待された利益を上げることができなくなる危険があります。これをカントリーリスクと呼んでいます。一言でいえば、取引相手国そのものの危険度のことです。一般的には、先進国以外の国と取引する場合、カントリーリスクについても調査しておくことをお勧めします。

カントリーリスク

カントリーリスクの例

①国際収支が悪化する危険性。外貨不足のため、外国からの投資・融資に対する元利金や配当金の支払い、輸入代金の支払いができなくなる。

②宗教・人種などを原因とする国内の武力衝突（内乱）や、テロ行為が発生する危険性。戦争に発展する可能性もあり、事業を継続できなくなる。

③革命などにより、政権や政体が変わる危険性。それまでの債権債務が継承されないことがあり、また外国資本の有望企業が接収され、国有化されることがある。

④自然災害、その他売買当事者の責めによらない危険が発生する可能性。

⑤これら危険の発生によって、その国内の企業だけでなく、海外事業も経営困難になる可能性があり、外国企業が損害を受ける危険性。

↓

これらの危険により、日本など外国企業が期待された利益をあげることができなくなる危険

＝

カントリーリスク

貿易取引上のカントリーリスク軽減策（例）

1．信用状取引の場合、輸入国以外の国の銀行が確認した確認信用状を受取る。

2．株式会社日本貿易保険の貿易保険（そのうち非常危険をカバーする保険）を付保する。たとえば、貿易一般保険、輸出手形保険など。

3．カントリーリスクが大きい場合、取引額を減少させる。

外国へ投資・融資を行い、外国と貿易取引を行う限り、カントリーリスクを避けることはできません。海外取引の関係者は、取引相手国のリスクの状況を把握して、みずからの取引について、いかにカントリーリスクを小さくするかを考えなければなりません。併せて、リスクの大きさに見合うリターン（利益）を確保しておく必要があるでしょう。

カントリーリスク関連の情報は、ジェトロ、株式会社日本貿易保険、ダン・アンド・ブラッドストリート社（米国）、コファス社（フランス）などの信用情報機関のほか、カントリーリスク専門の情報機関などから入手することができます。外国と取引する人または企業は、これらの情報を参考にしながら、みずからの取引相手国のカントリーリスクを常に注視する必要があります。

SECTION 21

貿易相手の信用状態を調べるには

信用調査（取引相手先の信用状態を調べる）

誠実性［Character］、財政状態・資産状態［Capital］、営業能力［Capacity］＋その他の条件［Conditions］。

●信用調査は3C（4C）が対象

貿易取引を始めるに先立って、また取引の途中で定期的に、相手の信用状態を調べることは欠かすことのできない必須条件です。

取引相手の「信用」を調査することは、相手の能力の限界を知るためです。相手の能力の限界を知って、その範囲内で取引すれば、相手も無理をしないで約束を守ることができます。こちらも自分の能力の範囲内で、安心して取引することができます。

信用調査は通常、次の3項目（3C）または4項目（4C）について行います。

1．誠実性＝相手企業の誠実さを調べます。すなわち経営者の人間性、人柄のことです。誠実さは、人間の心をあらわす世界共通のものさしです。

2．財政状態・資産状態＝相手の財務状態を知って、支払能力を判断することができます。あるいは商品の調達（仕入）能力を判断することができます。

3．営業能力＝営業能力は、相手企業が、今後さらに発展するために欠かせないものです。相手の将来性を判断するのに役立てたいものです。

4．その他の条件＝相手企業を取り巻く政治的・経済的ないろいろな条件のことです。取引の相手国・相手企業を選ぶ際に検討していると思われますので、その場合は、ここで重ねて調べる必要はないでしょう。

信用調査の報告は、一般に次の方法で入手することができます。

①取引銀行に依頼する
②取引相手の同業者に依頼する
③ジェトロ（独立行政法人日本貿易振興機構）に依頼する
④商業興信所に依頼する→ⓐ世界的にネットワークを持っている米国のダン・アンド・ブラッドストリート社、ⓑフランスのコファス社などのほか、ⓒ世界各地にはその地域をカバーする商業興信所があります。

海外企業の信用調査の例

1．ダンレポートのRating（信用格付け）の内容の概略

①ダンレポートの信用格付け＝純資産額＋総合評点

5A	1

- 5A → 国別に設定された純資産額（＝同じ区分数字でも、国により純資産額が異なる）
- 1 → 4段階で表示された総合評点（総合評点＝支払ぶり＋財務内容＋社歴＋経営陣の実績）

②総合評点の背景となる諸要因

・企業の概要（Summary）
・支払ぶり（Payments）
・財務状況（Finance）
・役員の経歴（Corporate Directors）など

2．ジェトロの海外調査サービス

①海外簡易情報照会（ミニ調査サービス）

・ジェトロ海外事務所が通常業務の範囲内で対応可能な簡単な情報収集が調査の対象です。たとえば企業リスト、制度情報、統計資料などです。

②海外市場調査（委託調査サービス）

・依頼の内容に応じて、ジェトロ海外事務所が、海外の産業、企業、商品・市場などを現地調査するものです。いわばオーダーメードの調査です。

3．ムーディーズの信用格付け

①ムーディーズの信用格付け

・企業が社債などの債券を発行している場合、「債券発行者が、債券の元本・利息を償還まで予定通りに支払うことができる能力」についての「ムーディーズの意見」です。

・ムーディーズの信用格付けは、企業そのものの信用格付けではありません。
しかし、債務返済の不履行や遅延などの信用リスクから、取引相手の信用状態を推定することができます。

取引相手が債券発行者であれば、ムーディーズの格付けを参考にできます。

SECTION 22

オファーを受けたらすぐ返事を

取引の勧誘・引合い・オファー

オファーにはファームオファー、確認条件付オファー、先売り御免オファー、カウンターオファーなどがある。

●「勧誘」が「引合い」を呼び込む

一般に取引は、商品を買ってくれそうなお客さんに対して、売り手が、商品のすばらしさ、魅力を説明し、興味と関心を持ってもらい、買いたい気持ちになってもらうことから始まります。

これが「取引の勧誘」です。貿易取引の場合、海外の取引先候補に対して「当社の製品はこんなにすばらしい品質・性能を持っており、取扱っていただければ、貴社はきっと成功しますよ」と手紙を出して、ときには見本を添えて、取引を勧誘します。

勧誘を受けた海外の取引先候補は、興味があれば、いろいろ検討して、「何を、いつ、いくつ欲しい」という具体的な問合せをします。直接の勧誘を受けていなくても、魅力的な商品が売り出されていることを知って、カタログを請求し、具体的な問合せをすることも多いでしょう。

この具体的な問合せを「引合い」と呼んでいます。売り手は、「引合い」をもらうために努力しているのですから、大変うれしいことです。せっかくのチャンスをうまく生かして、取引の成功につなげたいものです。

●オファー（申込み）の種類

引合いを受けた商品の売り手は、買い手に対して、できるだけ早く返事を出す必要があります。「引合い」に対する売り手の具体的な返事を「オファー（申込み［Offer］）」と呼んでいます。オファーには、商品の品質（性能）、数量、価格、納期（船積時期）などの取引条件が含まれます。政府の輸出許可が必要な商品の場合には、「許可を取得できること」も取引の条件に含まれます。オファーは相手方の承諾により、両者の合意が成立して、契約が成立します。

オファーには、売オファー［Selling offer］と買オファー［Buying offer］がありますが、買オファーをBid（買指値）ということも多く、オファーは、一般的に売オファーを指しています。

取引の勧誘・引合い・オファー

勧誘：商品の品質・性能、デザイン、価格など、商品のすばらしさ、魅力を説明して、相手に興味と関心を持ってもらう。

↓

引合い Inquiry（問合せ）：商品の品質、数量、価格、納期（船積の時期）など、具体的な希望を述べて、見積もりを依頼する問合せのこと。

↓

ファームオファー：有効期限を明示したオファー。期限内に承諾すれば、契約が成立する。

↓

カウンターオファー：提示されたオファー条件の一部変更を要求するオファー、または一部を変更して承諾するオファー。

↓

カウンターオファー

確認条件付オファー：オファーの受け手の承諾のほか、オファー申込者の確認により契約が成立するオファー。

↓

カウンターオファー

↓

カウンターオファー

先売り御免オファー：限られた数量の商品を、同時に多数の買い手に提示するオファー。

↓

承諾＝提示されたオファーを、無条件かつ絶対的に受入れて、同意すること。

↓

契約の成立＝売買当事者双方の合意ができて、契約が成立する。

オファーは、いくつかの種類に分けることができます。

1．ファームオファー（確定申込み「Firm offer」）

2．確認条件付オファー（不確定オファー［Offer subject to confirmation］）＝価格変動の激しい商品などのオファー。

3．先売り御免オファー［Offer subject to prior sale］＝売れ残り在庫などのオファー。売り切れると同時に無効となるオファー。早い者勝ち式に契約が成立するオファー。

4．カウンターオファー（反対オファー［Counter offer］）＝「はじめのオファーを拒絶するとともに、新しくオファーをなしたるもの」とみなされるオファー。カウンターオファーをした後で、はじめのオファーを承諾しても契約は成立しません。

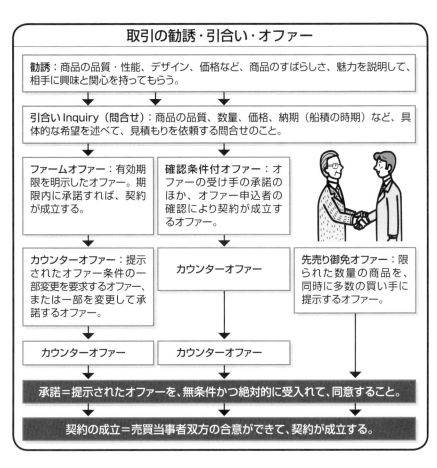

SECTION 23

はっきり意思表示しないと誤解の元

オファーの承諾と契約の成立

オファーを承諾して、はじめて契約が成立する。承諾を決めたら、できるだけ早く通知する。

●オファーを「承諾」して契約成立

承諾とは、オファー（申込み）が無条件に、かつ絶対的に同意されることであり、オファーが承諾されて、はじめて契約が成立します。したがって承諾する場合、「承諾する」旨をはっきりと表現することが誤解を避けるいちばんいい方法です。

契約が成立すると、売り手、買い手ともにその取引契約によって得ることができる利益の額が確定します。そのためにも、契約の成立に向けて取引条件を交渉する場合、万全の準備をしてのぞむ必要があります。

また、オファーを承諾すると決めた場合、できるだけ早く申込者［offerer］に承諾を通知することが必要です。提示を受けたオファーが「ファームオファー」であれば、日本の法律では、有効期限内は取消しできませんが、取引相手の国が、英米法系の国である場合、申込者はいつでもオファーを取消しすることができるからです。

英米法系の考え方では、ファームオファーをすることによって「申込者がオファーの有効期間内、なんの反対約束ももらわないで、オファーを取消しできないとすれば、申込者にとって不公平（不利益）である」、「申込みの受け手［offeree］が、なんの反対約束もしないで、有効期間ぎりぎりまでオファーを検討する時間的余裕をもらっているのは不公平（利益）である」と考えるからです。

この場合の反対約束が「約因［consideration］」と呼ばれているものです。

●常に契約書を作成する

貿易取引の場合、一般的に契約が成立してから、売り手（輸出者）は商品を生産し、あるいは調達します。商品が船積（出荷）されるのは、契約の成立から数ヶ月後になることも珍しいことではありません。

その間に、契約の取引条件について解釈の相違や誤解が生じることがあります。お互いの誤解をなくし、契約の

オファーの承諾と契約の成立

オファーの承諾①＝契約の成立

＝承諾は、オファーに提示されたすべての条件に同意していることが必要。オファーを無条件でかつ絶対的に受入れるものでなければならない。

オファーの承諾②＝契約の成立

＝オファーの有効期限内に承諾する。

＝オファーに有効期限が定められていない場合、合理的期間内に承諾する（合理的期間は、ケース・バイ・ケースのため不明確）。

＝カウンターオファー（申込み拒絶＋新申込み）の後の承諾は、新申込み（新しいオファー）の承諾とみなされる。

承諾の通知

＝承諾する場合、承諾する旨の意思表示は、できるだけ早く相手方に通知する必要がある。

＝ファームオファーであっても、英米法系の国では、有効期限の有無にかかわらず、取消される可能性がある。

契約書の作成

＝契約の成立とともに、契約の取決めを間違いなく実行するため、お互いに文書により契約内容を確認し、署名する。

＝あとあと売買当事者間で、契約の取決めに関する紛争が発生した場合、契約書は、契約の内容を証明する重要な証拠書類となる。

取決めを間違いなく実行するために、契約内容を契約書という文書のかたちにまとめて、契約当事者双方がその内容を確認し署名しておくことが大切です。

あとあと取引契約の内容、条件をめぐって、売り手と買い手の意見が食い違った場合、契約書は、契約の内容を証明する非常に重要な証拠書類となるからです。

なお、日本の法律では、口頭でも契約が成立しますが、アメリカの多くの州法では、５０００米ドル以上の商品の売買取引では、契約書の作成が契約成立の必要条件になっています。貿易取引を行うに際しては、常に契約書を作成することにしておけば、取引の相手国（準拠法）がどこであるかを気にする必要もありません。

SECTION 24

海外市場開拓の新しい方法

国境を越える電子商取引（越境ＥＣ）

Cross-Border Electronic Commerce

インターネットやスマートフォンを利用して、物品やサービスを外国の需要者に販売すること、あるいは外国から購入することが多く行われています。電子商取引、あるいはＥＣ取引と呼ばれる取引のことです。

経済産業省の「電子商取引に関する市場調査」によれば、ＥＣ取引は、売買当事者の区分から、①Ｂ toＣ市場（企業→消費者）、②Ｃ toＣ市場（消費者→消費者）、③Ｂ toＢ市場（企業→企業）に分けられます。２０１８年における日本の市場規模は、それぞれ、①17兆９８４５億円、②６３９２億円、③３４４兆２３００億円と推定されており、全世界のＢ toＣ市場の市場規模は、２０１８年２・84兆米ドルと推定されています。いずれも拡大傾向にあります。インターネット人口の増加、物流システムの充実、決済機能の多様化などによるものです。

企業間取引のＢ toＢ取引は、早くから大規模に発達したのに対して、消費者を相手とするＢ toＣ取引は、個人用コンピュータの普及などにともなって発展してきました。

越境ＥＣというとき、外国の一般消費者を相手とするＢ toＣ市場を指すことが一般的で、ⓐ日本国内の、あるいは相手国内の自社サイト・ＥＣモール等で受注し輸出販売する、ⓑ相手国倉庫にあらかじめ保管した商品を受注後に輸入販売するなど、いずれも国境を超える商品の売買取引（輸出・輸入）です。

越境ＥＣは、売り手としては、商品を積極的に海外の消費者に販売することができる取組みであり、初期投資が少なくて済むので、中小規模の企業でも、海外市場を開拓する方法として、今後ますます発展する分野といえるでしょう。

なお、代金回収上のリスク、トラブルが発生した場合に相手国の法律や規制が適用される可能性が大きいことに注意する必要があります。

日本・米国・中国各国におけるECマクロ環境

	日本	米国	中国
1. 総人口（2017年）	1億2,604万人	3億2,647万人	13億8,823万人
2. 1人あたりGDP（2017年）	38,428.1ドル	59,531.7ドル	8,827.0ドル
3. インターネット人口（2017年）	1億197万人	2億4,551万人	7億5,381万人
4. インターネット普及率（2017年）	80.9%	75.2%	54.3%
5. モバイル契約数（2017年）	1億7,013万台	3億9,588万台	14億7,410万台
6. EC市場規模（2018年、単位：億US米ドル）	（物販系対象）1,093	5,232	15,267
7. EC規模／ネット利用者 1人あたり（年間）	921ドル	1,675ドル	1,862ドル
8. ネットワーク整備指数（2016年139ヶ国）	10位	5位	59位

越境EC市場規模（2018年）

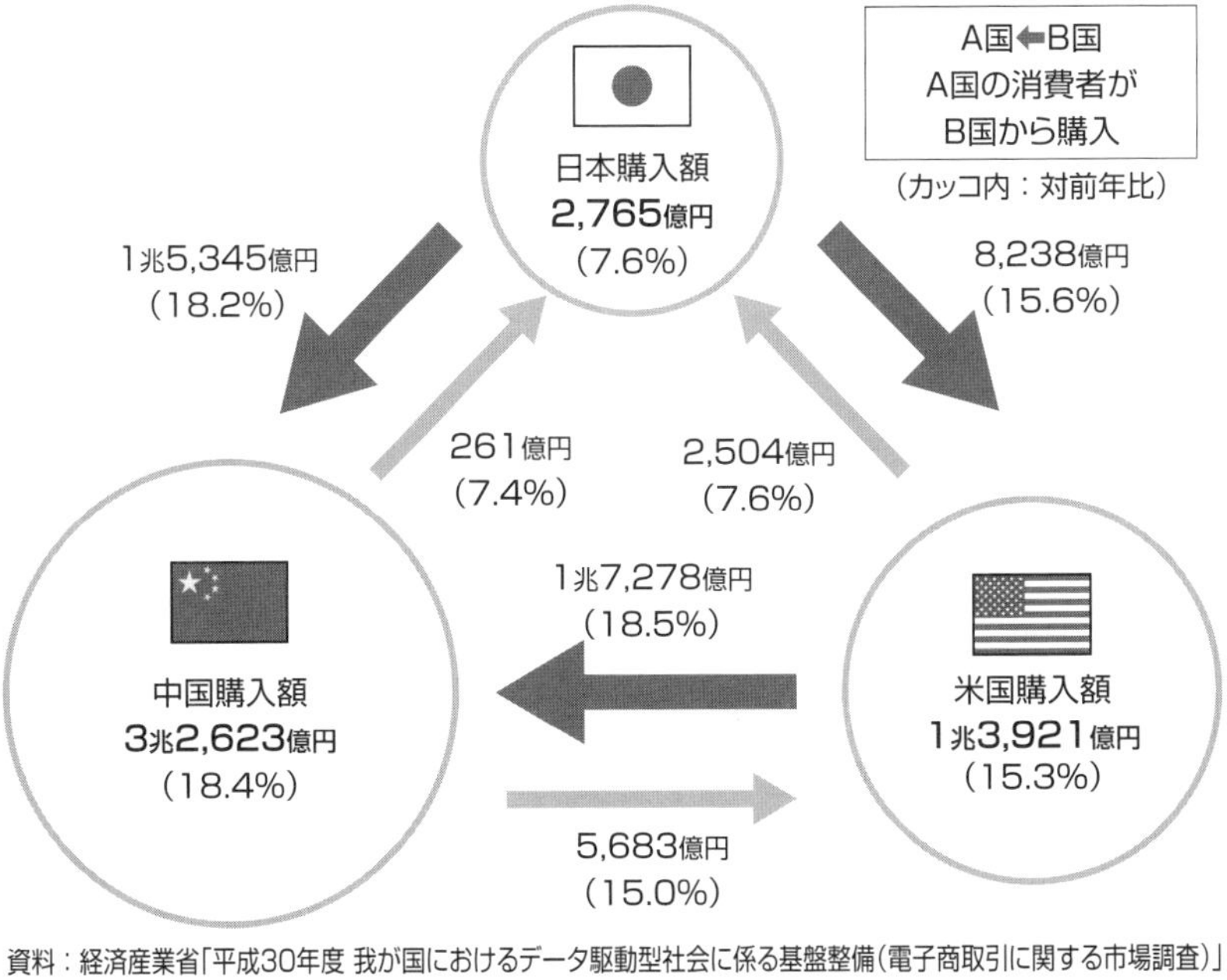

資料：経済産業省「平成30年度 我が国におけるデータ駆動型社会に係る基盤整備（電子商取引に関する市場調査）」

ハサップ（HACCP）と日本産水産物の輸入禁止事件

COLUMN 2

食品の安全性を確保する方法として、世界的に広く認められているのが、HACCPによる衛生管理です。もともと衛生的に欠陥のない宇宙食の開発・製造を目的に、1960年代に米国航空宇宙局（NASA）が中心となって考案した手法です。

HACCPは、HA（危害分析）とCCP（重要管理点）を組み合わせたことばです。

「危害分析」は、原料から製品に至るすべての製造・流通段階で、微生物の発生、化学物質の生成、異物の混入など、食品の安全性にとって危険発生の可能性のある工程を解析することです。

これらの工程を「重要管理点」として選び出し、製造中の食品がそれぞれの管理点を通過する際に、危害の発生をチェックし、危害が発生していることを検知したら、あらかじめ定めておいた処理の方法、基準に従って、直ちにその危険を取り除くという衛生管理の方法です。

工程管理の記録を整備し保管することにより、品質管理、衛生管理が適切に行われているか否かを、確認することができますし、さらに製造物責任法（PL法）にもとづく損害賠償請求にも対処することができるのです。

97年（平成9年）12月、米国食品医薬局（FDA）は、米国産および輸入の水産食品に対してHACCP方式の管理を義務づけました。日本の輸出業者は、米国ルールに従っている旨の、厚生労働省による都道府県の保健所を通じた証明書または大日本水産会の証明書を提出して、米国への輸出を行っています。

欧州連合（EU）でも91年の閣僚理事会指令、94年のEU委員会決定によって、各国ともHACCP方式の衛生管理を行っています。

95年4月、EUは日本の水産加工施設がEUの衛生条件に適合していないとの理由で、日本産の水産物の輸入を全面的に禁止しました。その後、日本の加工施設の査察などを経て、輸入水産物は、EUの指令・決定に合致している旨を輸出国政府が認定しEU委員会に通知した加工施設の製品のみ、輸入が許可されています。

HACCP方式は、カナダ、オーストラリア、ニュージーランドでも導入されつつあり、現在では国際的な標準となりつつあります。なお、日本では2018年6月公布の改正食品衛生法により、2021年6月から義務化されることになりました。

第3章

信用状と取引代金の決済

信用状を利用する代金決済

信用状とは、「買い手の依頼を受けて、買い手の取引銀行が、商品代金の支払いを保証する保証書」のこと。

●信用状のしくみと歴史

売り手にとっていちばん安心な代金回収の方法は、前受け（前払い）です。しかし、買い手にとっていちばん安心な代金支払いの方法は、後払い（後受け）です。売り手と買い手の相反する要求を満足させる代金決済の方法として利用されているのが、信用状といわれるものです。

信用状とは、「買い手の依頼を受けて、買い手の取引銀行が、商品代金の支払いを保証する保証書」のことです。さらにいえば、買い手の取引銀行は「売り手が、信用状に定める一定の書類を提出すること」を条件として、支払いを保証しています。

買い手（輸入者）は、自分の信用の足らないところを、取引銀行の信用を借りてきて、取引の相手方に安心感を与え、取引を有利に進めることができるのです。

信用状が、国際的に使われる書類であるために、国により、人により、その内容の理解と解釈が異なっていることがあり、多くの紛争が発生しました。

こうした経過を経て、パリに本部を置く国際商業会議所が、世界各国で使われている商慣習や法律制度などを調査研究した結果をまとめて、1933年の総会で「荷為替信用状に関する統一規則および慣例」（信用状統一規則と呼んでいます）として採択しました。現在、使われているのは、2007年改訂された規則UCP600です。

●統一規則に従う旨を明記して発行

信用状統一規則は、国際商業会議所という民間の団体が制定したルールであり、したがって、輸出者・輸入者は、このルールに従わなければならない義務はありません。しかし、銀行は、受益者（輸出者）に宛てて発行する信用状に「信用状統一規則にもとづいて発行されている」旨を明記することになっており、また、信用状の発行依頼人が銀行宛に作成する発行依頼書に、同じ内容のことばを明記することを求めています。

代金決済に信用状を利用する

売買契約の成立

売買契約における代金決済条件
・売主の希望：商品代金の前受け（前払い）
（代金回収に対する不安から）
・買主の希望：商品代金の後払い（後受け）
（約束通りの商品が、約束通りに出荷されるか否かに不安がある）

↓

売主・買主両者の希望（要求）をできるだけ満足させる決済の方法

↓

銀行が仲介して（書類上）、
・売主の商品を買主に引渡し、
・買主の支払い代金を売主へ引き渡す。
→銀行が信用状（支払いの確約書）を発行して、
売主・買主間の
交換（商品と代金の交換）を実現する。

信用状とは＝①買主（輸入者）の依頼を受けて、
②買主の取引銀行が、
③商品代金の支払いを確約（保証）する確約書（保証書）。
④売主は、一定書類を提出することが条件。

信用状統一規則＝UCP（Uniform Customs and Practice for Documentary Credits）
＝信用状に関して、国際的に広く使われているルール。
＝国際商業会議所が制定。
・信用状の書式（フォーム）：①国際商業会議所（ICC）フォーム（レターフォーム）
②スイフト（SWIFT）フォーム
（SWIFT=Society for Worldwide Interbank Financial Telecommunication）

信用状のメリット
＝（輸出者）船積後すぐに輸出代金を回収できる。
＝（輸入者）注文商品の船積みを確認して代金を支払うことができる。

信用状にもいろいろある

信用状の種類

取消不能信用状と取消可能信用状、確認信用状と無確認信用状、買取銀行指定信用状と買取銀行無指定信用状などがある。

信用状は「Letter of Credit」（略してL／C）、または単に「credit」と呼ばれています。商取引に利用される信用状は、商業信用状とも呼ばれています。

ここでは、いくつかの代表的な信用状の種類を取りあげます。

●取消不能信用状と取消可能信用状

信用状の中で最も重要な分類が、取消不能信用状と取消可能信用状です。信用状は、信用状発行銀行による「商品代金の支払保証」です。「支払いの保証」が取り消されたのでは、信用状の意味がなくなってしまいます。したがって、貿易取引に利用される信用状は、常に「取消不能信用状」でなければなりません。

なお、信用状統一規則ＵＣＰ６００では、信用状は、どんな名称のものでも、またどんな表示のものでも、取消不能（撤回不能）の信用状を意味することになっています。

いったん発行した取消不能信用状について、どうしても取消しや訂正をする必要があれば、発行依頼人（輸入者）が発行銀行に依頼し、受益者（輸出者）、確認銀行（確認信用状の場合）の同意を得て取消しや訂正をすることができます。

●確認信用状と無確認信用状

発行銀行の「支払いの保証」に加えて、発行銀行以外の銀行が「支払いの保証」を行うことを「確認」といいます。

信用状の発行を受益者（輸出者）に通知する輸出国の銀行（通知銀行）が、発行銀行の依頼を受けて、確認することが一般的です。

発行銀行の信用に不安がある場合、あるいは発行銀行所在国のカントリーリスクが大きい場合に、受益者（輸出者）の要求によって、確認することが多いようです。

また、発行銀行の確認依頼がないのに、発行銀行以外の銀行が、受益者との契約にもとづいて確認することをサイレント・コンファメーションといい

信用状の主な種類

荷為替信用状　Documentary Credit

1-1．取消不能信用状
Irrevocable credit
・いったん開設すると取消しも訂正もできない信用状。
・ただし発行依頼人が依頼し、発行銀行、受益者、確認銀行の同意があれば、取消し、訂正ができる。

1-2．取消可能信用状
Revocable credit
・いつでも取消しや訂正ができる信用状。
・取消通知を受取る前に買取りなど行った場合、その買取りに対して、発行銀行は補償（弁済）の義務がある。

2-1．確認信用状
Confirmed credit
・発行銀行の「支払保証」に加えて、発行銀行以外の銀行が「支払保証」（確認）した信用状。

2-2．無確認信用状
Unconfirmed credit
・確認信用状と明記していない信用状。

3-1．買取銀行指定信用状
Restricted credit
・輸出者作成の荷為替手形を買取る銀行を限定して指定している信用状。

3-2．買取銀行無指定信用状
Open credit
・輸出者作成の荷為替手形を、どこの銀行も買取ることができる信用状。

4．回転信用状
Revolving credit
・同一種類の商品を長期間にわたって継続的に取引する場合、①一定の期間経過とともに元の金額に復活する信用状と、②信用状を使用するたびに元の金額に復活する信用状がある。

5．譲渡可能信用状
Transferable credit
・信用状のはじめの受益者が、信用状の全部または一部を第三者（第2受益者）に譲渡することを認めている信用状。

ます。

なお、確認信用状と明記していない信用状は無確認信用状です。

●買取銀行指定信用状と買取銀行無指定信用状

日本で一般に利用されている信用状は、輸出者作成の荷為替手形を銀行に買取ってもらうことにより、輸出者が代金を回収する買取信用状です。

買取信用状には、荷為替手形の買取りを①特定の銀行に限定して指定している信用状と②不特定の銀行を指定銀行としている信用状があります。

②の信用状は、どこの銀行も自由に買取りができる信用状です。自分の取引銀行が指定銀行でない受益者（輸出者）は、取引銀行経由指定銀行に買取りを依頼する必要があり、たいへん不便です。

輸出者は買取銀行無指定信用状を要求すべきです。

信用状と売買契約の関係

信用状取引における原則

信用状には独立抽象性（信用状独立の原則）と書類取引性がある。

●信用状の独立抽象性（信用状独立の原則）

信用状は売買契約にもとづいて発行され、売買契約と深いつながりがあります。

しかし、信用状統一規則では「信用状を発行することによって、発行銀行が引受けることとなる義務と責任は、売買契約から独立した別個のものであり、売買契約とはなんら関係のないものである」とされています。

すなわち、信用状発行銀行は、みずからが発行した信用状に記載されている条件（受益者は、一定の書類を買取りのため買取銀行へ呈示すること）にのみ拘束されるという意味です。

信用状は、もともと売買契約にもとづいて発行されるものですから、信用状の条件と売買契約の条件は同じであるはずです。しかし、もし信用状条件と売買契約の条件が異なっている場合は、信用状条件のみが「発行銀行が保証する支払いのための条件」になるのです。

これが信用状の独立抽象性（信用状独立の原則）といわれているものです。

●信用状の書類取引性

信用状統一規則には、「信用状取引においては、すべての関係当事者は、書類を取扱うものであって、それらの書類が関係する物品、役務、その他の行為を取扱うものではない」と規定しています。

すなわち、輸出者が買取りのため銀行に呈示する書類が、信用状条件に合致して作成されていることが、銀行買取りの必要条件なのです。

輸出者が船積した実際の商品が、たとえ信用状条件と異なっていたとしても、銀行へ呈示される書類が信用状条件に合致していれば、銀行は買取りをするのです。また、実際に船積した商品が信用状条件に合致していても、銀行へ呈示される書類が信用状条件に合致していなければ、銀行が買取ることはありません。このことを信用状の書類取引性と呼んでいます。

信用状取引の原則

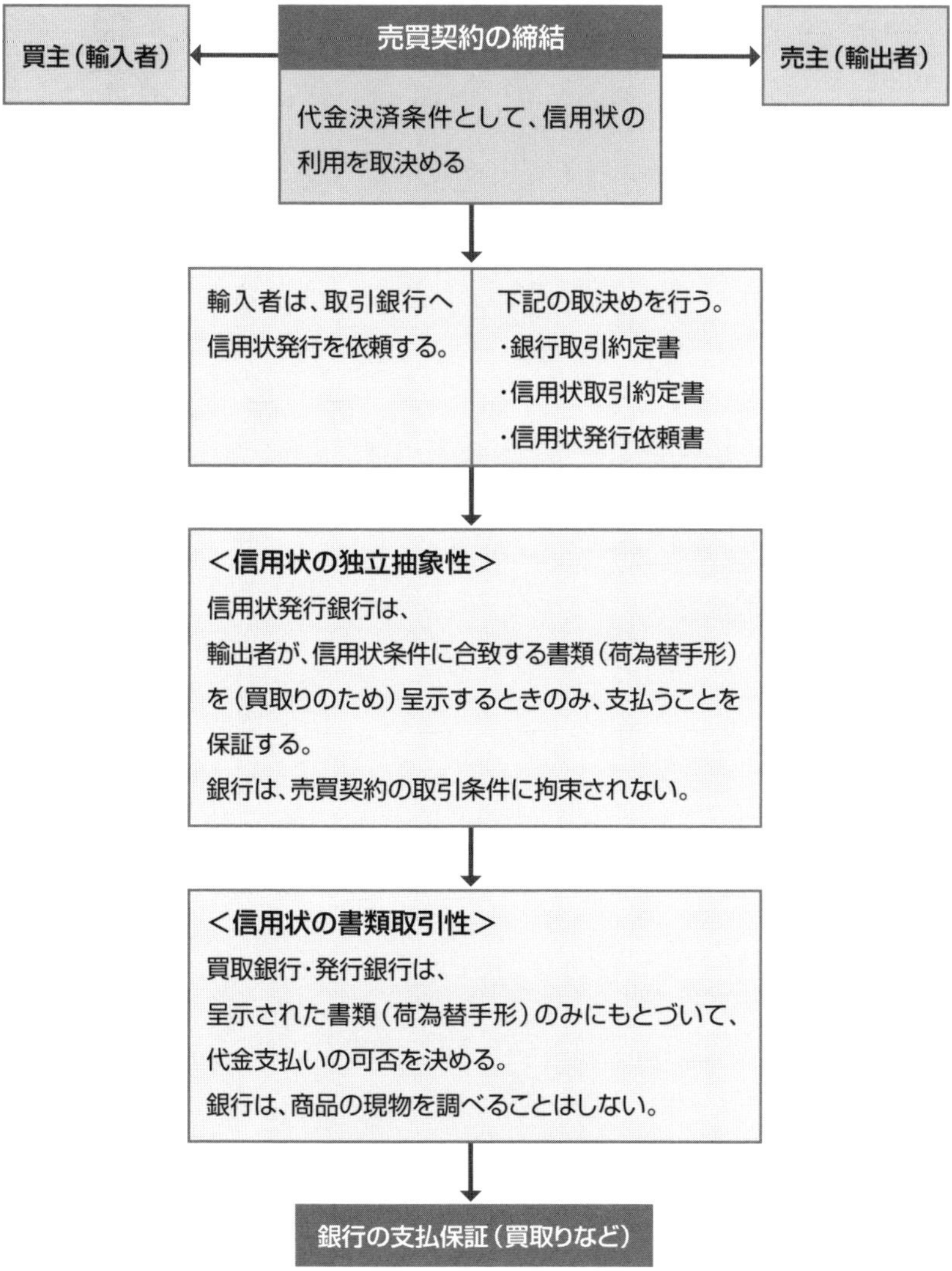

売買契約の締結
代金決済条件として、信用状の利用を取決める
買主（輸入者）
売主（輸出者）
輸入者は、取引銀行へ信用状発行を依頼する。
下記の取決めを行う。
・銀行取引約定書
・信用状取引約定書
・信用状発行依頼書
＜信用状の独立抽象性＞
信用状発行銀行は、
輸出者が、信用状条件に合致する書類（荷為替手形）を（買取りのため）呈示するときのみ、支払うことを保証する。
銀行は、売買契約の取引条件に拘束されない。
＜信用状の書類取引性＞
買取銀行・発行銀行は、
呈示された書類（荷為替手形）のみにもとづいて、代金支払いの可否を決める。
銀行は、商品の現物を調べることはしない。
銀行の支払保証（買取りなど）

（注）：荷為替手形＝為替手形＋船積書類（船荷証券＋保険証券＋インボイスなど）

信用状の記載例

信用状とはどんな書類か

信用状の条件（為替手形や船積書類の内容）が記載されているのは真ん中あたり、全体の半分ほどのスペース。

次ページの例で説明します。

●信用状の上段（約3分の1スペース）

信用状の全体像を見ます。

①＝「信用状の発行銀行」、すなわち輸入者の取引銀行。

②＝「信用状の種類」（この例では、取消不能荷為替信用状）と「信用状の番号」。

③＝信用状の「発行場所（発行銀行所在地）、発行日」。

④＝「信用状の発行依頼人」、すなわち輸入者。

⑤＝輸出者へ信用状の発行を知らせる「通知銀行」。

⑥＝信用状の金額を、数字と文字の両方で表示。

⑦＝信用状の受益者、すなわち輸出者。

⑧＝信用状の有効期限。

●中段（全体の約2分の1スペース）

信用状発行銀行が要求する「信用状の条件」が記載されています。すなわち、受益者（輸出者）振出しの為替手形、および為替手形に添付すべき船積書類の内容です（70・71ページ参照）。

⑨のⓐⓑⓒⓓ＝信用状条件として、為替手形の買取りの要件を記載。

⑩のⓐⓑⓒⓓ＝為替手形に添付することを要する船積書類を示しています。

⑪＝「仕向地」と船積すべき「商品名」を明示しています。

⑫＝特別条件として、銀行買取りの期限を、信用状の有効期限と船積書類の発行日との関係で示しています。

⑬＝商品の船積期限を示しています。

⑭＋⑮＝分割船積と積替えを許容するか否か（この場合、いずれも許容しない）。

●下段（約5分の1スペース）

⑯＝発行銀行の支払い（買取り）約束のことば：「この信用状の条件に合致して振出された手形の振出人、裏書人、善意の所持人に対して、当銀行は、船積書類が呈示され、提出された場合、それらの手形が名宛人により支払われることに同意します。」

⑰＝信用状統一規則に準拠する文言。

信用状

①Issuing Bank: THE YAESU BANK, LIMITED 2-1 Yaesu 2-chome, Chuo-ku, Tokyo, Japan	②Irrevocable Documentary Letter of Credit Credit No. YB-1234
③Place and Date of Issue: Tokyo, July 20, 200x	④Applicant: Kaji Shoji Co., Ltd. 2-3 Kajicho 2-chome, Chiyoda-ku, Tokyo, Japan
⑤Advising Bank: Hill-Top Bank, Limited, 640 Orange St., Seattle, Washington, U.S.A.	⑥Amount: US$219,600.00 (U.S. Dollars Two Hundred Nineteen Thousand Six Hundred Only)
⑦Beneficiary: Seattle Trading, Incorporated 370 White St., Seattle, Washington, U.S.A.	⑧Expiry: September 10, 20xx. In the country of the Beneficiary.

⑨ⓐWe hereby issue this documentary credit in your favor ⑨ⓑwhich is available by negotiation of your draft(s) at sight for full invoice value drawn on us ⑨ⓒbeing marked as having been drawn under this credit, ⑨ⓓand accompanied by the following documents:

⑩ⓐSigned commercial invoice in triplicate.

ⓑMarine insurance policy or certificate in duplicate, endorsed in blank, for 110% of the CIP value covering Institute Cargo Clauses (A), Institute War Clauses (cargo) and Institute Strikes Clauses (cargo).

ⓒFull set of clean on board ocean bills of lading made out to order of shipper and blank endorsed, marked Freight Prepaid and Notify applicant.

ⓓPacking list in duplicate.

⑪Covering shipment of Electronic Game Machines from Seattle, Washington, U.S.A. to Japan.

⑫Special conditions: Documents must be presented within 14 days after the date of issuance of the shipping documents but within the validity of the credit.

⑬Shipment(s) must be effected Not later than August 31 20xx.	⑭Partial shipments NOT allowed.	⑮Transshipments NOT allowed.

⑯We hereby agree with the drawers, endorsers and bona fide holders of the draft(s) drawn under and in compliance with the terms of this credit that such draft(s) will be duly honored by the drawees on presentation and surrender of the documents.

THE YAESU BANK, LTD.

Authorized signature

⑰This credit is subject to Uniform Customs and Practice for Documentary Credits 2007 Revision, International Chamber of Commerce, publication No.600.

SECTION 29

信用状をはじめとする書類一式とは

信用状が要求する書類の要件

信用状の開設宣言と為替手形の要件、為替手形に添付することが必要な船積書類など。

商品代金の支払いを保証することと引換えに、信用状は受益者（輸出者）に対して、銀行買取りの際に、一定の書類を呈示（提出）することを要求します。これを一般に「信用状が要求する条件」または「信用状の条件」と呼んでいます。以下、68ページ「信用状とはどんな書類か」に記載の「中段（信用状本文）」を参照してください。

●信用状の開設宣言と為替手形の要件

⑨ⓐ＝「この荷為替信用状を貴社宛てに発行します」（信用状の発行を宣言）

⑨ⓑ＝「この信用状は、当銀行宛てに貴社が振出したインボイス金額の全額に対する、一覧払いの為替手形を買取ることにより利用できます」

⑨ⓒ＝「手形には、この信用状にもとづいて振出された手形であることを表示すること」

⑨ⓓ＝「手形に添付すべき書類」

●為替手形に添付することが必要な船積書類

⑩ⓐ＝「署名済みの商業送り状3通」

⑩ⓑ＝「ＣＩＰ金額の１１０％を表示した海上保険証券または保険承認状2通、白地裏書し、ＩＣＣ（Ａ）、戦争危険およびストライキ危険をカバーすること」（輸出者が付保すべき保険条件、保険金額など）

⑩ⓒ＝「無故障の、外航船による運送の船積船荷証券の全通。荷受人欄は「荷主による指図（人）」式で作成し、白地裏書したものであること。運賃前払い済であること。到着貨物通知先が信用状発行依頼人であること」（指図人式船荷証券は、特定の荷受人を記名していないので、担保権を実行して売却する可能性のある発行銀行にとって好都合な船荷証券です）

⑩ⓓ＝「梱包明細書2通」

⑪＝貨物の「仕向地」と「商品名」を明記しています。この仕向地と商品名の表現は、⑩ⓐⓑⓒⓓのすべての書類にかかわるものです。

⑫＝「船積書類は、発行日後14日以内、かつ信用状の有効期限内に、買取りのため呈示されなければならない」

信用状が要求する書類

それぞれの書類とその要件

⑨ 為替手形（draft）の要件

・at sight（一覧払い）
・for full invoice value（インボイス金額の全額を表示）
・drawn on us（当銀行宛てに振出された）
・being marked as having been drawn under this credit（この信用状にもとづいて振出されたものであることを表示する）
・accompanied by the following documents（次の書類を添付する）

⑩ⓐ 商業インボイス（commercial invoice）の要件

・signed（署名済み）

⑩ⓑ 海上保険証券（marine insurance policy）・保険承認状(insurance certificate)の要件

・endorsed in blank（白地裏書された）
・for 110% of CIP value(CIP金額の110%を表示)
・Institute Cargo Clauses (A)(協会貨物約款A)
・Institute War Clauses (cargo)(協会戦争約款（貨物）)
・Institute Strikes Clauses (cargo)（協会ストライキ約款（貨物））

⑩ⓒ 船荷証券（ocean bills of lading）の要件

・clean（無故障の）
・on board（貨物を船積みした）
・made out to order of shipper（荷受人は、荷送人の指図通り）
・blank endorsed（白地裏書された）
・marked Freight Prepaid（運賃前払い済を表示）
・Notify applicant（貨物到着通知先は信用状発行依頼人）

⑩ⓓ 梱包明細書（Packing List）

それぞれの書類に共通する要件

1．仕向地（shipment from/to）
2．商品名（Electronic Game Machines）
3．船積期限（Not later than）
4．分割船積（Partial shipments）・積替え（Transshipments）が許容されるか否か

輸入代金の立替払いの機能

信用状発行は銀行の与信行為

信用状の開設にあたっては、与信の相手先として適当であるか審査され、与信の限度枠が設定される。

●債務を担保する信用状

「ある人A」が、「他の人B」に一定の行為を要求する権利を「債権」といい、Aが持っている債権に対するBの義務を「債務」といいます。

たとえば、取引相手のBが「一定期間後に返済できる」と認めて、AがBの必要とする商品や資金を貸す場合、Aは債権者（返済を請求する権利を持つ者）であり、Bは債務者（返済義務を負う者）であるといいます。

この貸付時期と返済時期の時間的な「ずれ」（一定期間）の間、貸し手Aと借り手Bの間に債権・債務の関係が発生します。この一定期間に成立する債権・債務の関係は、当事者AとBの信頼関係にもとづくものであり、これを「信用」と呼んでいます。

一言でいえば、商品やお金を「貸す人」と「借りる人」の信頼関係が信用であるといえます。信用を供与することを「信用供与」または「与信」といいます。

信用状を発行した銀行は、「信用状で要求する条件」に合致した書類が呈示されると、自動的に支払わなければなりません。支払った代金は、発行依頼人（輸入者）から取立て（回収）するまでの間、輸入者に貸していることになります。万一輸入者が倒産した場合には、永久に貸しつづけることになりかねません。

信用状を発行するということは、銀行にとっては、輸入者に輸入資金を貸しているのとまったく同じ状態になるのです。すなわち信用状を発行することは、銀行の輸入者に対する与信行為なのです。

●信用状開設に必要なもの

このため、銀行は信用状を開設してもらいたい旨の依頼を受けると、輸入者が、与信の相手先として適当であるか否かを審査します。銀行としては、貸したお金がまちがいなく返済されるように管理することが重要です。

そのため相手先の返済能力、相手先が提供する担保の状況などを調べて、

信用状の発行は銀行の与信行為

信用状＝買い手（輸入者）の依頼を受けて、買い手の取引銀行が発行する代金支払いの保証書。

||

すなわち、信用状発行は、信用状発行銀行が輸入者へ、輸入資金を貸しているのと同じ意味を持つ。

↓

信用状の発行は、輸入者に対する銀行の与信行為である。

||

銀行は、貸付けた資金が返済されない場合の危険を、常に審査する必要がある。

↓

信用状発行銀行は、発行依頼人（輸入者）の財政状態（銀行が立替えて支払った商品代金の返済能力）をどの程度信用するかにより、
①信用状開設前に、信用状にもとづく決済資金を支払うことを要求するか、
②信用状にもとづいて支払った後で、輸入者へ請求するかを決める。

信用状取引に先立って、輸入者は、次の書類を銀行へ提出する必要がある。
①銀行取引約定書
②信用状取引約定書
③輸入担保荷物保管に関する約定書
④取消不能信用状発行依頼書

与信の限度枠を設定します。このため信用状取引を行うに際しては、一般的には、次のような書類の提出が必要とされます。

①銀行取引約定書

個人や企業が、銀行に差入れる与信取引の最も基本的な約定書です。

②信用状取引約定書

信用状取引に関する発行依頼人と銀行の権利・義務などを定めた約定書です。

③輸入担保荷物保管に関する約定書

輸入者が、未決済貨物の貸渡しを受けることに関する約定書です。なお、輸入担保荷物保管については、196ページを参照してください。

④取消不能信用状発行依頼書

個々の信用状の発行を依頼するための書類です。

ディスクレとケーブルネゴ・L／G買取り

荷為替手形が信用状条件と一致しない場合

ケーブルネゴや、L／GまたはL／Iによって買取るなどの方法がある。

銀行買取りのため用意した荷為替手形（為替手形と船積書類）が、信用状条件に一致していない場合、信用状の「代金支払保証のはたらき」が消えてなくなります。この「信用状条件との不一致」をディスクレパンシー、略して「ディスクレ」と呼んでいます。こういう場合に利用できる方法として、次のやり方があります。

●ケーブルネゴ

買取銀行が、電信で発行銀行へディスクレの内容を詳しく説明し、買取りすることを認める旨の返事をもらったうえで買取る方法です。買取りを認める旨の返電は、そのディスクレについて発行銀行が許諾したことになります。

●L／GまたはL／Iによる買取り

ディスクレの内容がごく些細なものである場合などに、買取銀行が輸出者から保証状L／Gあるいは補償状L／Iをもらって、買取る方法です。すなわち、万一発行銀行が買取りを認めなかった場合、輸出者が買取代金の返済を保証する書類を提出する方法です。

●取立て

ディスクレがかなり多い場合、あるいはケーブルネゴによる買取りを認められなかった場合など、信用状にもとづく買取りをあきらめた銀行が、書類を預かり、発行銀行を経由して取立てにまわす方法です。

商品代金は、銀行が輸入者から取立てて入金後、輸出者に支払われます。

●アンペイド

買取銀行から書類を受取った信用状の発行銀行が、ディスクレを発見して、輸入者とも相談の結果、書類の引取りと支払いを拒絶すること、正確には、為替手形がアンペイド（「支払拒絶」または「不渡り」）になることをいいます。アンペイドになった場合、輸出者は、買取りにより受取った商品代金を返済しなければなりません。発行銀行は、船荷証券を含む書類を買取銀行へ返送する必要があり、当然のことながら、輸入者は貨物を引取ることができません。

ディスクレとその対応策

荷為替手形の銀行買取り（Negotiation）

＝信用状の支払保証にもとづいて、輸出者の取引銀行が、信用状条件に合致する荷為替手形を買取り、輸出代金を支払うこと。

↓

ディスクレ（Discrepancy）とは

＝銀行買取りのため、輸出者が用意した荷為替手形が、信用状に要求されている条件に、たとえ一部であっても、不一致であること。

↓

ディスクレが発見されると

＝信用状が、支払保証のはたらきをしなくなる。

↓

ディスクレに対応する方法

1. ケーブルネゴ（Cable Negotiation）
   電信による買取許諾を受けて、買取ること。
2. L/GまたはL/Iによる買取り
   輸出者の保証状（Letter of Guarantee）または補償状（Letter of Indemnity）をもらって買取ること。
3. 取立て（Collection）
   信用状を利用せず、取立てに回すこと。
4. アンペイド（Unpaid）
   発行銀行が、支払いを拒絶すること（為替手形の不渡り）。

SECTION 32

代金の決済時期と決済方法

代金決済の方法には、送金為替と取立為替がある。

代金の決済は、決済の時期と決済方法の組み合わせによって決まります。

●代金決済の時期

①前払い（前受け）＝商品が船積される前に、買い手が売り手に代金を支払うこと。売り手にとっては、商品を引渡す前に代金を受取ることが最も望ましいことです。

②後払い（後受け）＝買い手が商品を受取った後で、売り手に代金を支払うこと。買い手としては、商品を受取ってから代金を支払うことが最も望ましいことです。

●代金決済の方法

①送金為替＝商品代金の支払人（輸入者）が受取人（輸出者）へ送金する方法のこと。一般的に、銀行を利用します。なお、送金為替の「為替《かわせ》」とは、遠く離れた場所にいる者同士が、代金決済を行う場合に、現金を直接に送らないで、銀行などの金融機関を利用してお金のやりとりをするしくみをいいます。

送金為替には、

・送金小切手（ＤＤ）による方法（支払人の取引銀行が振出した小切手を受取人へ郵送する）

・郵便送金（ＭＴ）による方法（銀行間の送金手配が郵便で行われる）

・電信送金（ＴＴ）による方法（銀行間の送金手配が電信で行われる）

があります。

②取立為替＝商品代金の受取人（輸出者）が支払人（輸入者）に対して、相手からの支払いを待つのではなく、積極的にみずから代金の支払いを請求し、受取る方法のことです。一般的に、輸出者が取引銀行に依頼して、相手国（輸入国）の銀行経由で取立ててもらいます。なお、国際的な銀行間の取立てについては、国際商業会議所が制定した取立統一規則が利用されています。

なお、取立為替には、信用状を利用する荷為替手形による方法と、信用状を利用しない荷為替手形による方法とがあります（78ページ参照）。

代金の決済方法

- 決済方法
  - 取立為替（逆為替）
    - 信用状付き荷為替手形決済
      - 取消不能信用状（Irrevocable credit）
      - 取消可能信用状（Revocable credit）
        - 一覧払い決済 at sight
        - 期限付き決済
    - 信用状なし荷為替手形決済
      - D/P手形（支払渡し決済）（Documents against Payment）── 一覧払い決済
      - D/A手形（引受渡し決済）（Documents against Acceptance）── 期限付き決済
  - 送金為替（並為替）
    - 銀行為替（銀行から行う海外送金）
      - 送金小切手（Demand Draft）
      - 郵便送金（普通送金）（Mail Transfer）
      - 電信送金（Telegraphic Transfer）
        - 前払い（前受け）
        - 後払い（後受け）
    - 国際郵便為替

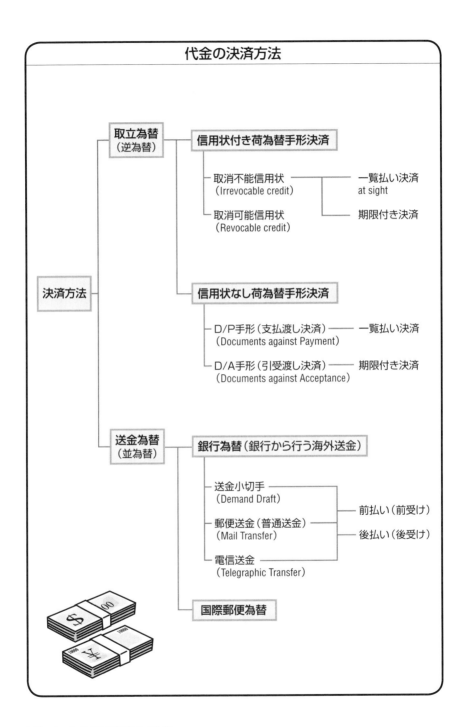

SECTION 33

荷為替手形による決済

為替手形と船積書類が一組に

信用状がある場合とない場合とで、決済方法が異なる。

荷為替手形は、売り手が代金を請求するために買い手に呈示する書類のことで、①為替手形（手形の振出人が、名宛人に対して一定金額の支払いを請求する手形）に、②船積書類（船荷証券、保険証券、輸出者作成のインボイスなどの書類）を添付した一組の書類のことです。

買い手（輸入者）は、為替手形の呈示を受けて代金を請求された場合、船積書類に含まれる船荷証券により、商品が船積されたことを確認します。また船荷証券は商品の引換証としての働きを持っているので、船荷証券を受取ることによって商品を受取ったことになり、輸入者は、安心して代金を支払うことができます。

●信用状がない場合の荷為替手形

売買契約で、信用状は利用しないけれど、荷為替手形により決済することを取決めた場合、輸出者は、輸出通関手続きをすませて船積が完了すると、商品代金回収のため為替手形を振出（発行）します。為替手形には、支払期限によって、2種類あります。

①D／P手形＝支払渡し決済

名宛人（輸入者）に呈示された為替手形に対して、輸入者による支払いが行われたことを確認して、船積書類を輸入者に引渡す条件をいいます。いわば代金と商品の同時交換です。

②D／A手形＝引受渡し決済

名宛人（輸入者）に呈示された為替手形に対して、輸入者が、将来の一定期日に支払うことを引受けた（約束した）場合に、船積書類を輸入者に引渡す条件をいいます。D／A条件は、代金後払い条件ですから、売り手（輸出者）にとってはD／P条件より不利な条件です。

●信用状を利用する場合の荷為替手形

信用状にもとづいて振出された荷為替手形の場合、発行銀行により支払いが保証されているので、輸出者にとっては安心です。この場合も為替手形の支払期限によって、①一覧払い条件と、②期限付き条件があります。

荷為替手形による決済

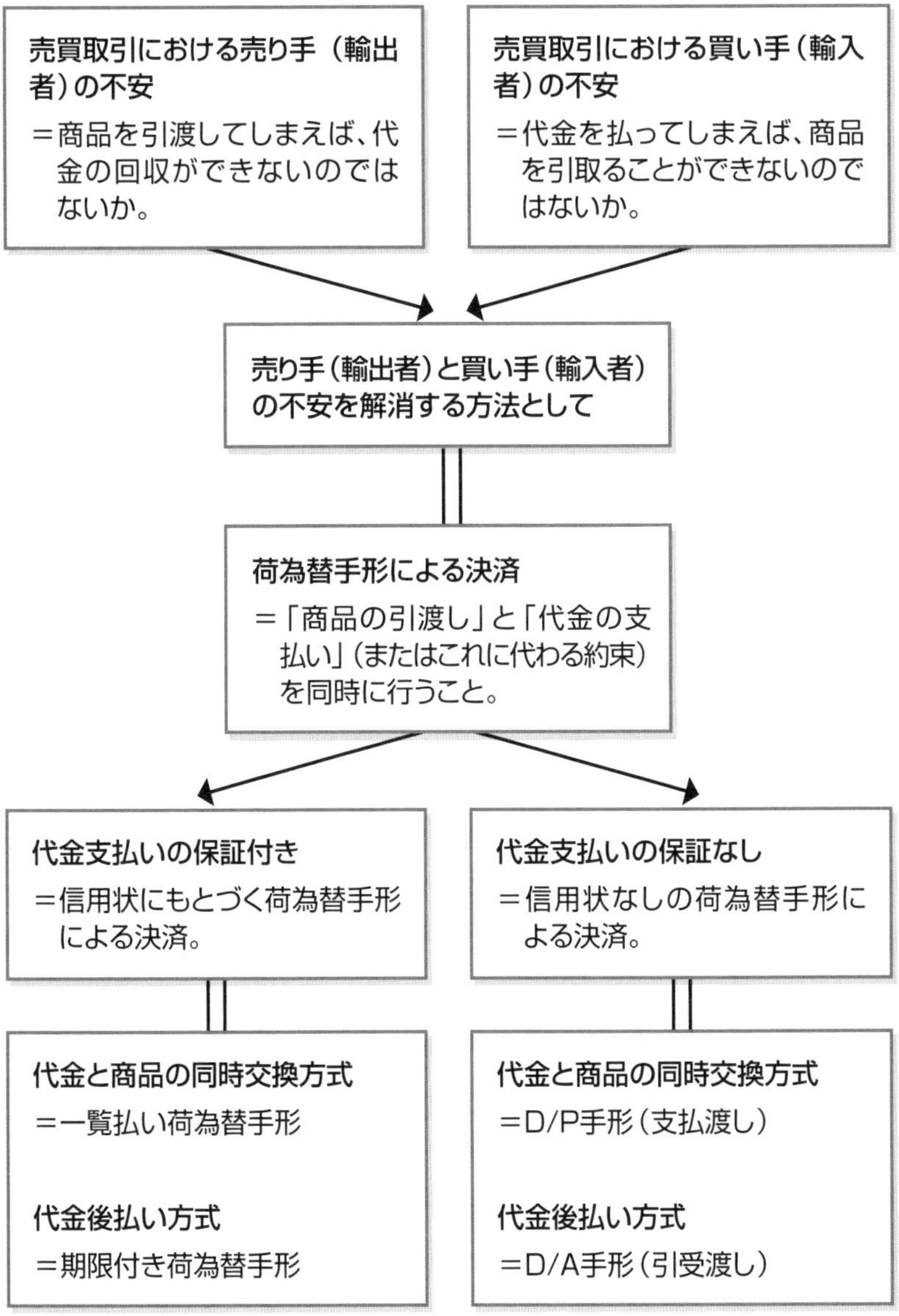
売買取引における売り手（輸出者）の不安
＝商品を引渡してしまえば、代金の回収ができないのではないか。
売買取引における買い手（輸入者）の不安
＝代金を払ってしまえば、商品を引取ることができないのではないか。
売り手（輸出者）と買い手（輸入者）の不安を解消する方法として
荷為替手形による決済
＝「商品の引渡し」と「代金の支払い」（またはこれに代わる約束）を同時に行うこと。
代金支払いの保証付き
＝信用状にもとづく荷為替手形による決済。
代金支払いの保証なし
＝信用状なしの荷為替手形による決済。
代金と商品の同時交換方式
＝一覧払い荷為替手形
代金後払い方式
＝期限付き荷為替手形
代金と商品の同時交換方式
＝D/P手形（支払渡し）
代金後払い方式
＝D/A手形（引受渡し）

SECTION 34

為替手形とはどんなものか

為替手形の振出し

為替手形は、手形の振出人が支払人に、一定の金額を一定の期日に受取人へ支払うことを依頼する書類。

●約束手形と為替手形のちがい

国内の商取引に使われる手形の大部分が約束手形です。約束手形は、手形の振出人（発行人）が手形の受取人に、一定の金額を、将来の一定期日に支払うことを約束する書類です。約束手形に登場するのは振出人と受取人の2人です。

為替手形は、手形の振出人（発行人）が名宛人（支払うことを期待されている人）に対して、「一定の金額を、一定の期日に受取人へ支払うこと」を依頼（委託）する書類です。一言でいえば、支払いを請求する書類で、為替手形に登場するのは、振出人、支払人、受取人の3人です。振出人と支払人が同一人であれば、約束手形と同じ働きをします。振出人と受取人が同一人であれば、請求書そのものです。

貿易取引に使われる為替手形の書式は、次ページの通りです。

④For（金額）＝手形金額

⑤⑥At sight of this FIRST Bill of Exchange（この為替手形の1枚目と引換えに一覧払いで）＝この為替手形の支払期限は「at sight（一覧払いで）」です。

⑦Pay to（買取銀行）or order（買取銀行またはその指図人へ支払ってください）＝信用状取引の場合、買取銀行が、買取りにより輸出者へ商品代金を立替払い済ですから、手形振出人の輸出者は「買取銀行へ支払ってください」と依頼します。信用状取引でない場合は、取立てを依頼した「仕向銀行へ支払ってください」と依頼します。

⑩Charge the same to account of（輸入者）（支払金額は、輸入者の勘定に付けてください）＝最終の支払人は輸入者です。信用状取引の場合、発行銀行が支払う金額は「輸入者へ請求してください」。信用状を利用しない場合、この文章は不要です。

⑬To（発行銀行）（為替手形の名宛人）＝信用状取引でない場合、輸入者が名宛人になります。

為替手形の例

①No. KSC-0021...................... ② (place) Tokyo... (date)... May 10, 200x

③BILL OF EXCHANGE

④For US$25,000.00...

⑤At... xxxxxxxxxxxx... ... ... sight of ⑥this FIRST Bill of Exchange (SECOND of the same tenor and date being unpaid) ⑦pay to The Hill-Top Bank, Ltd....... or order the sum of ⑧US Dollars Twenty five Thousand Only

⑨Value received and ⑩charge the same to account of ... Electronic Imports, Inc., 567 Flower Street, Seattle, Washington, U.S.A...

⑪Drawn under The Highland Bank, Limited, Seattle, Washington, U.S.A....................

⑫L/C No. HLB-1234 dated February 27, 200x....................................... .

⑬To . .The Highland Bank, Ltd............................ .

Seattle, Washington, U.S.A...........................

⑭KITAMACHI SHOJI CO., LTD.

....

Jiro Kitamachi, Export Manager

為替手形の内容(本文説明と重複部分は省略)

①手形の番号。②手形の振出地と振出日。③為替手形(Bill of Exchange)であることの表示。

⑥貿易取引の為替手形は、郵送中の事故に備えて、同じ内容の2枚の組手形として振出します。1枚が決済に使用されると同時に、残り1枚は無効となります。

⑧手形金額(文字)。⑨手形振出人は「買取りにより、この金額をすでに受取り済み」であると表示。

⑪⑫この手形が振出された元になる信用状を表示。⑭手形振出人の署名。

SECTION 35

双方で売り買いの取引をしている場合

交互計算と相殺決済（ネッティング）

一定期間内に発生するすべての債権・債務を、期末に一括して相殺し、差額だけを支払う。

●お互いの債権・債務を相殺しあう

売買代金の決済方法として、交互計算の方法を利用することができます。特定の取引先と、お互いに売ったり（債権の発生）買ったり（債務の発生）して継続的に売買取引を行っている場合、あらかじめ一定の期間を定めて、その期間内に発生することが予定されるすべての債権・債務を、期末に一括して相殺し、差額を支払うことを約束し、実行することを、商法で交互計算と呼んでいます。一般に相殺決済、差額決済、あるいはOpen Account（清算勘定）などとも呼ばれています。信頼関係のある取引先との間で利用できる決済の方法です。

また、お金の受取りと支払いを帳簿上で相殺しあって、実際の決済金額を小さくする決済の方法をネッティングといいます。すなわちネッティングは交互計算と同じことを意味します。ネッティングは、決済にかかわる当事者の数によって、二つに分けられます。

①バイラテラル・ネッティング

2者間で行われる相殺決済をバイラテラル・ネッティングといいます。

②マルチラテラル・ネッティング

3者以上の多者間で行われる相殺決済をマルチラテラル・ネッティングと呼んでいます。たくさんの海外支店や現地法人を持っている同一グループに属する企業間の決済などに利用されることが多い決済方法です。この場合、ネッティング・センター（決済センター）を設けて、債権・債務の管理と計算を集中処理することが多く行われています。

ネッティングを利用するメリットには、①受取債権が相手方の持つ債権で担保されるので、取引決済上のリスクを小さくすることができる、②決済の回数を減らすことにより、銀行へ支払う送金手数料などの決済コストを削減することができる、③決済に要する資金を削減することができる、④為替変動リスクを減らすことができる、などがあります。

交互計算と相殺決済

（1）取引のつど、行う決済

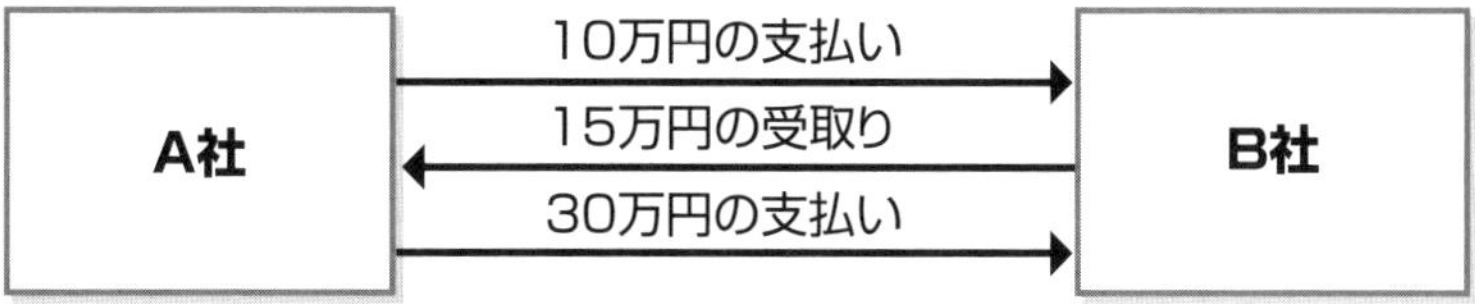

（2）2企業間で行われる相殺決済（Bilateral Netting）

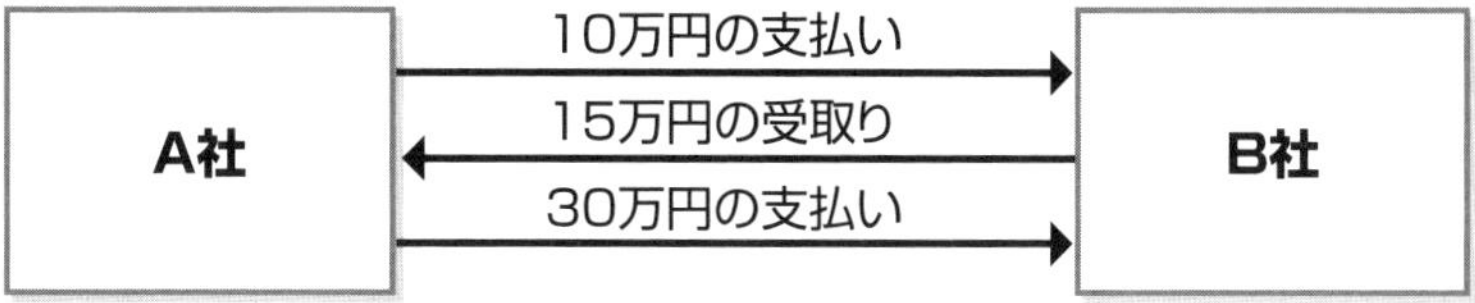

A社の支払い＝10万円－15万円+30万円＝25万円

（3）3企業以上の間で行われる相殺決済（Multilateral Netting）

①取引のつど、行う決済の場合

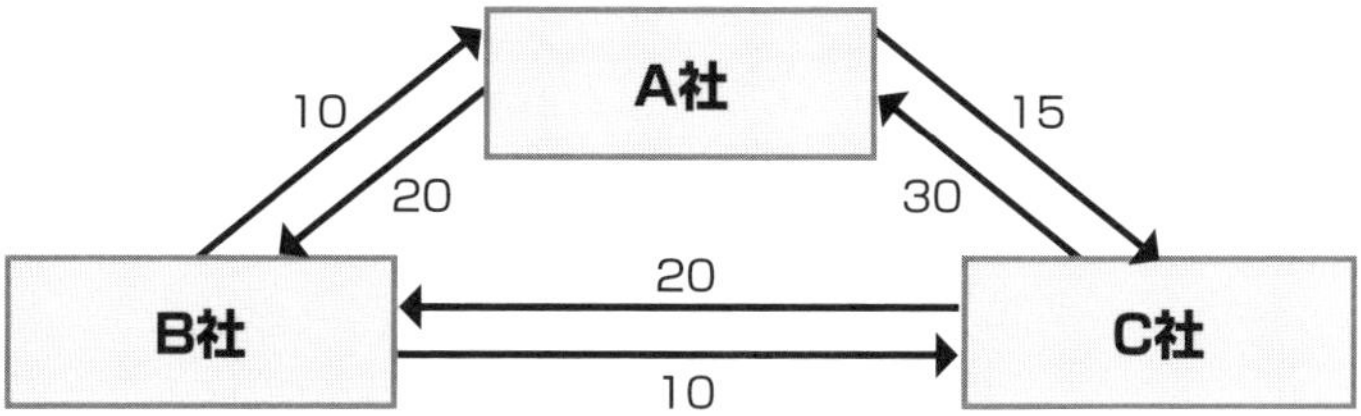

②ネッティング・センターを利用する場合

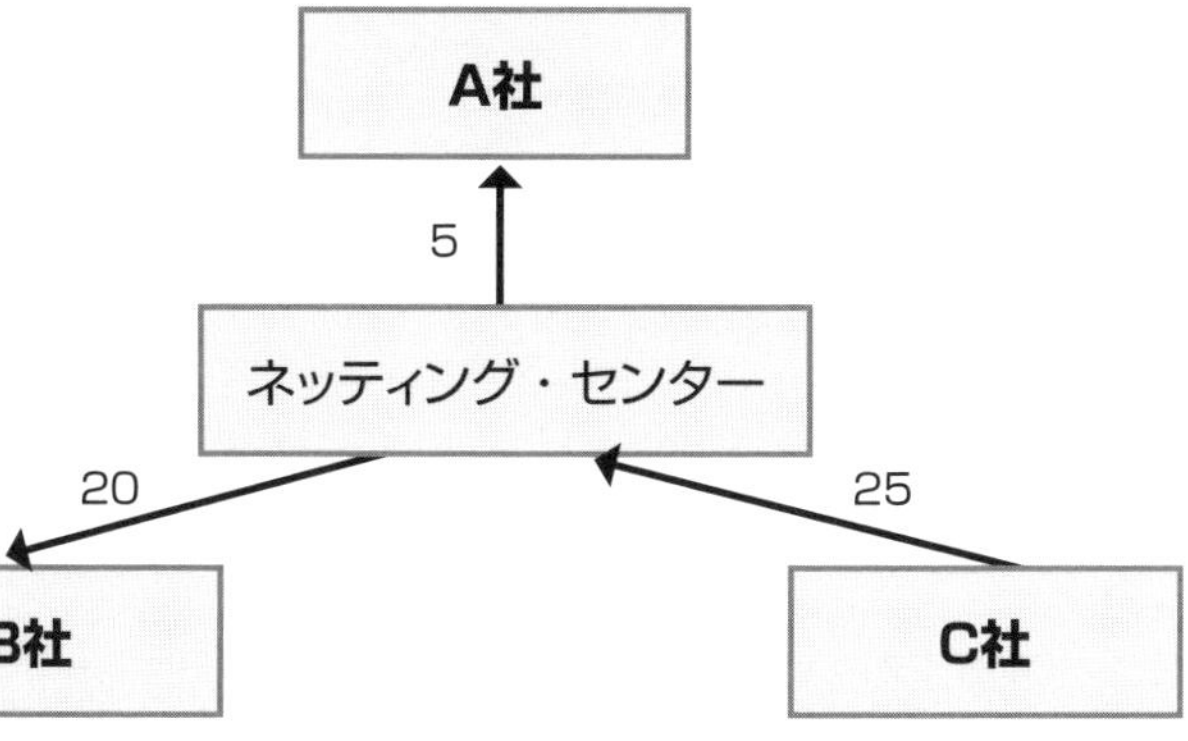

COLUMN 3

米国のOFAC規制

海外向けに米ドルを利用して送金する場合、米国の外国資産管理法（注1）による規制「OFAC規制」（注2）にかかることがあり、要注意です。米国法の域外適用といわれます。

この法律は、国家の安全保障を脅かすものとして、米国大統領が、国や法人、自然人などを指定し、「SDNリスト」（注3）に記載された制裁対象が、米国内に所持する資産を凍結できることを規定しています。

規制の対象は米国人（米国法人、米国居住外国人を含む）です。米国人には、制裁対象者の資産を凍結する義務が課されています。

米国銀行の国内海外本支店だけでなく、米国内で営業する外国銀行の支店、現地法人にもOFAC規制に基づくSDNリストとの照合と資産凍結の義務が課されています。

米ドル建て送金は、資金決済などで米国銀行を経由せざるを得ず、すべてOFAC規制の対象となると考えられます。その結果、米ドルによる送金は、米国向け送金だけでなく、米国以外の国に送金する場合も、規制の対象になります。

規制対象国には、イラン、キューバ、北朝鮮、シリアなどが含まれ、規制対象者には、テロリスト、麻薬取引者、大量破壊兵器取引者などが含まれます。当事者には、輸出入者、銀行、船会社、航空会社などが含まれています。

OFAC規制により凍結された資金は、規制に該当しないことを外国資産管理局へ説明して、返還を求めることができます。しかし、相当な時間と返還交渉に向けた努力が必要でしょう。なお、凍結されても資産の所有権は、元の所有者に帰属します。

2014年6月、フランスの大手銀行BNPパリバ銀行が、OFAC規制違反で89億ドル（約9,000億円）の罰金を支払わざるを得ない事件が発生しました。米国の制裁対象スーダンやイランにドル送金を続け、その事実を隠していたことが違反と認定されたのです。

注1　外国資産管理法＝Foreign Assets Control Regulations.

注2　OFAC：Office of Foreign Asset Control＝財務省外国資産管理局

注3　SDNリスト＝Specially Designated Nationals and blocked Persons

第4章

海上運送と船荷証券

だれがどの運送方法を手配するか

貿易貨物の運送

船、航空、鉄道・トラック、あるいは上記の二つ以上を組み合わせるなどの方法がある。

●陸海空のどれを利用するか

貿易取引は、遠い外国との売買取引ですから、売買商品を長距離にわたって運送しなければなりません。商品の運送をだれが手配するのか、売り手（輸出者）が行うのか、買い手（輸入者）が行うのかは、契約の取決めによって決まります。一般的には、契約の条件であるインコタームズによって決まります。

遠い外国へ貨物を運送する運送人は、運送方法の違いによって、

①海上運送の場合、船会社
②航空運送の場合、航空会社
③陸上運送の場合、鉄道会社またはトラック運送会社
④右のうち、二つ以上の運送方法を組み合わせて運送する場合、国際複合一貫運送人と呼ばれる船会社、航空会社、鉄道会社、トラック運送会社、フォワーダーなど
⑤国際宅配便の場合、国際宅配便事業者
⑥国際郵便（郵便小包など）の場合、日本郵便株式会社など

に分けることができます。

いろいろな運送の方法がある中で、荷主が、どの方法を選択して商品（貨物）を運送するかは非常に重要です。

貨物の所有者である荷主は、貨物をどんな方法で輸出国から輸入国まで運送するのがいいのかについて、あらかじめよく調べておく必要があります。

運送方法を検討する場合、貨物の運送に必要な時間と、運送にかかるコスト、および安全性（盗難、破損）が重要なポイントになります。

●わが国では海上運送が主体

周りを海に囲まれている状況から、日本からの輸出、日本への輸入には陸上運送を利用することができません。

したがって、運送方法の中心となるのは、海上運送と航空運送です。運送の数量、重量から見ると、船舶による海上運送が圧倒的に多く利用されています。

貿易貨物の運送

だれが運送を手配するのか？	売り手（輸出者）か？
	買い手（輸入者）か？

↑ 取引条件（インコタームズ）により決まる。

↓

実際の運送は、運送人に依頼する。

↓

1.どんな方法で運送するのか？

2.だれに（運送人）依頼して運送してもらうのか？

①海上運送	（船会社）
②航空運送	（航空会社）
③陸上運送	（鉄道会社またはトラック運送会社）
④国際複合一貫運送	（国際複合一貫運送人）
⑤国際宅配便	（国際宅配便事業者）
⑥国際郵便	（日本郵便株式会社など）

↑

運送方法を選択する基準

1. 貨物の運送に要する時間
2. 運送にかかるコスト（費用）
3. 安全性（盗難、破損）

定期船、不定期船、専用船

船舶を利用する海上運送

個品運送なら定期船、用船運送なら不定期船、原油などは専用船を利用。

●個品運送と定期船

一般に工業製品などを運送する場合は、一回の船積（出荷）貨物の量が比較的少量で、船舶一隻を借り切るほどの量でもないことが多く、そのため船会社は、多数の荷主から集めた貨物を一隻の船に積み合わせて（混載して）運送することが一般的です。この運送のかたちを個品運送と呼んでいます。

日本から輸出する貨物は、工業製品やその部分品など小口の貨物が多く、船会社は、これらの個品運送貨物を、定期船に積込んで運送することが通常です。

●用船（傭船）運送と不定期船

鉄鉱石、石炭、穀物などの貨物は、包装せずにバラのままで船に積込まれること（バラ積み貨物）が一般的で、しかも一回の船積量が大量であることから、荷主は船舶の全部または一部を借り切って、貨物を運送します。この場合の運送契約を用船（傭船）契約といい、用船契約にもとづく運送を用船運送と呼んでいます。すなわち船をチャーターすることです。

用船運送をする貨物は、重量・容積のわりには価格が安く、また運送する貨物量に変動が多いことから、不定期船に積込んで運送することが一般的です。なお、不定期船とは、運送する貨物があれば、荷主の要求に合わせて、どこへでも行く船をいいます。貨物の性質からスピードよりも運賃の安いことが要求される船でもあります。

●特定貨物の専用船

同一種類の貨物を効率よく運送するために、積込む貨物を特定した専用船が開発され、利用されています。鉄鉱石や銅鉱石を運ぶ鉱石専用船、穀物を運ぶ穀物専用船、液体貨物である原油を運ぶ原油タンカー、液体化学品を運送するケミカルタンカーなどです。

また野菜、果物、肉類などの生鮮食料品を冷凍、または冷蔵状態で運送するための冷蔵船、自動車やトラックを運送する自動車専用船などもあります。

海上運送の種類

海上運送	①個品運送と②用船運送に分けられる。

↓

①個品運送	・一般の工業製品や半製品など、 ・1回の船積量が比較的少量で、船舶1隻を借り切るほどの量がない貨物は、 ・船会社が、多数の荷主の貨物を1隻の船に、混載して運送する。

↓

個品運送は、定期船を利用する。

定期船	・あらかじめ定められた運航スケジュールにしたがって、 ・あらかじめ定められた寄港地に発着し、 ・貨物を積込み、荷卸しする船。

↓

②用船運送	・鉄鉱石、石炭、穀物など、 ・包装せずに、バラのままで船積する貨物は、 ・荷主が船舶の全部または一部を借り切って、運送する。

↓

用船運送は、不定期船を利用する。

不定期船	・運送する貨物があれば、 ・荷主の要求に合わせて、 ・いつでも、どこへでも貨物を運送する船。

↓

不定期船は、専用船であることが多い。

専用船の例	・鉱石専用船（鉄鉱石、銅鉱石など） ・原油タンカー（原油） ・自動車専用船（自動車、トラックなど）

コストと需給バランスで決まる

海上運送の運賃――定期船

定期船の運賃には、重量建て、容積建て、従価建て、ボックスレートがある。

海上運送の運賃は、基本的には、運送に必要なコスト（原価）と、海上運送に対する需要と供給の関係によって決まります。海上運送に対する需要とは、荷主が運送してもらいたい貨物の量であり、供給とは、海上運送のために利用することができる船舶の輸送可能量（船腹）のことです。

●定期船の運賃

定期船の運賃は、船会社が、多数の荷主から集めた貨物を1隻の船に積込む個品運送に適用される運賃です。

運賃は、次の運賃基準にもとづいて計算されます。

a．重量建て運賃＝貨物の重量1トン（重量トン）を基準に運賃を計算します。1重量トンは、原則としてメートル法の1000kgのことです。

b．容積建て運賃＝貨物の容積1立方メートル（または40立方フィート）を1容積トンとして運賃を計算します。一般の貨物には重量建て運賃と容積建て運賃が適用されますが、船会社は、どちらか高額となる運賃を適用します。

c．従価建て運賃＝貴金属、精密機器などの高価な貨物に適用される運賃で、その価格に一定の運賃率をかけて計算します。

d．ボックスレート＝コンテナを利用する運送に適用される運賃で、コンテナ1個単位で運賃を計算します。貨物の種類によって運賃が変わる方法と、変わらない方法があります。

●定期船の運賃の種類

また、運賃の種類には、基本運賃と割増運賃があり、その合計が実際に支払う運賃です。

a．基本運賃＝定期航路ごとに品目別の基本運賃が定められています。

b．割増運賃＝通貨変動割増（外国為替相場の変動による割増）、燃料油割増（燃料油の価格の変動による割増）、船混み割増（仕向港が混雑し、長期の荷役待ちをしなければならない場合の割増）など。

定期船の運賃

定期船	個品運送契約にもとづく貨物の運送

↓

定期船の運賃基準

a．重量建て＝貨物の重量（原則、メートル法の1トン）
b．容積建て＝貨物の容積（原則、1立方メートル）
c．従価建て＝貨物の価格（価格の一定率を運賃とする）
d．ボックスレート＝コンテナ1個単位で運賃を計算する

↓

運賃の種類の例

a．基本運賃
　＝定期航路ごとに、品目別に、またはコンテナ1個で定められている
b．割増運賃
　＝通貨変動割増（外国為替相場の変動に対する損失補てん）
　＝燃料油割増（燃料油の価格変動に対する損失補てん）
　＝船混み割増（仕向港の混雑で、やむなく滞船する場合の損失補てん）
c．割増運賃
　＝重量割増（1個あたりの重量が一定基準を超える場合）
　＝長尺物割増（1個あたりの長さが一定基準を超える場合）
　＝かさ高品割増（1個あたりの容積が一定基準を超える場合）
d．最低運賃
　＝あらかじめ定められた運賃額に達しない場合、最低運賃が徴収される

SECTION 39

完全な自由競争の世界

海上運送の運賃――不定期船

航海用船契約の場合、貨物の船積と陸揚を荷主、運送人のどちらが行うかによって運賃が違ってくる。

不定期船による運送は、用船運送契約にもとづいて行われ、一般に大量の貨物を運送する場合に利用されますが、定期航路のない区間の運送にも利用されます。運賃その他の運送条件についてはなんの規制もなく、完全な自由競争の世界といっていいでしょう。

●用船運送契約の種類

①航海用船契約＝不定期船の用船契約は、荷主が、特定の貨物を、船積港から陸揚港までの特定の航路の一航海または複数航海の運送を目的として契約することが一般的です。これを航海用船といい、あるいは荷主用船と呼んでいます。

②期間（定期）用船契約＝不定期船を、時間を基準として、一定期間借り切る用船契約を期間（定期）用船といいます。船会社が、自社の所有する船だけでは十分な運送ができない場合に、他の船会社（船主と呼ぶことが一般的）から1年間または数年間、特定の船を借り切って（用船して）、自社の船と同じように運航する場合に利用します。この場合の用船契約を運送人用船と呼びます。

●不定期船の運賃

航海用船契約によって貨物を運送する場合、貨物の船積と陸揚を荷主が行うのか、運送人（船会社）が行うのかによって、貨物の運賃が違ってきます。

①バースターム（Berth Term）＝貨物の船積港および陸揚港における船内荷役の費用を、船会社が負担する運送条件です。運賃の中に、船積と陸揚の費用が含まれています。定期船の運賃は、バースターム条件です。

②FIO（Free In and Out）＝貨物の船積港および陸揚港における船内荷役の費用を荷主が負担する条件です。

③FI（Free In）＝貨物の船積港における船内荷役の費用を、荷主が負担する条件です。

④FO（Free Out）＝貨物の陸揚港における船内荷役の費用を、荷主が負担する条件です。

不定期船の運賃

不定期船	用船運送契約にもとづく貨物の運送
	不定期船の運賃は、完全な自由競争により決められる

↓

用船契約の種類

a. **航海用船契約**

＝特定の貨物を運送するため、一定の航路の一航海、または複数航海を借り切る契約＝荷主用船と呼ぶ

b. **期間（定期）用船契約**

＝一定の期間、船舶を借り切る用船契約

（船会社が、自社所有船だけでは十分な運送ができない場合、不足分を補うため、他の船会社から1年ないし数年の長期にわたって、借り切る用船契約＝運送人用船と呼ぶ）

↓

航海用船契約の荷役条件の取決め

①バースターム

＝船積費用・陸揚費用ともに、船会社が負担する条件

（荷主は、いずれの費用も負担しない）

②FIO（Free In and Out）

＝船積費用・陸揚費用ともに荷主が負担する条件

（船会社は、いずれの費用も負担しない）

③FI（Free In）

＝船積費用は荷主が負担し、陸揚費用は船会社が負担する条件

④FO（Free Out）

＝船積費用は船会社が負担し、陸揚費用は荷主が負担する条件

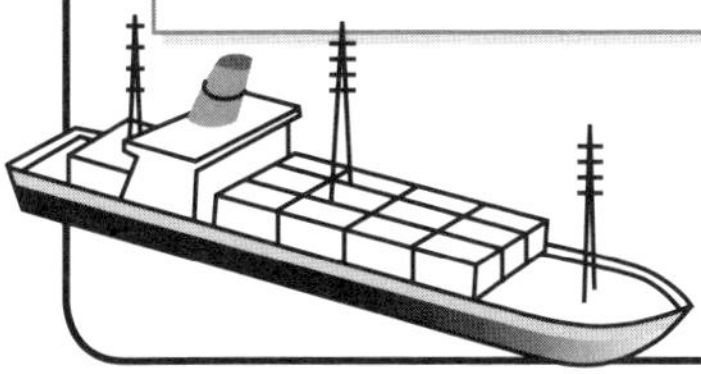

国際的な運賃カルテル

海運同盟と海上運賃

運賃率を協定して公表し、一定の期間適用するしくみだが、近年になって弱体化し、解散する同盟もある。

●定期船の運賃カルテル

定期船を運航する船会社が、お互いの競争を避けて、みずからの権利と利益を維持し増大させるために、運賃を中心として、配船などを協定しているのが、海運同盟あるいは運賃同盟と呼ばれている国際的なカルテルです。

海運同盟には、①イギリスを中心に発展し、新規の加盟をきびしく制限する閉鎖型同盟と、②アメリカ航路を中心とし、加入の意思と配船能力があれば、だれでも加盟が認められる開放型同盟があります。

海運同盟は、運賃率を協定して公表し、一定期間適用します（これを表定運賃またはタリフと呼びます）。また盟外船に対抗するため、次のような制度を設けています。

①**二重運賃制**　一般荷主には高い一般運賃を適用し、同盟船のみ利用する荷主に対しては、安い契約運賃を適用します。

②**運賃延戻制**　一定期間、盟外船を利用しなかった荷主に、貨物運賃の一部を払戻す制度を運賃割戻制・運賃延戻制といいます。

●弱体化するカルテル

海上運送のコンテナ化が進み、1970年代以降、台湾・韓国などを中心とする国々の船会社が、盟外船として定期船の運航を始め、競争が激しくなりました。世界の主要港のコンテナ向け港湾設備が整い、また定期船の運航技術が進んで、新規参入が容易になったためです。また米国では1998年改正海運法により、同盟の規制が認められず、北米航路では、船会社が独自の運賃やサービスを提供できるようになりました。欧州連合（EU）では2008年10月から定期船分野における競争法（独占禁止法）の適用除外がなくなり、海運同盟が解体しました。船会社は各社独自の運賃や割増運賃（サーチャージ）を設定することができます。なお、日本を含む一部の国では、まだ独占禁止法の適用を除外する制度が残っています。

海運同盟

海運同盟

・定期船を運航している船会社が、
・船会社同士の競争を避けて、
・自分たちの権利と利益を守り、さらに増やすために、
・運賃や配船スケジュールを協定した同盟

↓

同盟の制度＝盟外船に対抗するためのしくみ

1.二重運賃制＝一般荷主には、高い一般運賃（非契約運賃）を適用し、同盟船のみを利用する荷主には、安い契約運賃を適用する。
2.運賃割戻制＝一定期間、同盟船のみを利用した荷主に、貨物運賃の一部を払戻す制度。
3.運賃延戻制＝さらにその後の一定期間、同盟船のみを利用した荷主に、追加して、貨物運賃の一部を払戻す制度。

↓

閉鎖型同盟 ＝イギリスを中心に発展した同盟

新規の加盟をきびしく制限する同盟

開放型同盟 ＝アメリカ航路を中心とする同盟

加入の意思と配船の能力があれば、加盟が認められる同盟

↓

同盟の弱体化

1. 海上運送のコンテナ化の進展
→新規参入が容易になった→盟外船の増加
→自由競争の激化
→運賃値下げ競争
2. 米国の1998年改正海運法
→運賃･サービスの自由化→同盟の規制を認めない
3. EU競争法

SECTION 41

海上運送の主流

コンテナ輸送

港湾設備にばく大な投資が必要となるが、このデメリットを補ってあまりあるメリットがある。

●コンテナ輸送のメリット

日本にコンテナ船がはじめて姿を見せたのは1967年のことでした。

一般にコンテナ専用船と呼ばれ、世界の主な航路を走っているコンテナ船には、自分でコンテナを積卸しするクレーンの設備がありません。寄港地の港湾設備を利用してコンテナの積卸しをする方式を採用しています。すなわち、コンテナおよびコンテナ船を利用する貨物の運送には、港湾設備にばく大な投資が必要なのです。しかし、コンテナ輸送には、そのデメリットを補うだけの十分なメリットがあります。

①輸出者の工場・倉庫から輸入者の倉庫まで、途中で貨物の積替えをすることなく、ドア・ツー・ドアの運送をすることができる。

②荷役の機械化により、荷役時間を短縮することができる。人力による荷役にくらべ、荷役の能率が向上し、雨の日でも荷役できるので、船の運航計画が正確になる。

③荷役作業の時間を短縮することができるので、港における船の停泊日数を短縮することができ、その結果、航海日数も短縮できる。

④貨物の輸出梱包を簡素化することができ、梱包費用を節約できる。また貨物の損傷が少なくなり、そのうえ、貨物の盗難事故が減少する。

⑤港における荷役の機械化、荷役時間の短縮の結果、コンテナ船を大型化して、「規模の経済性」を生かすことができる。

●コンテナ船のスピード

定期航路を走るコンテナ船は、貨物船の中でいちばん速く、航海速力24ノット前後の船が多く、時速でおよそ44kmです。コンテナ船の大型化とともにスピードも速くなり、運航スケジュールに合わせた定曜日ウィークリーサービス（毎週定期的に寄港して貨物の積み卸しをする）が行なわれています。

なお、在来定期船は、20ノット前後（約37km／時）が多く、不定期船は15ノット前後（28km／時）です。

コンテナ輸送

コンテナとは	・容器、入れ物のこと

↓

国際運送に利用されるコンテナは、
・国際標準化機構（ISO）の規格にもとづいて作られている。
・次の要件を満たしている。

①貨物の移動が容易で、雨天でも荷役できる。
②貨物のコンテナへの積込み、取出しが容易である。
③異なった輸送機関へもそのまま積替えできる。
④堅牢で、長期間の反復使用ができる。

↓

コンテナ輸送のメリット

1．運送途中の貨物積替えなしに、ドア･ツー･ドアの運送ができる。
2．荷役の機械化により、荷役時間の短縮ができる。
3．港における船の停泊日数を短縮できる。
4．貨物の梱包を簡素化できるので、費用の節約ができる。
貨物の損傷が少なくなり、盗難が減少する。
5．コンテナ船を大型化することができる。

アライアンス（共同運航･業務提携）

①コンテナ船の大型化
→巨大な投資負担→できるだけ負担を軽くしたい
②船会社間の競争を緩和したい
→船会社のアライアンスが進行している
たとえば、ある1社の船の船腹（スペース）を共同で販売し、自社集荷分には自社の船荷証券を発行するなど（これをスペース･チャーター方式という）

※コンテナ総重量確定制度VGM（Verified Gross Mass）
SOLAS条約（海上人名安全条約）により、コンテナ貨物荷送人は、コンテナ総重量を運送人に通知しなければなりません。コンテナ船の大型化とともに、貨物重量の誤申告に起因するとみられ事故が多く発生しているからです。

SECTION 42

コンテナ積卸しの必需設備

コンテナ・ターミナル

エプロン、マーシャリング・ヤード、コンテナ・ヤード、コンテナ・フレイト・ステーション、ゲートなどから成る。

●コンテナ・ターミナルの施設

一般にコンテナ専用船と呼ばれている船は、自分ではコンテナの積卸しをするクレーンを持っておらず、港の港湾設備（巨大なガントリー・クレーン）を利用するため、かならず港の岸壁に接岸しなければなりません。

コンテナ船が寄港する港の岸壁に面して、コンテナ・ターミナルと呼ばれる、広大なスペースの土地が広がっています。コンテナ・ターミナルは、コンテナ輸送における海上運送と陸上運送の接点であり、到着したコンテナを荷卸しして受取り、船積するコンテナを積込んで引渡す作業を、安全、かつスピーディに行うことが要求されている非常に重要な場所です。このために、コンテナ・ターミナルには、次のような施設が設けられています。

①エプロン＝岸壁から30～50メートルの幅で、岸壁に面している場所をいいます。通常、ガントリー・クレーンが設置されています。

②マーシャリング・ヤード＝エプロンに隣接しており、輸出向けコンテナを船積荷役の順に整列して置く場所であり、また到着した輸入コンテナを受取人（輸入者）に引渡すために置いておく場所でもあります。

③コンテナ・ヤード（CY）＝①エプロンと②マーシャリング・ヤードを合わせて総称する呼び方です。

④コンテナ・フレイト・ステーション（CFS）＝荷送人（輸出者）の貨物の量がコンテナ1本に満たない小口貨物（LCL貨物）の場合、船会社が他の小口の貨物と混載して1本のコンテナに詰め合わせる作業を行う建物です。また、到着した輸入コンテナから小口の貨物を取り出し、区分けする場所でもあります。

⑤ゲート＝コンテナ・ターミナルの出入口です。コンテナ貨物に関する書類の受渡しやコンテナの重量を測定する場所であり、コンテナ貨物に対する荷主と船会社の責任分岐点でもあります。

コンテナ・ターミナル

■東京港大井４号ターミナル

■コンテナの積卸し風景

（注）コンテナに貨物を積み付ける（詰め合わせる）ことをバニングといい、コンテナから貨物を取り出すことをデバンニングといいます。

写真提供　（株）商船三井

SECTION 43

貨物の量と性質によって選択できる
コンテナ貨物とコンテナの種類

一般貨物用はもちろん、生鮮食料品などを運ぶ冷凍コンテナ、動物を運ぶオープントップ・コンテナなどもある。

●FCL貨物とシッパーズ・パック

貨物の量が、コンテナ1個を満たす量であるとき、その貨物をFCL貨物と呼びます。輸出のFCL貨物は、荷送人（輸出者）の工場・倉庫でコンテナ詰めされることが多く、「荷送人（シッパー）がコンテナ詰めをする」の意味で、「シッパーズ・パック」と呼んでいます。シッパーズ・パックされたFCL貨物は、輸出港のコンテナ・ヤード（CY）に搬入されることが通常です。その後、CYのオペレータによってコンテナ船へ積込まれれます。

●LCL貨物とキャリヤーズ・パック

貨物の量が、コンテナ1個を満たすことができない量であるとき、その貨物をLCL貨物と呼びます。輸出のLCL貨物は、荷送人がコンテナ・フレイト・ステーション（CFS）に搬入し、船会社の手で、同じ仕向地向けの他のLCL貨物と混載して1個のコンテナに詰め合わせることが一般です。「運送人（キャリヤー）である船会社がコンテナ詰めをする」ので、このコンテナ詰めを「キャリヤーズ・パック」と呼んでいます。

●コンテナの種類

コンテナを材質から見ると、耐久性の大きいスチール製が中心です。コンテナの外形寸法は、高さ8フィート、横幅8フィートで、長さが20フィートのものと40フィートのものがあり、中でも40フィートのものが中心です。また、貨物の性質に合わせて、いろいろなコンテナが用意されています。代表的なコンテナは、次の通りです。

①ドライ・コンテナ＝一般貨物の運送に使われる密閉式コンテナ

②冷凍コンテナ＝生鮮食料品や一定温度の必要な薬品類を運ぶコンテナ

③オープントップ・コンテナ＝かさばる貨物や重量物、馬や象などの運送用コンテナ

④フラットラック・コンテナ＝長尺の鋼材、プラント機材などかさばる貨物や重量貨物向けのコンテナ

コンテナの種類

■冷凍コンテナ

■フラットラック・コンテナ

■オープントップ・コンテナ

写真提供　（株）商船三井

定期船による個品運送の場合

船荷証券とは

貨物の受取証、運送契約の証拠書類、貨物の引換証の役割を持っている。

一般に船荷証券というときは、定期船によって運送する個品運送の貨物に対して発行される船荷証券のことです。バラ荷の貨物など用船運送の貨物に対して発行される船荷証券は、用船契約船荷証券と呼ばれます。

ここでは一般的な船荷証券について説明します。

●船荷証券の性質（機能）

①貨物の受取証である

船会社が、運送のため貨物を受取り、または船積したとき、発行する貨物の受取証が船荷証券です。売り手（輸出者）が貨物を出荷したことを証明する書類でもあります。

②運送契約の証拠書類である

船荷証券には、運送する貨物の品名、数量などが記載され、併せて船会社の運送引受条件が記載されています。すなわち船荷証券は、運送契約が成立していること、およびその契約の内容をあらわしている証拠となる書類です。

③貨物の引換証である

貨物の仕向地（到着地）で貨物の引渡しを受けるとき、荷受人（輸入者）は船荷証券を船会社に呈示しなければなりません。すなわち船荷証券は、貨物の引換証でもあるのです。船会社は、船荷証券と引換えでなければ貨物を引渡す義務がなく、船荷証券を呈示されれば、貨物を引渡さなければならないのです。

●注意したい船荷証券の関係者

①貨物の荷送人［shipper］＝貨物の送り主、すなわち輸出者のことです。

②貨物の荷受人［consignee］＝貨物の受取人のことです。本来的には買い手（輸入者）が荷受人ですが、多くの場合、買い手は、貨物代金を支払うまでは受取人とみなされません。

③到着貨物通知先［notify party］＝仕向地において船会社が貨物の到着を連絡する通知先のことです。到着貨物通知先には買い手（輸入者）の名前を記載することが一般です。

船荷証券（表面）の記載事項

船荷証券＝Bill of Lading＝B/L

Shipper	B/L No.
Consignee	**ABCD LINES CO., LTD.**
Notify party	①RECEIVED by the Carrier from the Shipper in apparent good order and condition unless otherwise indicated herein, the Goods, or………"②to be carried subject to all the terms and conditions provided for on the face and back of this Bill of Lading……… ③If required by the Carrier, this Bill of Lading duly endorsed must be surrendered in exchange for the Goods or delivery order.………

①貨物の受取証

本船荷証券に別段の記載のない限り、外観上、良好な状態で運送人によって荷送人から受け取られたものであり、……

②運送契約の証拠書類

この船荷証券の表面および裏面に記載のすべての条項にしたがって運送されるべき、……

③貨物の引換証

運送人によって要求された場合には、この船荷証券は正当に裏書された上で、運送貨物または荷渡指図書と引換えに提出されなければならない。

代表的な三つのカテゴリー

船荷証券の種類

船積船荷証券と受取船荷証券、記名式船荷証券と指図式船荷証券、無故障船荷証券と故障付船荷証券がある。

●船積船荷証券（Shipped B/L）と受取船荷証券（Received B/L）

①船積船荷証券＝運送すべき貨物が船に積込まれたことを確認して、船会社が発行する船荷証券です。在来船に積込む貨物の場合に発行される船荷証券です。

②受取船荷証券＝運送すべき貨物を受取ったことを記載して、船会社が発行する船荷証券です。コンテナ貨物に対して発行される船荷証券です。信用状取引の場合、信用状が要求する船荷証券は船積船荷証券です。受取船荷証券は、貨物が船積された後、船積完了を追記すれば、船積船荷証券と同じ効力を持たせることができます。

●記名式船荷証券（Straight B/L）と指図式船荷証券（Order B/L）

①記名式船荷証券＝貨物の荷受人を特定して記載している船荷証券です。

②指図式船荷証券＝貨物の荷受人を特定しないで、「to order」または「to order of shipper」と記載している船荷証券です。すなわち荷受人は「指図の通り」または「荷送人の指図通り」であって、あらかじめ決めていないということです。信用状取引の場合、銀行は、立替えて支払った貨物代金回収の便宜上、原則として指図式船荷証券に白地裏書することを要求します。

●無故障船荷証券（Clean B/L）と故障付船荷証券（Foul B/L）

①無故障船荷証券＝船会社が運送のため受取った貨物に、外観上なんらの異常も認められない場合に、事故摘要（Remarks）の記載なしで発行する船荷証券です。

②故障付船荷証券＝受取った貨物が、凹んでいるなど外観上異常がある場合、船会社が、その状態を事故摘要（Remarks）として記載し発行する船荷証券です。信用状取引の場合、はじめから貨物に異常があることが判明している故障付船荷証券は、銀行が受取りを拒否します。

船荷証券の種類

Shipper

Consignee②

Notify party

Ocean vessel / Voyage No. ④

B/L No.

ABCD LINES CO., LTD.

①RECEIVED by the Carrier from the Shipper③ in apparent good order and condition unless otherwise indicated herein, the Goods, or……to be carried subject to all the terms and conditions provided for on the face and back of this Bill of Lading……If required by the Carrier, this Bill of Lading duly endorsed must be surrendered in exchange for the Goods or delivery order.……

③（事故があれば、事故摘要を記載）

①・**受取船荷証券**　(RECEIVED by the Carrier…と記載されている船荷証券)

・**船積船荷証券**　(SHIPPED on board the Vessel…と記載されている船荷証券)

②・**記名式船荷証券**（荷受人 consignee を特定して記名してある船荷証券）

・**指図式船荷証券**（荷受人 consignee の欄に to order または to order of shipper と記載されている船荷証券）

③・**無故障船荷証券**（船会社が貨物を受取ったとき、外観上、貨物に異常が認められない場合に発行される船荷証券）

・**故障付船荷証券**（船会社が貨物を受取ったとき、外観上、貨物に異常があり、その旨「事故摘要」として記載がある船荷証券）（事故摘要の例：Broken, contents OK ＝破損あり、中味異常なし）

④・**海洋船荷証券**　Ocean B/L（外国貿易船によって外国向けに運送される貨物について発行される船荷証券）

・**国内船荷証券**　Local B/L（国際運送に接続する国内運送のために発行される船荷証券）

SECTION 46

運送条件の統一

船荷証券と国際海上物品運送法

ヘーグ・ルール、ヘーグ・ヴィスビー・ルール、ハンブルク・ルールがある。

海上運送は少数の船会社による独占的（寡占的）な事業であり、船会社は、自分に有利な運送条件を船荷証券に取り込んで、一方的に荷主に提示しています。荷主は、貨物の運送を依頼するため、提示された運送条件をそのまま承諾することが通常です。

船会社の提示する運送条件が、すなわち船荷証券に記載されている運送約款のことです。

もっとも、船荷証券は、国際的な取引に利用される有価証券であり、船会社ごとに運送条件が異なっているのは非常に不便なので、運送条件を統一する努力が行われています。

●ヘーグ・ルール（Hague Rules）

オランダのヘーグ（ハーグの英語読み）で作られた原案を元にして、1924年ブラッセルの海事法国際会議で採択された「船荷証券に関する若干の規則の統一のための国際条約」を一般にヘーグ・ルール（略称、船荷証券統一条約）と呼んでいます。

ヘーグ・ルールの内容は、運送人の①商業過失は免責としないが、②航海過失および天災・戦争・海難・ストライキなどは免責とするというものです。なお、①商業過失とは、船舶を通常の航海に耐え得る状態におくこと、および貨物の船積、積付け、陸揚などに関する運送人の過失をいい、②航海過失とは、航海または船舶取扱いに関する過失をいいます。

●ヘーグ・ヴィスビー・ルール（Hague Visby Rules）

68年および79年にヘーグ・ルールが一部改正され、損害賠償額の算定基準、コンテナに関する条項などが追加されました。

●ハンブルク・ルール（Hamburg Rules）

国連貿易開発会議（ＵＮＣＴＡＤ）の勧告にもとづき、78年ドイツのハンブルクで「１９７８年国連海上物品運送条約」が採択され、ハンブルク・ルールと呼ばれています。先進海運国に有利なこれまでのルールを見直して、

国際海上物品運送法

ヘーグ・ルール（1924 年） （船荷証券に関する若干の規則の統一のための国際条約）
運送人は、 ①船舶を、通常の航海に耐えうる状態におくこと。 ②貨物を正常な状態で運送できるような状態におくこと。 ③運送品の船積・積付け・陸揚などの過失による事故には、損害を賠償すること。 ④船舶の航海、取扱い、船舶の火災による事故は免責とする。
ヘーグ・ヴィスビー・ルール（1968 年＋1979 年） （船荷証券に関する若干の規則の統一のための国際条約を一部改正する議定書）
①事故発生のとき、コンテナ内の貨物の個数が船荷証券に表示されている場合、その個数を基準に責任限度を算定する。 ②運送人の責任限度を貨物1個につき666.67SDRまたは1kgにつき2SDRのうち、高いほうに引上げる。
ハンブルク・ルール（1978 年） （1978年国連海上物品運送条約）
①運送人の航海過失、船舶取扱上の過失を免責としない。 ②運送人の責任限度を引上げる、など。
ロッテルダム・ルール（2008 年） （全部または一部が海上運送による国際物品運送契約に関する国連条約。2008年国連総会で採択され、2009年ロッテルダムにて署名された条約）

航海過失や船舶取扱いの過失を免責としないなど、荷主保護に対する開発途上国の主張を盛り込んだ条約です。

●国際海上物品運送法

日本はヘーグ・ルールとヘーグ・ヴィスビー・ルールを取り込んで、国際海上物品運送法を制定していますが、ハンブルク・ルールとロッテルダム・ルールはまだ批准していません。ロッテルダム・ルールは、船荷証券、海上運送状を含む国際物品運送に適用されます。

現在、世界にはヘーグ・ルール、ヘーグ・ヴィスビー・ルール、ハンブルク・ルールが混在しており、運送上の事故が起きた場合、相手国がどの条約を批准しているかにより、適用される条約が異なります。

なお、日本で発行される船荷証券は、国際海上物品運送法に準拠して作成されています。

船荷証券の譲渡

船荷証券の裏書・不知文言・積替え

裏書には、記名式裏書と白地裏書の2種類がある。

●船荷証券の裏書

船荷証券に表示される荷主の権利は、船荷証券に裏書することにより移転（譲渡）させることができます。裏書とは、証券上の権利を譲渡するため、証券の所持人が証券の裏面に署名することをいいます。裏書は通常、次の方法のいずれかによります。

①記名式裏書＝裏書をして権利を譲渡する人（裏書人）が、裏書により権利を受ける人（被裏書人）の氏名を明記して、権利を移転する旨を記載し、署名する方法です。記名式裏書の場合、裏書による権利の移転が、たとえばAからBへ、BからCへと、連続する必要があります。

②白地裏書＝裏書人が署名だけをする裏書の方法です。被裏書人については何も記載がないので、証券の所持人が権利を譲渡されていると推定されます。証券に白地裏書がされた後の権利移転に裏書は必要ありません。

●船荷証券の不知文言

船荷証券には、貨物の品名、数量などとともに、〝Said to Contain〟（貨物の内容として聞いているところでは）や〝Shipper's Load and Count〟（荷主の責任において積込まれ、数えられたものである）などのことばが記載されています。コンテナ貨物などの場合、船会社は、貨物の中身を確認することができないので、貨物の内容に責任を持たないことを明示していることばで、不知文言と呼ばれています。

●貨物の積替え

貨物を積んだ本船が、船積港から仕向港へ直接行かない場合に、途中の港で仕向港向けの他の船に積替えることを積替え（transshipment）といいます。どんな貨物でも、積んだり、降ろしたりするたびに傷がついたり、壊れたりすることが多いので、積替えは歓迎されません。しかし、コンテナ貨物の場合、積替えしても、コンテナの中の貨物が損傷を受けることが少ない、あるいはほとんどないので、多くの場合、積替えが許容されています。

船荷証券の例

船荷証券の裏面

（白地裏書）

ABC CO.,LTD

General Manager

（記名式裏書）

Deliver to XYZ CORPORATION
ABC CO.,LTD

General Manager

船荷証券の貨物欄

ABC LINES CO.,LTD

Marks & Nos	No. of Pakages	Description of goods	Gross Weight	Measure-ment
XYZ New York C/T 1-20 Made in Japan		20 cartons Handbags……		

"Said to Contain"
"Shipper's Load and Count"

船荷証券の積込・荷卸欄

ABCD LINES CO.,LTD

Port of Loading

Port of Discharge

SECTION 48

船荷証券の到着遅れ

サレンダーB／Lと海上運送状

サレンダーB／L、船荷証券の直送、荷物引取り保証、海上運送状などが活用されている。

スピードの早いコンテナ船が増えるとともに、輸入地へ貨物は到着したが、船荷証券はまだ到着していない状況が多く発生しています。この船荷証券の到着遅れによる問題を「船荷証券の危機」と呼んでいます。船荷証券の到着が遅れる最大の理由は、特に信用状取引の場合に、銀行で、船荷証券を含む書類の審査に時間がかかるためです。

船荷証券の危機を解決する方法として、次の方法が利用されています。信用ある取引先に利用できる方法です。

●サレンダーB／L

輸出者が船積地で受取った船荷証券すべてを、船会社へ提出し（サレンダーし）、輸入地では船荷証券なしで貨物を引取る方法です。船荷証券が発行地で回収されるため、輸出者は、船荷証券を送付する時間や費用もかからず、また盗難や紛失を心配する必要もありません。サレンダーB／Lを利用する場合、船荷証券を銀行買取りの船積書類に含められないので、荷為替手形利用決済に使うことは困難です。

●船荷証券の直送

輸出者が、発行された船荷証券の1通または全通を、輸入者へ直接に送る方法です。銀行を経由しないので、その分早く輸入者へ届けられます。

●荷物引取り保証（L／G）

輸入者が船会社に対して、取引銀行の連帯保証をもらった保証書（L／G）を提出し、貨物を引取る方法です。「荷物引渡しにより船会社に損害が発生すれば、輸入者と銀行が責任を負うこと、船荷証券は入手次第、提出すること」を保証するものです。

この保証にもとづいて、貨物を引取ってしまうと、後から到着した書類にディスクレが発見されても、支払いを拒絶することができません。

●海上運送状（Sea Waybill）

海上運送状は、荷受人を記名式で明記して発行するので、仕向地では、荷受人であることが確認できれば、貨物を受け取ることができます。海上運送状は、船積地において船会社が発行す

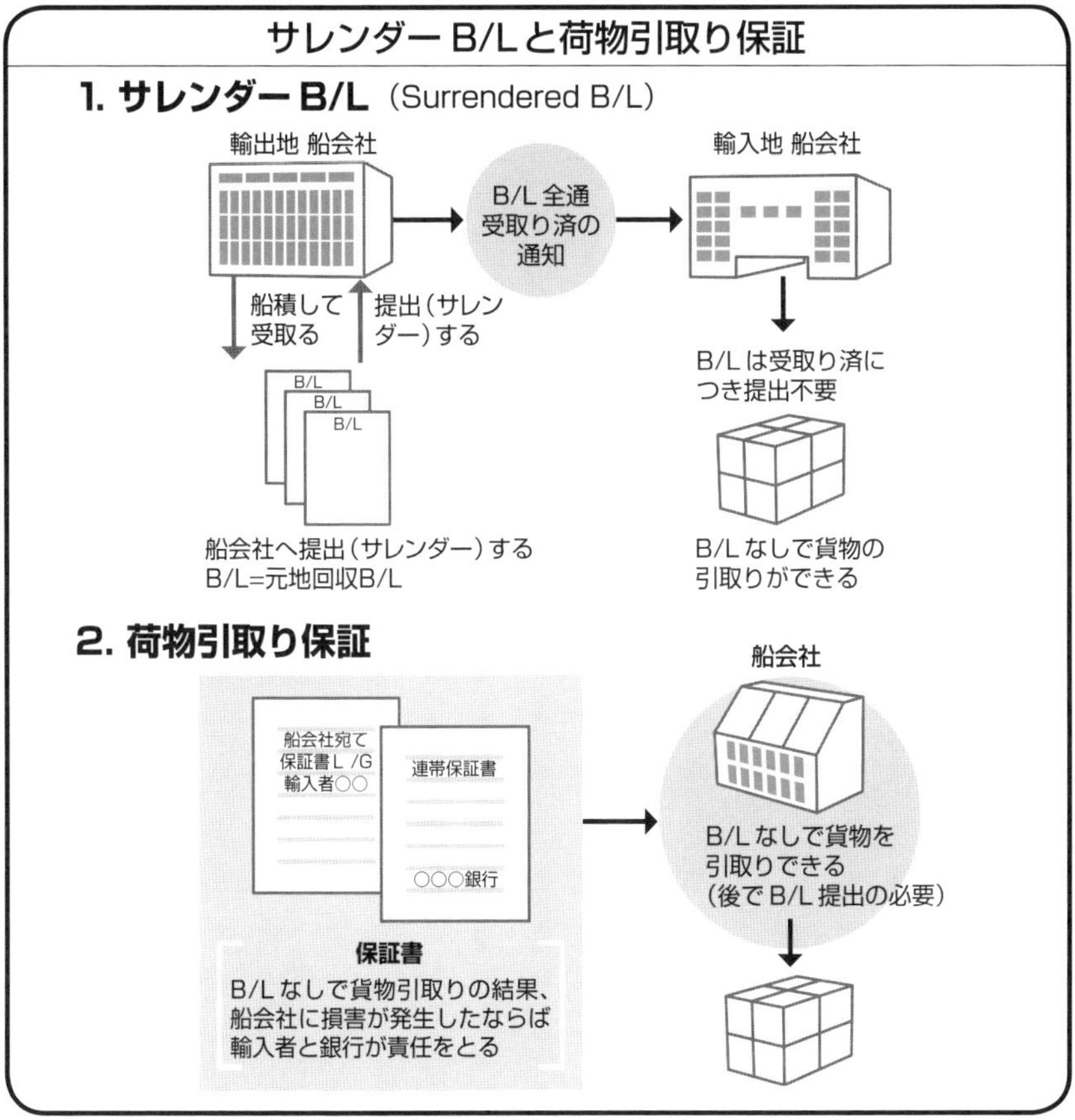

る貨物の受取証であり、運送契約の証拠となる書類です。しかし船荷証券と異なり、仕向地における貨物の引換証ではありません。有価証券でなく、裏書譲渡ができません。

　海上運送状には荷送人の運送品処分権（貨物が目的地に到着後、荷受人が貨物引渡しを請求するまでは、荷送人は運送人に対して運送品の返還を求め、あるいは荷受人の変更を求めることができる）が認められていますが、運送状に「海上運送状に関するＣＭＩ規則」を取入れることにより、「荷送人は運送品処分権を荷受人に移転することができる。その場合その旨を運送状に記載する」ことが必要です。荷受人は権利移転を表示した運送状を受け取っておけば、安心です。このＣＭＩ規則を取り入れた海上運送状は、発行銀行を荷受人とする信用状取引にも利用することができます。

SECTION 49

船荷証券の紛失

通常は3通発行される船荷証券

1通を提示すれば貨物は引取れるが、船荷証券を無効にする公示催告・除権決定の手続きが必要。

●発行済の船荷証券の1通で貨物を引取る

船荷証券は、特別の依頼がなければ、通常3通発行されます。3通のいずれも同じ効力を持っており、そのうち1通で貨物の引取りが行われると、同時に、残りの2通は無効となります。もし船荷証券の1通ないし2通を紛失した場合、紛失していない船荷証券を利用して、できるだけ早く貨物を引取ることができます。

●公示催告と除権決定による再発行

有価証券である船荷証券は、紛失した場合、まず簡易裁判所に公示催告を申立て、除権決定という判決を受ける必要があります。公示催告は、「船荷証券がなくなったので無効にします」と公告することです。公示催告が行われてから約2ヶ月の間に異議申立てがなければ、裁判所は、その船荷証券を無効にする除権決定をします。この決定書を添えて再発行を請求すると、船会社は、船荷証券を再発行します。

●銀行の連帯保証による再発行

船荷証券を紛失した場合、除権決定による場合を除いて、原則として船会社は船荷証券を再発行しません。しかし、便宜的な方法として、①輸出者が取引銀行の連帯保証をもらった保証状（L／G）を船会社へ提出し、要求されれば保証金を積んで、船荷証券の再発行を受けることが行われています。「船荷証券再発行により、船会社が損害を受けることがあれば、輸出者と銀行が連帯して、損害を賠償すること」を保証するのです。

②また輸入者が、取引銀行の連帯保証付の保証状（L／G）を提出することによって、船荷証券を提出したのと同じように、貨物を引取ることが行われています。

なお、銀行の連帯保証に対しては、手続きが完了するまで、いつまでも保証料を支払わなければなりませんし、船荷証券を持った善意の第三者が現れると、船会社から損害賠償金の請求を受ける可能性があります。

船荷証券を紛失したときの手続き

1. できるだけ早く貨物を引取る

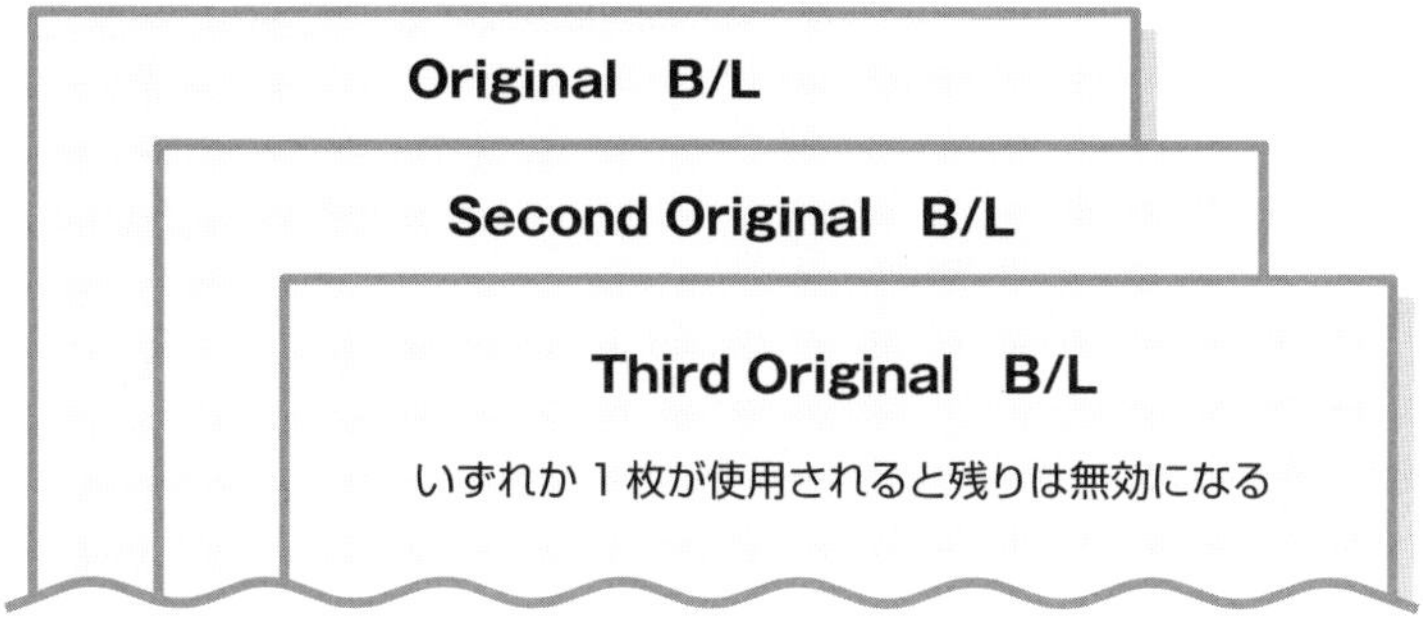

船荷証券は通常は３通発行される（１組）
紛失した船荷証券が貨物引取りに使用される前にできるだけ早く貨物を引取る

2. 公示催告と除権決定による再発行

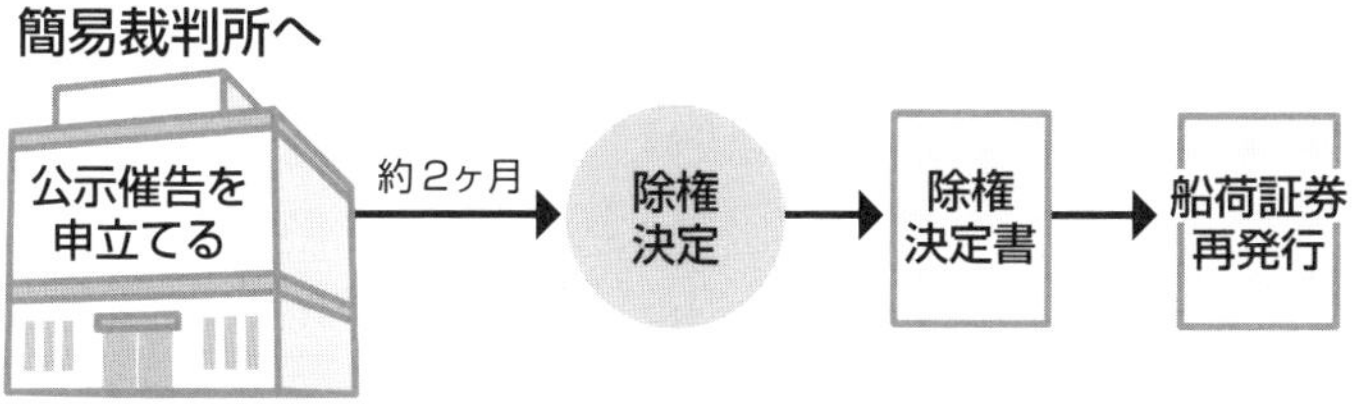

3. 銀行の連帯保証による貨物の引取り

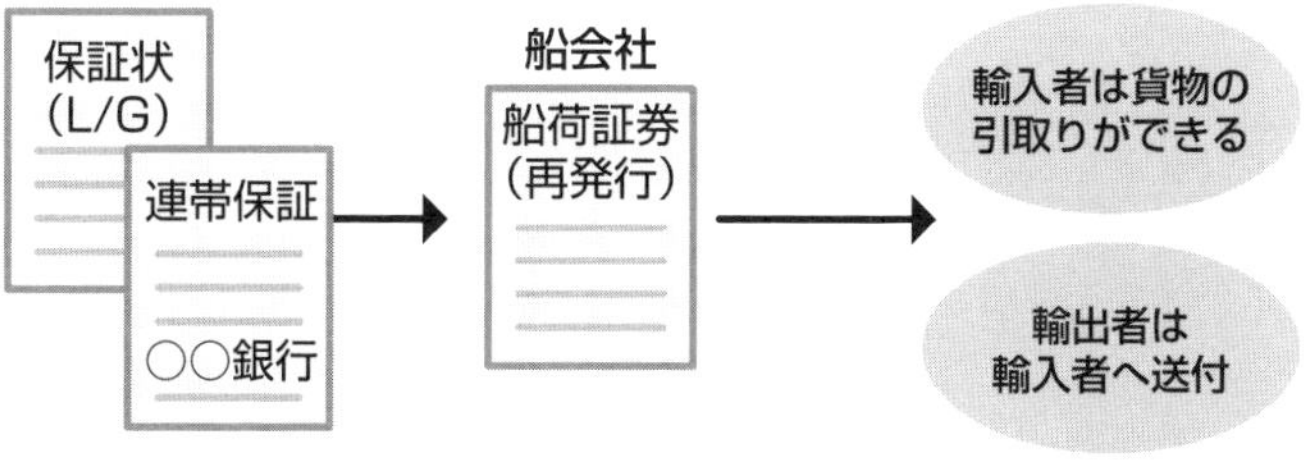

正式手続きを経て船会社から保証状（連帯保証付き）を返してもらうことが必要
↓
①保証料をいつまでも銀行へ支払うことのないようにするため
②善意の第三者が紛失した船荷証券を呈示して、船会社へ貨物請求することがないようにするため

SECTION 50

通関・船積などの代行業者

海貨業者と通関業者

海貨業者は通関手続き、船会社への貨物の引渡し、搬入などを代行してくれる。

●海貨業者

貨物を輸出するためには、貨物を工場・倉庫から引取って、通関手続きのため港の保税地域へ搬入し、梱包し、荷印をつける必要があります。輸出通関手続きが終わったなら、貨物を予定の船に積込むため、船会社へ引渡さなければなりません。外国から到着した貨物の場合は、船会社から引取った貨物を港の保税地域へ搬入して、輸入通関手続きをしなければなりません。これらの業務をまとめて引受けているのが海貨業者です。

海貨業者は、港湾運送事業法にもとづく海運貨物取扱業を行うことができる業者のことで、荷主の依頼を受けて、貨物の船積手続きや引取り手続きを含めて、一連の関連する業務を行います。

海貨業者は、港における貨物の取扱いだけでなく、通関業をはじめ、トラック運送業、梱包業、倉庫業など関連する業務を兼業していることが多く、あるいはそれらのネットワークを持っていて、輸出・輸入にともなう業務をスムーズに行うことができる業者です。輸出者・輸入者にとっては頼りがいのある、非常にありがたい存在です。

海貨業者は、乙仲（おつなか）とも呼ばれています。乙仲は、１９４７年に廃止された太平洋戦争前の海運組合法に規定されていた乙種海運仲立業、すなわち「あらかじめ運賃率の定まっている貨物運送（定期船による輸送＝個品運送）の仲立業」のことです。

●通関業者

税関に対する輸出・輸入の手続きを代行する専門の業者が通関業者です。通関業は、税関長の許可を受けて行うことができる業務です。通関業者は、輸出者・輸入者の依頼を受けて、その代理人として、通関書類を作成し、税関へ提出して輸出の許可・輸入の許可を受けます。また必要に応じて通関手続きに関して、輸出者・輸入者のために、代理人として、税関に対して主張・陳述をし、財務大臣へ不服の申立てをします。

海貨業者と通関業者

海貨業者

1．本来、港において、輸出貨物を本船またはコンテナ・ヤードへ引渡す手続き・運送を行う業者。実際には、貨物を工場・倉庫から引取り、通関手続き終了後、船会社へ引渡すまでの手続き・運送を行う。

2．本来、港において、輸入貨物を本船またはコンテナ・ヤードから引取り、輸入者へ引渡す手続き・運送を行う業者。実際には、通関手続き後、輸入者へ引渡すまでの手続き・運送を行う。

3．通関業をはじめ、トラック運送、倉庫業、梱包業など関連する業務を兼業していることが多く、または、それらのネットワークを持っていて、一連の業務をまとめて引受けることができる。

通関業者

1．税関長から通関業の許可を受けた業者。

2．輸出者・輸入者の依頼を受けて、
　①通関書類を作成し、
　②輸出申告・輸入申告をはじめ、
　　税関に対する申告、承認申請の手続き、
　③その他の税関に対する手続きを行う。

3．輸出者・輸入者のために、代理して、
　①税関に対する主張、陳述をし、
　②財務大臣に対する不服申立てを行う。

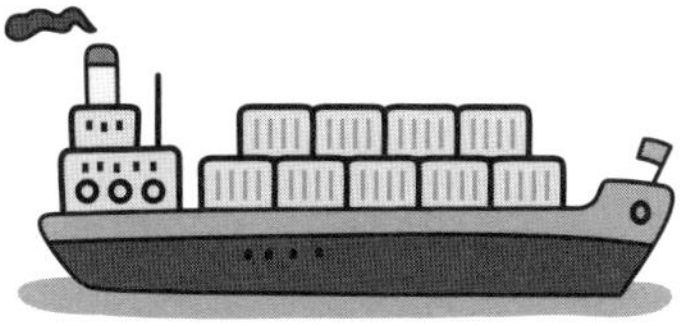

COLUMN 4

ワシントン条約と野性動植物

地球上に住んでいる野生の動植物は、大自然のかけがえのない一部です。私たちは、動物園や植物園でいろいろな野生の動植物を見ることができます。そういう動植物が外国でよく売れるからといって乱獲されると、絶滅しないとも限りません。ケニヤのクロサイは、その角が高く売れることから、1970年代に90％以上が殺されて、今では約400頭になってしまいました。

ワシントン条約は、「絶滅のおそれのある野生動植物の種の国際取引に関する条約」のことで、条約採択の会議が米国ワシントンで開かれたので「ワシントン条約」と呼ばれています。また国際的には、英語の頭文字をとって「CITES（サイテス）」とも呼ばれています。

ワシントン条約は、絶滅のおそれのある野生動植物の種について、国際取引を規制し、保護することを目的にしています。この条約で規制されている動植物は約1070種、亜種を含めると約3万5000種といわれ、絶滅のおそれのある可能性に応じて、付属書Ⅰ、Ⅱ、Ⅲの3種類に分類されています。

規制の対象には、生きている動植物だけでなく、はく製、毛皮のコート、ワニ皮のハンドバッグ、象牙の印鑑、漢方薬、時計の皮バンドなど、これら動植物の加工品・製品も含まれます。

ワシントン条約適用の例外は次の通りです（いずれも、それぞれの証明書が必要）。

①条約が適用される1975年より前に、野性から取得した動植物（条約適用前取得証明書）

②商業取引を目的として繁殖または養殖させた動植物（繁殖証明書）

③サーカスや動植物展示会などの目的で輸出入する動植物（移動展示証明書）

ワシントン条約における規制対象の種を輸入する場合、付属書Ⅰの種は、輸出国の輸出許可書、繁殖証明書、条約適用前取得証明書、移動展示証明書などを添えて、外為法による経済産業大臣の輸入承認を受ける必要があります。付属書Ⅱ、Ⅲの種は、規制の程度により、輸入契約書、輸出国の輸出許可証を添えて経済産業大臣の事前確認を受ける必要があり、あるいは、税関長の通関時確認を受けて輸入することができます。

第5章

航空運送と国際複合輸送

長距離を短時間で運送

貿易貨物の航空運送

定期航空運送事業、不定期航空運送事業、利用航空運送事業、インテグレーターの４事業が行われている。

●航空運送事業の種類

①定期航空運送事業　特定の地点間（区間）を、路線を定めて、一定のスケジュールにもとづいて航行する航空機により行う運送事業です。

②不定期航空運送事業　航空路線と運航スケジュールの両方、またはいずれかを、あらかじめ定めないで行う航空運送事業のことです。

③利用航空運送事業（フォワーダー）　みずからは航空機を持たない運送業者が、航空会社の行う運送を利用して、貨物の航空運送を行う事業をいいます。一般に航空貨物の混載業と呼ばれています。

④インテグレーター　航空会社と混載業の両方の機能を併せ持っている運送事業者のことをいいます。

●航空運送のメリット

①長距離を短時間で運送できる　時間をあらそう緊急貨物（医薬品、修理部品など）、新鮮さを要求される生花や生鮮食料品、一刻も早く店頭に並べたいファッション商品などが航空機で運送されています。

②貨物を安全に、かつ運航スケジュールに合わせて運送できる　航空機による運送は、海上運送、陸上運送にくらべて振動や衝撃が少なく、また破損や盗難などの事故発生がきわめて少ないので、高価な芸術品や貴金属、精密機械、医療機械などの運送に利用されています。

③物流コストを削減できる　航空機が大型化・ジェット化した結果、大量の貨物をスピーディに運ぶことができるようになりました。運賃が割安になったおかげで、家電製品などは海外工場で必要な部分品を現地に在庫せず、ジャスト・イン・タイムの方式で、必要に合わせて航空機で運送することも行われています。商品も簡単な包装・梱包で運送できるので、在庫、包装の費用だけでなく、それに関連する施設や人件費その他の費用も削減できます。その結果は、商品の競争力を強くすることにつながります。

航空運送事業の種類とメリット

1. 航空運送事業の種類

①定期航空運送事業

・運行路線を定めて（航空路）
・一定のスケジュールにもとづいて（運行スケジュール）
・航空機により運送する（航空機）

②不定期航空運送事業

・荷主の依頼に応じて（不定期に）
・いつでも、どこでも（航空路、スケジュール）
・航空機により運送する（航空機）

③利用航空運送事業

・自分で航空機を持っていない運送人が
・多数の荷主の小口貨物をまとめて大口貨物とし、
航空会社に運送を依頼する

④インテグレーター

・自社で航空機とトラック等を所有し（航空運送と陸上運送）
・荷送人から荷受人までの国際的な
・ドア・ツー・ドアの配送サービスを行う

2. 航空運送のメリット

①長距離を短時間で運送できる（スピードが速い）
②安全に、かつスケジュールに合わせて運送できる
（航空機は事故率が低く、かつほぼスケジュール通りに運行されている）
③物流コストをトータルで削減できる
・航空機の大型化で運賃が割安
・包装・梱包を簡素化できる
・在庫・人件費などを削減できる

三つの利用形態がある

航空運送の直送貨物と混載貨物

直送貨物は定期航空便を利用し、混載貨物は利用航空運送を利用する。

航空機を利用して一般の貨物を外国に運送する方法には、定期航空便を利用する方法と混載貨物の航空便を利用する方法があります。

●定期航空便を利用する「直送貨物」

荷送人（輸出者）が航空会社に直接に運送を依頼する場合、その貨物を直送貨物と呼んでいます。実際には、航空貨物代理店が航空会社に代わって貨物を受取り、受取書である航空運送状（AWB）を発行します。

なお、航空会社は、貨物の出発地空港から到着地空港までの区間を運送し、その区間の運送について責任を持ちますが、貨物の集荷場所から出発地空港まで、および到着地空港から荷受人（輸入者）所在地までの運送には、責任を持ちません。

航空機による運送区間以外の運送は、航空貨物代理店が、代理店としてではなく、国内運送業者として、運送を引受けています。

●利用航空運送を利用する「混載貨物」

利用航空運送は、航空機を持たない運送業者が、多数の荷主の小口貨物を混載して一つの大口貨物とし、みずから荷主として航空会社に運送を依頼する運送の方法です。利用航空運送事業者は、混載業者、フレイト・フォワーダーまたはフォワーダーとも呼ばれ、航空会社を下請け運送人として利用する運送人であるといえます。通常、航空貨物代理店を兼ねており、荷主の希望に合わせて航空会社の代理店として、あるいは混載業者として運送の手配をします。

航空会社の運賃体系は、重量逓減制といわれ、1個口の貨物の重量が重くなればなるほど、1kgあたりの運賃が割安になるように設定されています。重量割引です。

混載業者は、小口の貨物をまとめて大口にすることにより、小口貨物の運賃より、はるかに有利な大口貨物の割引運賃を利用します。混載による差益の一部を荷主に還元し、一部を自分の利益としているのです。

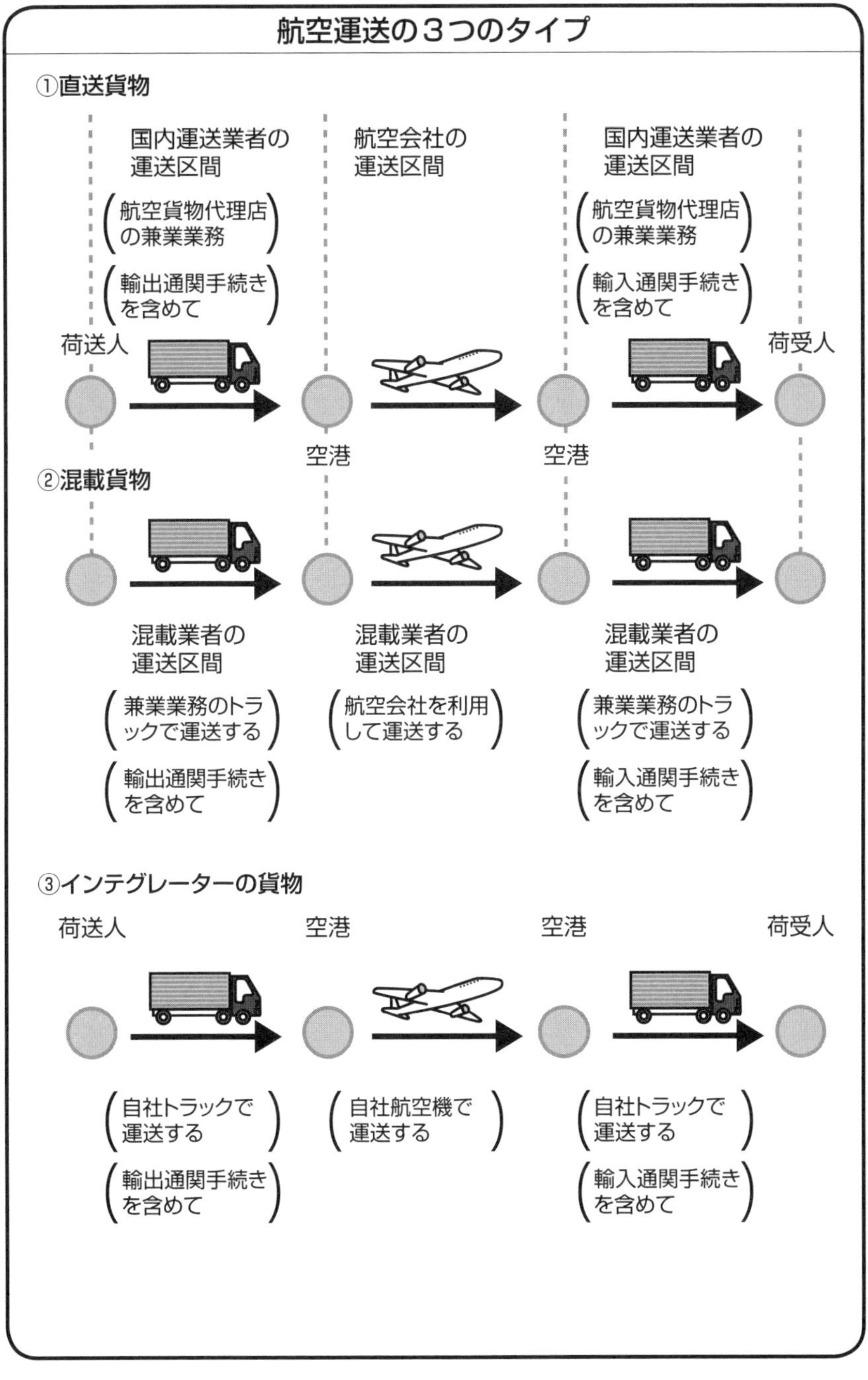
航空運送の３つのタイプ
①直送貨物
国内運送業者の運送区間
航空貨物代理店の兼業業務
輸出通関手続きを含めて
航空会社の運送区間
国内運送業者の運送区間
航空貨物代理店の兼業業務
輸入通関手続きを含めて
荷送人
荷受人
空港
空港
②混載貨物
混載業者の運送区間
兼業業務のトラックで運送する
輸出通関手続きを含めて
混載業者の運送区間
航空会社を利用して運送する
混載業者の運送区間
兼業業務のトラックで運送する
輸入通関手続きを含めて
③インテグレーターの貨物
荷送人
空港
空港
荷受人
自社トラックで運送する
輸出通関手続きを含めて
自社航空機で運送する
自社トラックで運送する
輸入通関手続きを含めて

航空貨物の損害賠償

国際航空運送とワルソー条約・モントリオール条約

29年にワルソー条約が成立、その後改正され、現在は99年のモントリオール条約を多くの国が批准している。

第1次世界大戦終了の1918年パリ～ロンドン間に定期便による国際航空運送が始まりましたが、本格的に利用できるようになったのは第2次大戦（39～45年）の後のことです。

●ワルソー条約・モントリオール条約

初期の航空機は事故も多く、運送人である航空会社の責任を国際的に統一させようとして、29年ポーランドのワルシャワ（英語読みはワルソー）で成立したのが「国際航空運送についてのある規則の統一に関する条約」、略称ワルソー条約です。

その後55年にオランダのヘーグで、略称ヘーグ改正ワルソー条約が成立し、さらに改正されて75年カナダのモントリオールでモントリオール第4追加議定書になりました。

改正により航空運送人の責任がきびしくなり、損害賠償額が大きくなっています。

99年モントリオールで、これらの条約のほか、航空会社間の協定も取り込んで、航空運送人の責任や損害賠償の範囲を定めた「国際航空運送についてのある規則の統一に関する条約」、略称モントリオール条約が成立しました。日本は、これらの条約のいずれも批准しており、その内容の概略は、次の通りです。

①貨物の破壊・滅失・損傷による損害が航空運送中に発生したものであれば、その損害に対して、運送人が責任を負う。ただし、事故が、貨物の性質・固有の欠陥、梱包の不完全、戦争などにより発生した場合は、運送人は責任を負わない。

②貨物の損害に対して、運送人が負担する責任限度額は、貨物1kgあたり22SDR（国際通貨基金が定める特別引出権）とする（20年1月現在）。

●航空運送状（AWB）

航空運送状と呼ばれる書類は、ワルソー条約によって「運送人（航空会社）の請求により、荷送人が責任を持って作成し、運送人に引き渡す」書類です。実際には、航空貨物代理店が作

航空会社の責任を国際的に統一した条約

ワルソー条約

（国際航空運送についてのある規則の統一に関する条約）1929年成立。

▼

ヘーグ議定書（ヘーグ改正ワルソー条約）

（1929年10月12日にワルソーで署名された国際航空運送についてのある規則の統一に関する条約を改正する条約）1955年成立。

▼

モントリオール第4追加議定書

（1929年10月12日にワルソーで署名され、1955年9月28日にヘーグで締結された議定書によって改正された国際航空運送についてのある規則の統一に関する条約を改正する議定書）1975年成立。

▼

モントリオール条約

（国際航空運送についてのある規則の統一に関する条約）上記3条約のほか、航空会社間協定も含めて1つの条約に統合したもの。1999年成立。

モントリオール条約の主な内容

①貨物の破壊、滅失、損傷の原因が、航空運送中に発生したものであれば、運送人が責任を負う（無過失責任の原則）。
ただし、これらの事故が、貨物の性質、固有の欠陥、梱包不良、戦争などによる場合、運送人は責任を持たない。

②運送人が負担する責任限度額は、貨物1kgあたり22SDRとする。

成していますが、荷主に代わって作成しているのです。なお、航空運送状の主な性質（機能）は次の通りです。

①貨物の受取証であるが、貨物引換証ではない。すなわち、航空運送状は、運送人が荷送人から貨物を受け取ったことを証明する書類です。常に荷受人を記名して発行され、貨物引換証の機能はありません。流通性はなく、有価証券でもありません。従って信用状を利用する代金決済の場合、貨物代金取立てのため、発行銀行が荷受人となることが一般です。

②運送契約の証拠書類である。すなわち、航空運送状は、その表面および裏面に運送人の運送条件が記載されており、荷送人と運送人が署名して運送契約が成立します。実際には、航空貨物代理店（通関業者）が、運送人と荷送人のそれぞれを代理して、署名することが一般です。

SECTION 54

海上コンテナなら陸上輸送も簡単

国際複合輸送とフォワーダー・インテグレーター

国際複合輸送を行う複合運送人には船会社・航空会社と、フレイト・フォワーダー（混載業者）、インテグレーターがある。

国際複合輸送、あるいは国際複合一貫輸送とは、①海上（船舶）、陸上（鉄道、トラック）、航空（航空機）などの輸送手段のうち、2種類以上の輸送手段を利用して、②一つの輸送契約にもとづいて、③複数国間にまたがる貨物の輸送を行うことをいいます。

●2種類以上の異なる輸送手段を利用する複合輸送

1960年代後半から始まったコンテナ船利用による貨物の輸送は、米国の船会社が始めたものですが、コンテナ化に消極的だったヨーロッパや日本の船会社を巻き込んで、今では世界の主な航路がすべてコンテナ船により運航されています。コンテナ船に積込んで輸送される海上コンテナが、そのまま鉄道やトラックなどに積込まれて陸上輸送に利用できるので、複合輸送が可能となったのです。

●一つの輸送契約にもとづく輸送

貨物の送り主は、これまでいろいろな運送業者とそれぞれの区間ごとに輸送契約を結ぶ必要がありました。しかし、複合輸送では、いちばんはじめの区間を運送する運送業者と、運送の全区間にわたる輸送契約を結ぶことができるので、たいへん便利です。

●複数国間にまたがる貨物の輸送

一つの輸送契約にもとづく複合輸送が、第三国経由を含めて国際的に行われるのが、国際複合輸送、あるいは国際複合一貫輸送と呼ばれる運送です。

●国際複合輸送とフォワーダー・インテグレーター

国際複合輸送を行う運送人には、①船会社、航空会社など、みずからの輸送手段を提供して運送する運送人と、②みずからは輸送手段を持たず、実運送人の輸送手段を利用して運送する利用運送人（フォワーダー）、③自社所有の航空機、トラックなどを使用して世界各国で運送・配送するインテグレーターがあります。

フォワーダーは、小口の貨物をまとめて混載し、実運送人に運送を依頼するので、混載業者と呼ばれています。

国際複合輸送のしくみ

1.国際複合輸送とは

（海上運送）　（陸上運送）　（航空運送）

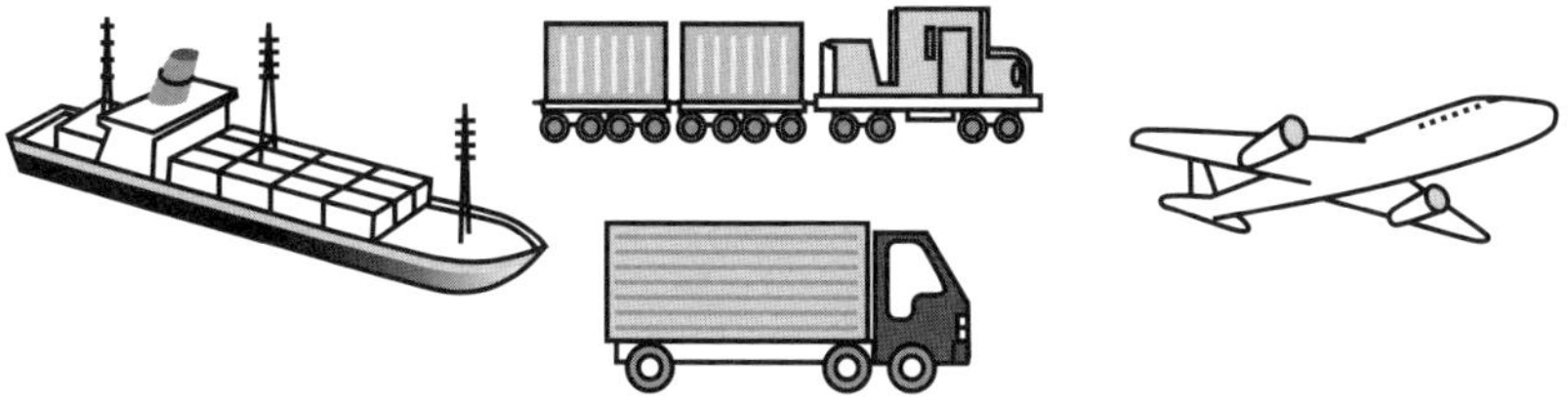

①2種類以上の異なる輸送手段を利用する
複合輸送

②一つの輸送契約にもとづく運送
（いちばんはじめの区間を運送する運送業者と「運送の全区間にわたる運送」の契約を結ぶことができる）

③複数国間にまたがる貨物の輸送

2.複合運送人には3種類がある

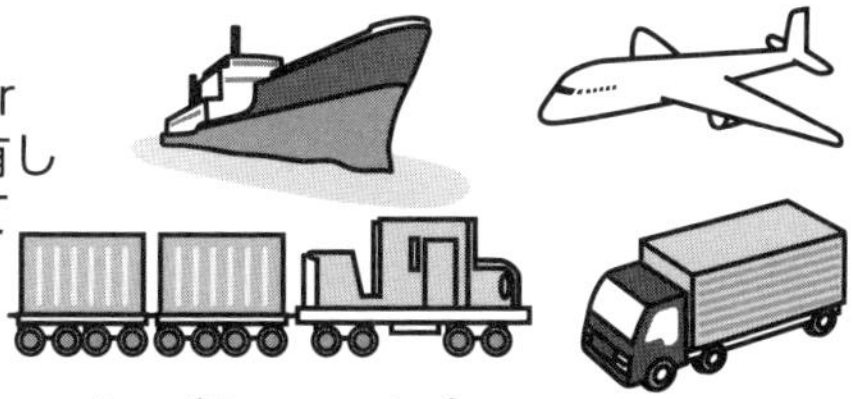

①実運送人　Actual Carrier
・みずから輸送手段を所有し
・その輸送手段を提供して
・運送する業者

②利用運送人　Freight Forwarder（Forwarder）
・みずから輸送手段を所有しないで
・荷主の貨物を、あたかも自分の貨物であるかのように取扱って
・実運送人の輸送手段を利用して
・運送する業者

③インテグレーター　Integrator
・自社所有の航空機による国際運送と、
自社のトラックによる国内運送を組み合わせて、
・荷送人の住所から、荷受人の住所まで
ドア・ツー・ドアの運送を引き受ける国際運送人

海陸複合輸送と海空複合輸送と陸陸複合輸送

国際複合輸送のかたち

シベリア・ランドブリッジ、アメリカ・ランドブリッジは、日本〜ヨーロッパ（最終地）を結ぶ代表的な海陸複合輸送。

国際複合輸送には、輸送手段の組み合わせによって、①海陸複合輸送、②海空複合輸送などがあります。最も多く利用されているのが、海上輸送と陸上輸送を組み合わせた海陸複合輸送です。

●海陸複合輸送

たとえば、ヨーロッパ向け貨物の複合輸送では、船会社の行う一貫輸送は、ヨーロッパの自社寄港地まで自社船により海上運送し、その後、内陸地までトラックまたは鉄道により運送することが一般的です。フォワーダーは、貨物の仕向地に最も都合の良い船会社と陸揚港を選んで、内陸地までトラックまたは鉄道により運送することが通常です。

船会社の複合輸送は、ＦＣＬ貨物を中心に行われ、フォワーダーは、ＬＣＬ貨物の混載輸送に強みがあります。代表的な海陸複合輸送として次の輸送があります。

①シベリア・ランドブリッジ

日本〜ボストチヌイ港（ナホトカ）を船舶で運送し、そのあとシベリア鉄道、ヨーロッパの鉄道・トラックなどを利用します。ヨーロッパ内陸向けに便利で、運賃も割安です。

②アメリカ・ランドブリッジ

日本〜北米西海岸の太平洋を海上運送し、大陸横断鉄道でアメリカ大陸を横断し、北米東海岸〜ヨーロッパの大西洋を船舶により運送します。ヨーロッパの港から仕向地までは、鉄道、トラックを利用します。カナダを経由するアメリカ大陸横断は、カナダ・ランドブリッジと呼ばれます。

●海空複合輸送

海上輸送と航空輸送を組み合わせた複合輸送で、海上輸送の割安な運賃（安さ）と航空輸送の短い輸送時間（速さ）を利用する運送で、運送貨物量の大きいジャンボ・ジェットの導入によって生れた運送方法です。一般にシー・アンド・エアと呼ばれています。

同じ仕向地向けに送る貨物の場合、海上輸送の距離を長くし、航空輸送の

国際複合輸送のかたち（例）

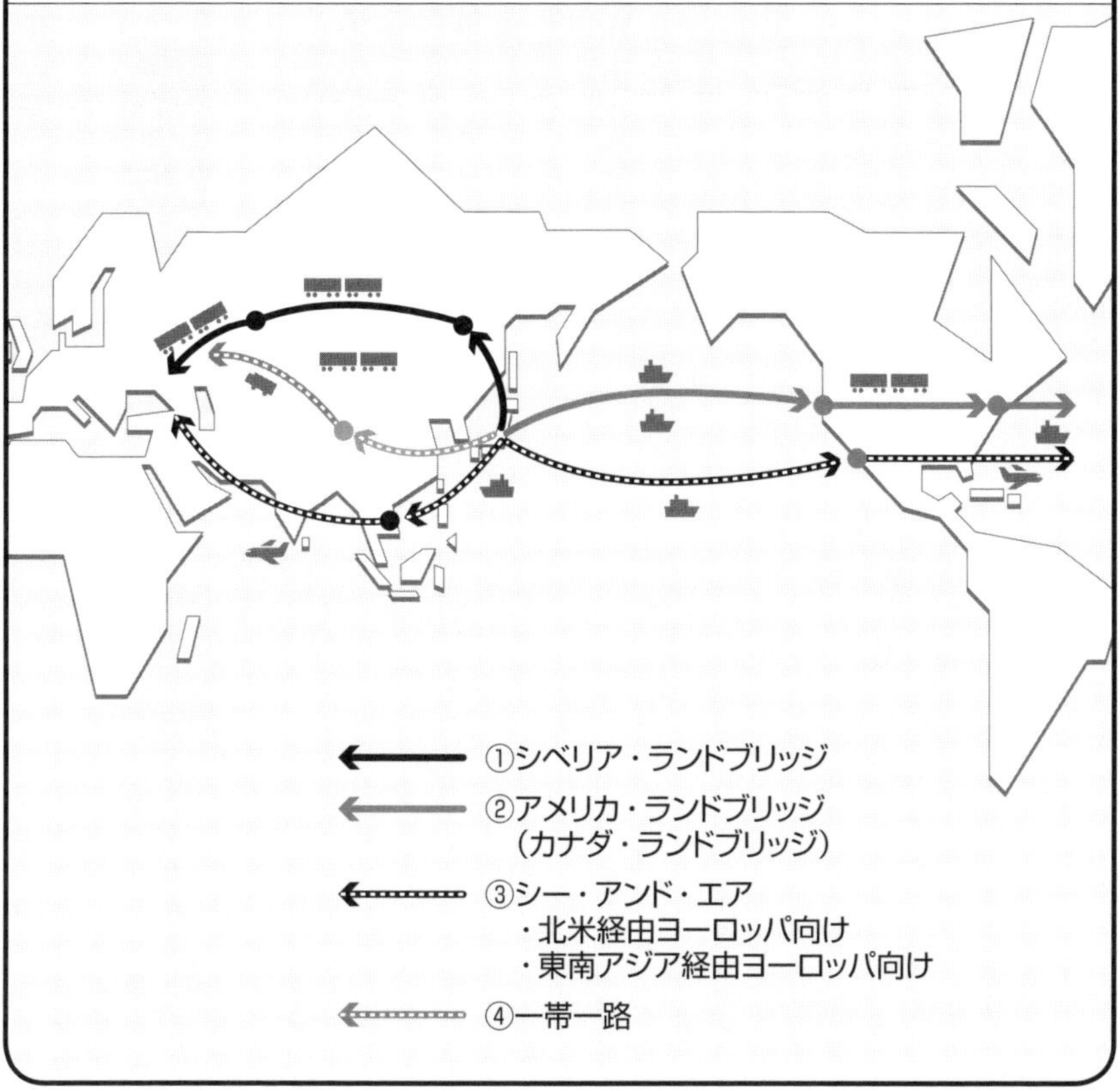

距離を短くすれば、運送の時間が長くなる代わりに運賃は安くなります。運送日数を短くすると、運賃が高くなるという関係にあります。輸送手段の選び方により、輸送に要する時間と費用をさまざまに組み合わせることができます。

代表的なシー・アンド・エアとして次のようなルートがあります。

・北米経由ヨーロッパ向け
・東南アジア経由ヨーロッパ向け

●一帯一路（陸陸複合輸送）

中国が進める現代版シルクロード経済圏構想にもとづく鉄道路線。中国から中央アジア、ロシア、中欧・東欧を経て、西ヨーロッパに至る。途中、広軌の国、標準軌の国があり、貨物の積替えが必要です。なお、一帯一路には、海上運送のルートもあります。

SECTION 56

国際複合運送人の輸送責任

国際複合輸送と国際ルール

現在、国際的な条約も法律もなく、国際商業会議所と国連貿易開発会議が共同でルールを制定。

運送中の貨物の事故に対する国際複合運送人の輸送責任については、現在、国際的な条約も法律もありません。

●国連国際物品複合運送条約

10年あまりの時間をかけて作成された国連国際物品複合運送条約が、1980年ジュネーブの国連の会議で採択されましたが、いわゆる先進国は、その内容が「複合運送人に重すぎる責任を課している」との理由で賛成していません。発効に必要な条件は30ヶ国の批准ですが、いつ発効するか不明です。

複合運送人の輸送責任については、①複合運送の途中、どこで事故が起きても複合運送人が「同じ単一の責任を負う」とする、主として開発途上国の考え方（ユニフォーム責任）と、②複合運送人は「事故発生の運送区間によって、運送区間に対応する責任を負う」とする、主として先進国の考え方（ネットワーク責任）があり、国連国際物品複合運送条約ではユニフォーム責任の考え方をとっています。ネットワーク責任の場合、たとえば事故が、海上運送区間で発生したものであれば、ヘーグ・ルールを適用し、航空運送中に発生したものであれば、ワルソー条約・モントリオール条約を適用します。運送区間が不明の場合、海上運送区間とみなすのです。

●UNCTAD／ICC複合運送書類に関する規則

国連国際物品複合運送条約が発効する見込みが立たないので、国際商業会議所は91年、国連貿易開発会議との共同作業により、「UNCTAD／ICC複合運送書類に関する規則」を制定しています。

UNCTAD／ICCの規則は、ネットワーク責任の考え方をとっており、複合運送人と荷主が合意することにより、運送契約の内容となることになっています。日本では、国際フレイトフォワーダーズ協会（略称、JIFFA）がモデル約款を制定し、これを内容とする国際複合一貫輸送約款を制定しています。

国際複合運送人の輸送上の責任

①

（ユニフォーム責任の考え方）
複合運送中のどこで事故が発生したとしても複合運送人は「同じ責任を負い」、どこで発生した事故でも損害賠償額は同じである

②

（ネットワーク責任の考え方）
複合運送のどこの区間で事故が発生したかにより「それぞれの運送区間に応じた責任を負う」ので、発生した場所により損害賠償額が異なることになる

（1）国連国際物品複合運送条約（未発効）

「ユニフォーム責任の考え方」を採用している

（2）UNCTAD/ICC複合運送書類に関する規則

「ネットワーク責任の考え方」を採用している

（3）国際フレイトフォワーダーズ協会（略称 JIFFA）の制定する国際複合一貫輸送約款

「ネットワーク責任の考え方」を採用している

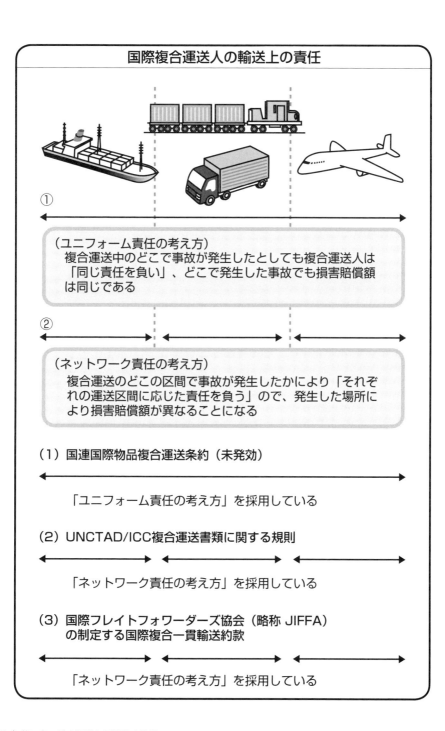

ドア・ツー・ドアの一貫輸送

国際宅配便

国際宅配便には、クーリエ・サービス、スモール・パッケージ・サービス、オンボード・クーリエ・サービスがある。

商品や、新聞、雑誌、荷物などを自宅まで配達することを宅配といいますが、一般に宅配便は、小口の貨物をドア・ツー・ドア（戸口から戸口へ）で、短時間に目的地へ配達する運送のことをいいます。宅配便の国際版が国際宅配便です。

国際宅配便の最大の特徴は、ドア・ツー・ドアの一貫輸送です。運送人（運送業者）が、一つの運送状（運送契約）により、一つの運賃計算にもとづいて、一つの運送責任のもとで行う国際複合輸送です。

できるだけ速く送り届けるために、最も都合のよい運送手段を利用して行う一貫輸送です。

●国際宅配便は、いろいろなサービスを総称した呼び方

①クーリエ・サービス

クーリエは、もともと「重要文書を運ぶ急ぎの使い」の意味ですが、国際宅配便の場合は、信書以外の書類と、書類と同類の物品をドア・ツー・ドアで運ぶことをいいます。国際取引の契約書、貿易取引の船積書類、国際業務に関連する書類などの緊急性のある書類が、クーリエ・サービスを利用して運ばれます。

②スモール・パッケージ・サービス

商品見本、製品の部品、印刷物、磁気テープやCD、贈答品などの少量の小口貨物を運ぶために利用されているのがスモール・パッケージ・サービス（SPS）です。通関手続きの違いからクーリエ・サービスと異なった区分になっています。

③オンボード・クーリエ・サービス

小口の貨物を、国際宅配便業者の運送人が航空旅客として携行して外国へ運ぶことをいいます。貨物として運送するのではなく、旅行客の旅具として運送する方法です。

●国際宅配便は、航空運送を利用することが通常

国際宅配便業者は、利用航空運送事業者（混載業者・フォワーダー）として、航空会社に目的地空港まで貨物の

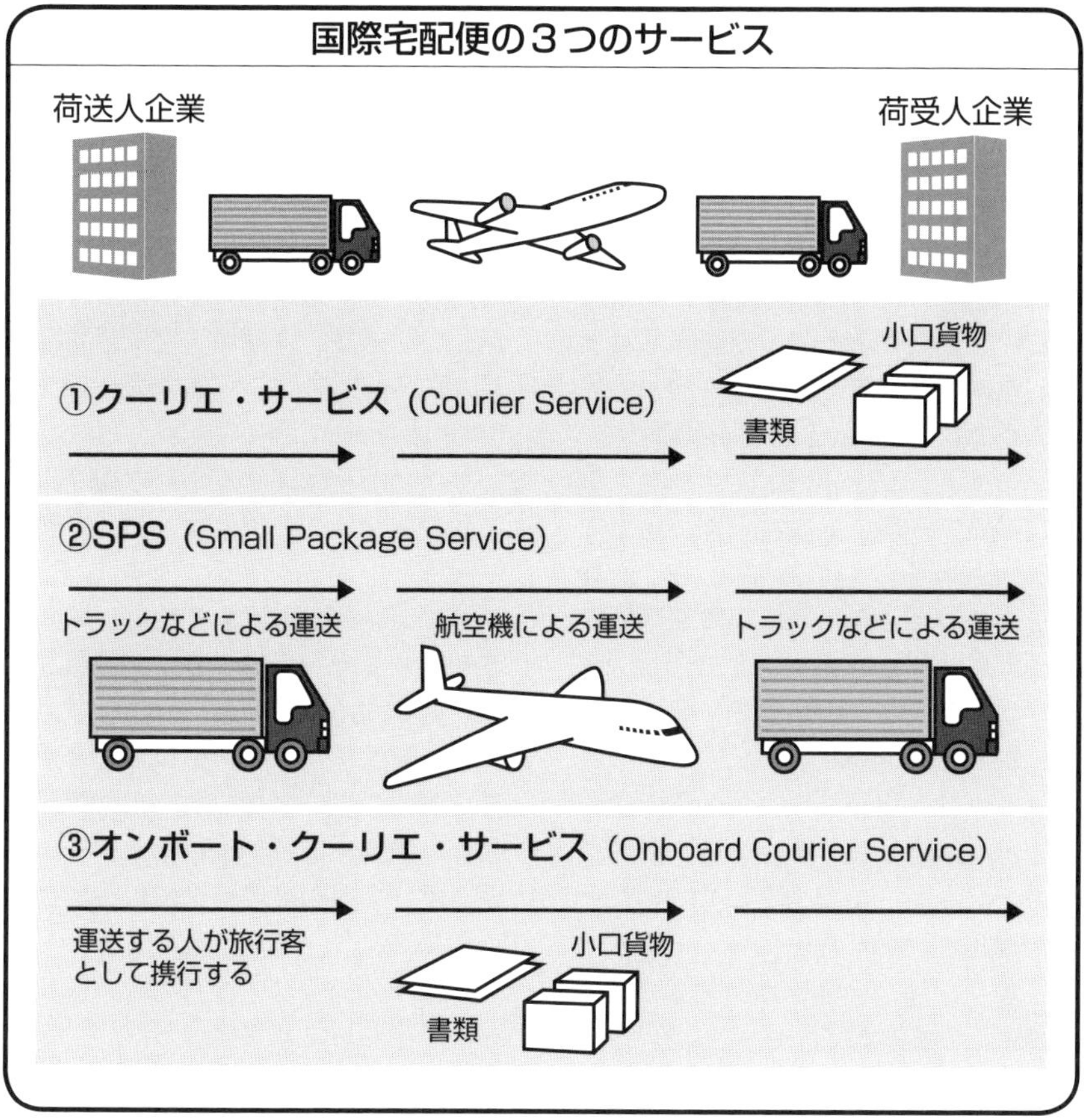

運送を依頼します。航空運送の前後（陸上運送）は、自分であるいは代理店が発送・受取の手続きを行なって、荷送人から荷受人までの貨物の流れを確保しています。

米国では１９７７年の貨物改革法により、国内航空貨物輸送への新規参入が自由化されました。その結果、米国の宅配便業者などは自社の航空機を利用し運送していますが、その後国際宅配便業務、さらに一般貨物の航空運送にも手を広げています。ＤＨＬ、フェデラル・エクスプレス、ユナイテッド・パーセルサービス（ＵＰＳ）、ＴＮＴなどは、世界中に国際宅配便のネットワークを張り、荷送人から集荷した貨物を、自社の航空機やトラックで運送し、荷受人へ配達しています。一社単独で航空会社とフォワーダーの機能（働き）を持っているので、インテグレーターと呼ばれています。

COLUMN 5

オゾン層破壊物質の全廃に向けた貿易規制

太陽光線のうち、短い波長の紫外線が地上に届かないことから、1881年、大気中に紫外線を吸収するオゾン層があることが発見されました。オゾン層は、地球表面からおよそ20～30km上空の成層圏にありますが、1974年カリフォルニア大学のローランド教授らが「地上で放出されたフロンが成層圏に上昇し、フロンに含まれる塩素が紫外線により分解してオゾンと結合し、オゾンをなくす（破壊する）働きをしている」と発表しました。85年にはイギリス南極基地ハレー湾上空のオゾン濃度が著しく減少し、円形状のオゾンホールが発生していることが確認されました。

オゾン層が破壊されて太陽の紫外線がそのまま地球にやってくると、日焼け・色素沈着、皮膚の老化から皮膚がん、角膜炎や白内障を引き起こし、動植物プランクトン、稚魚などの生物への悪影響が心配されます。

フロン、正式にはフルオロカーボン類といわれる化学物質は、メタン分子やエタン分子の水素を塩素やフッ素で置き換えた化合物の総称です。臭素の入っているフロンはハロンと呼ばれ、フロンよりはるかに大きいオゾン破壊力を持っています。フロンは、天然には存在しない物質で、28年アメリカの科学者Midgley（ミッドグレイ）によって冷蔵庫・エアコンなどの冷媒として作られ、「20世紀最大の発明」とまでいわれたものです。化学的に安定し、毒性が少ないので、半導体・電子部品などの洗浄剤、スプレー缶の噴射剤としても使われてきました。

オゾン層を保護するための国際的な取組みとして、85年「オゾン層の保護のためのウィーン条約」、87年「オゾン層を破壊する物質に関するモントリオール議定書」が採択され、具体的にフロンやハロンなどのオゾン層破壊物質を特定し、その生産、消費の全廃スケジュール、貿易取引の規制を取決めています。その後、オゾン層の破壊が予想以上に進んでいることが判明し、当初スケジュールの前倒しや規制物質の追加などが行われています。

日本では、ウィーン条約とモントリオール議定書を実施するための国内法「特定物質の規制等によるオゾン層の保護に関する法律」（略称：オゾン層保護法）が制定されています。

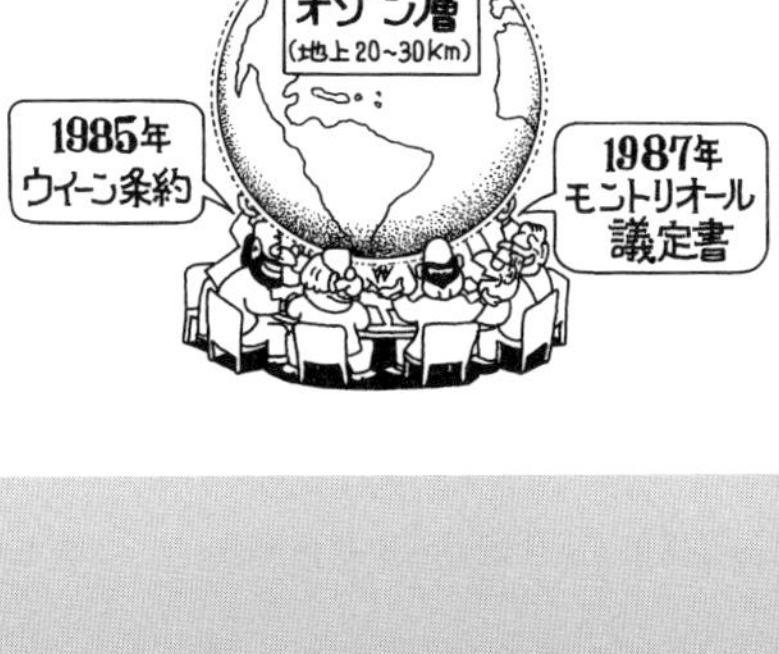

第6章

貨物海上保険と貿易保険

SECTION 58

危険はいつ発生するかわからない

貿易取引にかかわる保険

万一の危険（事故による損害）は保険をつけてカバーすることもできる

私たちの日常は、いろいろの危険（事故による被害・損害）にさらされています。どんな危険が、いつ、どこで起きるのかは、あらかじめ予想できないことが多く、危険は偶然に発生するものです。こういう危険を統計学的に調べて、発生する確率を計算できる場合、事故による被害・損害を避けたい人が、お互いにあらかじめ一定の掛け金（保険料）を出し合って、事故にあった人に積立金の中から一定の金額（保険金）を提供して、損害を補償する制度が保険といわれるものです。

貿易取引に関連して利用される保険は、次の三つに分けることができます。

●1 貨物海上保険

「遠い外国へ送る貨物が、運送の途中で偶然の危険（事故）に遭って滅失し損傷した場合、その危険が、あらかじめ保険者（保険会社）との保険契約で取決めた危険である場合、被保険者（危険が発生した場合、保険金を受取る人）は、貨物の滅失・損傷による損害を補うために、保険金を受取ることができる」制度が、貨物海上保険です。広い意味の貨物海上保険には、航空貨物の保険も含まれます。

●2 貿易保険

「［貿易の取引にともなって発生する危険］の発生により、損害を受けた被保険者が、その損害を補うために保険金を受取ることができる」制度が、貿易保険です。すなわち、売買代金の回収不能、投資資金の回収不能、貸付資金の回収不能などが貿易保険の保険事故です。運送中の貨物の危険（事故）をカバーする保険ではありません。

●3 PL保険（生産物賠償責任保険）

「製造物（製品）の欠陥により、消費者・使用者などが受ける身体的な、または財産的な損害」が発生した場合、メーカーあるいは輸入者などが、法律上の損害賠償責任（製造物責任）を果たすために負担する損害を補うために、保険金を受取ることができる」制度を、生産物賠償責任保険、略してPL保険と呼んでいます。

貿易取引にかかわる保険の種類

1．貨物海上保険

・運送中の貨物が、
①運送の途中で偶然の危険に遭って、滅失損傷した場合、
②偶然の危険が、保険契約で取決めた保険事故に該当する場合、

・被保険者（荷主）は、保険金を受取ることができる。

2．貿易保険

・取引上の危険が偶然に発生した場合、たとえば、

①輸出代金が回収できない場合、

②貸付金、投資資金などを返してもらえない場合、

③輸入前払金を支払ったにもかかわらず、
商品を受け取ることができない場合、または、
前払金を返してもらえない場合、

・被保険者（輸出者・輸入者）は、保険金を受取ることができる。

3．生産物賠償責任保険（PL保険）

・①製造物（製品）の欠陥が原因で、
他人の生命・身体に、または財産に損害を与えた場合に、
その製品を製造、供給、または販売した者が、
損害を受けた者に対して負わなければならない
法律上の損害賠償責任（製造物責任）をカバーするために、
付ける保険。

・②法律上の損害賠償をカバーする保険金を、保険契約の範囲内で、
受取ることができる。

・③損害賠償責任を負う者には、輸入者も含まれる。

4．希望利益保険

・貨物海上保険に含まれる保険。

・貿易取引の商品が無事に仕向地（目的地）に到着することによって、商品の買主が得られるであろうとされる利益（転売益）のことを希望利益（または期待利益）といい、希望利益についての保険を希望利益保険という。

・一般に希望利益の額はCIPまたはCIF価額の10%とされており、商品の仕向地到着価額に追加して付保する。

SECTION 59

被保険利益と損害のてん補

被保険利益はだれにあるか

保険事故が発生したとき、被保険者が必ずしも保険金の支払いを受けられるとは限らない。

●被保険利益

保険の目的（対象）である貨物が滅失・損傷を受けたために損害を受ける者と、その保険の目的との関係（利害関係）を被保険利益といいます。被保険利益を持つということは、運送中の貨物に保険事故が発生すると不利益を受けることで、保険事故が発生しなければ、取引が正常に行われ、利益を得ることができることでもあります。

保険会社と貨物保険の保険契約を結ぶ場合、被保険者（事故が発生した場合、保険金を受取る人）に被保険利益がなければ、その保険契約は無効です。また事故が発生して損害を受けても、被保険利益がなければ、保険金の支払いを受けることができません。被保険利益の存在は、保険事故が起きたとき、貨物と無関係の被保険者が利益を受けることを防ぐための前提条件なのです。

たとえば、貨物の所有者は、貨物に対して所有者であるという被保険利益を持っています。輸出者から所有権の移転を受ける輸入者にとっては、貨物を転売することによって得られる利益（希望利益）も被保険利益です。貨物の輸送を行う運送業者も被保険利益を持っています。運送中の貨物が滅失・損傷した場合、運賃を受取れないばかりでなく、損害賠償金を支払わなければならないかもしれないからです。同じことは、貨物の保管を引受けている倉庫業者、貨物の梱包をする梱包業者にもいえることです。

●損害のてん補

保険契約に取決めた事故が発生し、保険の目的である貨物に損害が発生すると、損害を補うために保険金が支払われます。支払われる保険金（補償金）は、損害を受けた人を、損害発生前の状態に回復させるものであり、これを損害のてん補といいます。損害のてん補は、一般的には、貨物を損害発生前の状態より良い状態にまで回復させるものではありません。

被保険利益がないと保険金をもらえない

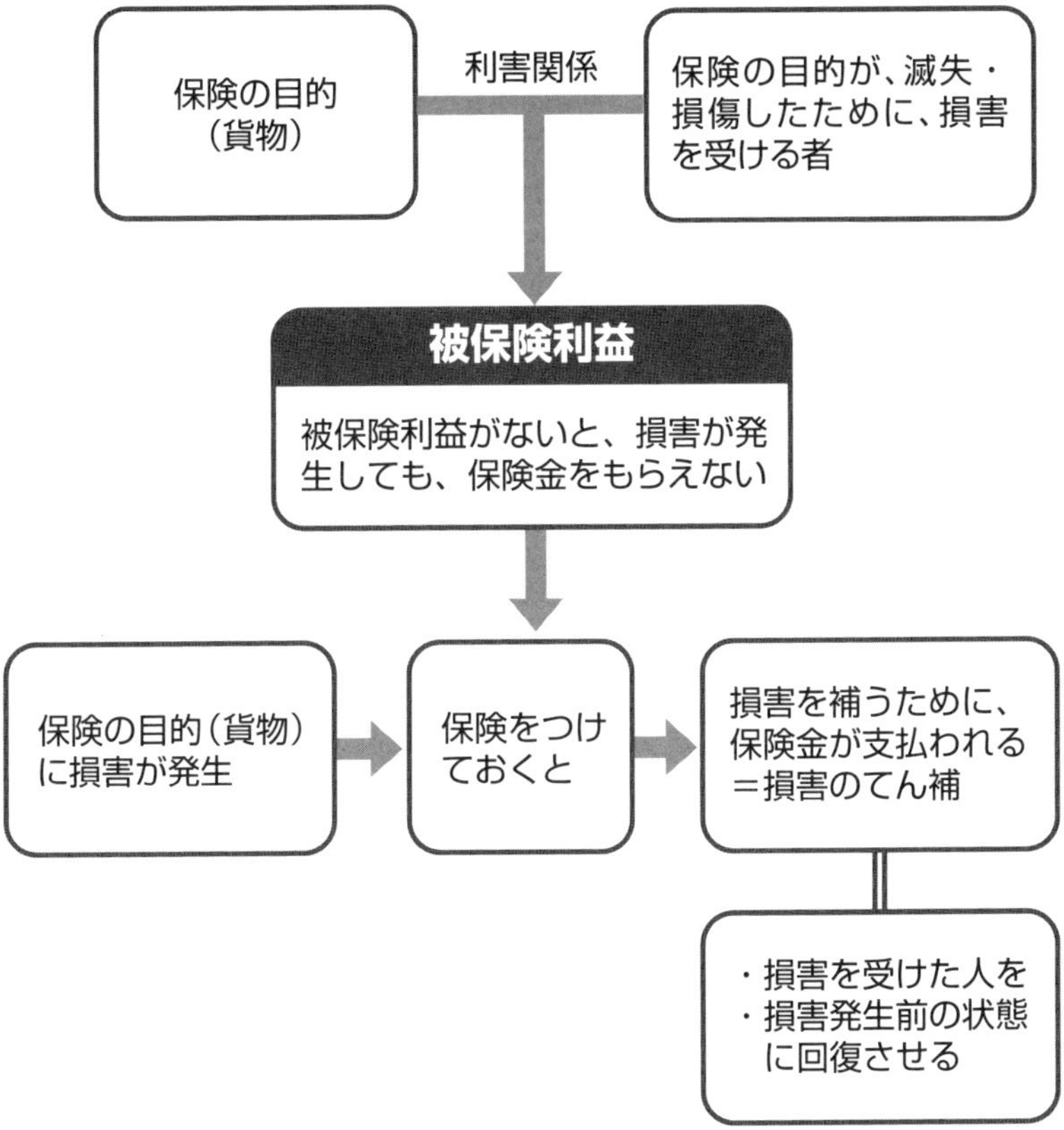

被保険利益の例

①貨物の所有者（輸出者）である
貨物が滅失・損傷すると、輸出販売の利益を得られなくなる

②貨物の所有者（輸入者）である
貨物が滅失・損傷すると、輸入した後の転売利益を得られなくなる

③運送業者である
貨物が滅失・損傷すると、運賃収入を得られず、状況により損害賠償を支払う必要がある

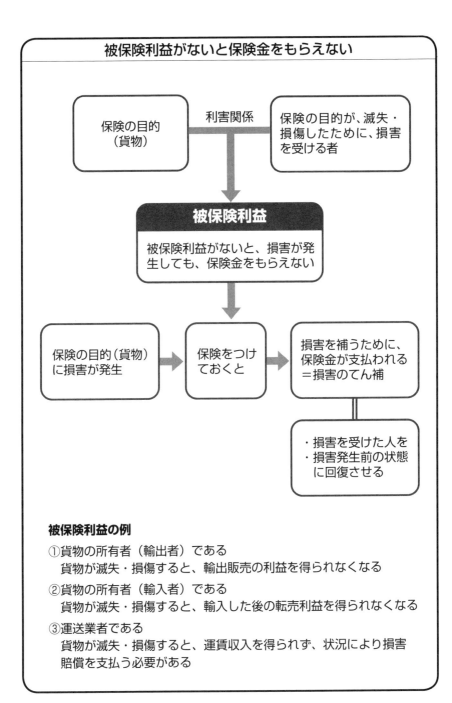

SECTION 60

被保険利益の金額＝保険価額

保険価額と保険金額

保険価額は被保険者が受ける損害の最高限度額のこと、保険金額が保険価額を上回ることはない。

被保険利益は、商法によって「金銭に見積もることができるものであること」とされており、金銭に見積もられた被保険利益の金額を保険価額といいます。すなわち被保険利益を「保険の目的である貨物が滅失・損傷することによって受ける損害」であるといい換えれば、事故発生によって保険金を受取る被保険者にとって、保険価額を超える損害は起こらないといえます。保険価額は、被保険者が受ける損害の最高限度額のことでもあります。

●法定保険価額

貿易取引の貨物の場合、保険価額は商法により「船積地および船積時における貨物の価額」に「船積の費用ならびに保険の費用」を加えたものと決められています。すなわちインコタームズのＣＩＦ金額のことです。

●協定保険価額

法律で貨物の原価を「船積地および船積時における貨物の価額」であると決めても、たとえば大量に取引される場合とごく少量の取引の場合では、同じ貨物であっても、売買の単価はかなり違ってくる可能性があります。そこで、保険契約を結ぶとき、当事者間で保険価額を協定できることになっており、これを協定保険価額と呼んでいます。実際には、輸出者または輸入者から通知される「インボイスなどに表示の売買価格としてのＣＩＦ価格」を協定保険価額として計算します。

●保険金額

保険金額は、貨物に事故が起きて損害を受けた場合に、保険金を「いくらもらいたい」といって保険をかける、その金額のことです。貨物保険の場合、保険金額は、保険価額が限度額です。すなわち保険金額は、1回の事故について、保険者である保険会社が被保険者に支払う損害てん補の最高限度額のことです。貿易取引における保険金額は、実際にはＣＩＦ金額に、輸入者が貨物を転売して得られる希望利益として慣習的にＣＩＦ金額の10％を加えた金額とすることが通常です。

保険価額と保険金額

1．保険価額

被保険利益

金銭に見積もることができるものであること

→

保険価額

金銭に見積もられた被保険利益の金額

↓

貨物が滅失·損傷して受ける損害は、最大で被保険利益の範囲内である

＝貨物が滅失·損傷して受ける損害は、保険価額の範囲内である

2．法定保険価額と協定保険価額

法定保険価額

船積地·船積時における貨物の価格（＝FOB価格）
＋船積の費用（運送費など）
＋保険の費用（保険料）
＝CIF価格

→

協定保険価額

輸出者·輸入者から、保険会社に通知される売買価格としてのCIF価格を協定保険価額とする

3．保険金額

保険金額

事故が起きて損害が発生したとき、被保険者が受取ることができる保険金（損害てん補の金額）の最高限度額

＝

保険金額

＝保険価額が、最高限度額である

↓

貿易取引で、実際に付保する保険金額

＝CIF金額＋希望利益（CIFの10%）

SECTION 61

貨物の詳細を明示できなくても保険はかけられる

確定保険と予定保険

船積前に予定保険契約を結び、船積完了後、貨物の詳細な船積情報をもとに確定保険に切り替える。

貿易取引の貨物に保険をかける場合、一つ一つの取引契約について、または1回1回の船積貨物について取決める保険契約を個別保険契約といい、貨物を包括的に定めて結ぶ保険契約を包括保険契約といいます。

また、貨物の明細、数量、保険価額（CIF金額）、保険金額、積載船名など保険契約の内容が一部未確定である場合、判明している限りの内容で取決める保険契約を予定保険契約といい、これらの事項が確定している保険契約を確定保険契約といいます。

●個別確定保険

貿易取引の代金決済は、船積ごとに作成される荷為替手形で行われることが多く、確定保険契約は、船積ごとに個別保険契約として結ばれることが一般的です。保険の申込みを引受ける保険者（保険会社）は、海上保険料の見積もりを提出して保険の引受けを行います。

●予定保険契約

輸入者が保険をかけることになるFOB取引などの場合、輸入者は輸出者から船積案内を受取るまでは、特定の船に積込まれた貨物の詳細を知ることができません。輸出者の船積案内は、船積完了後に発信されるので、貨物が海上運送を始めた後で受取ることが少なくありません。特に近隣諸国から送られてくる貨物の場合、輸入港に入港する直前に詳細が判明することにもなりかねません。

保険の申込みは、貨物の運送（危険）が始まる前に行う必要があります。貨物に事故が発生した後で保険をかけても、保険金をもらうことはできません。このような場合に、予定保険を利用することができます。

予定保険契約は、①貨物の船積ごとに、または分割して船積する売買契約ごとに、個別の予定保険契約を結ぶことができます。

②あるいは、長期にわたり継続して船積される貨物の場合、包括して予定保険契約を結ぶこともできます。いず

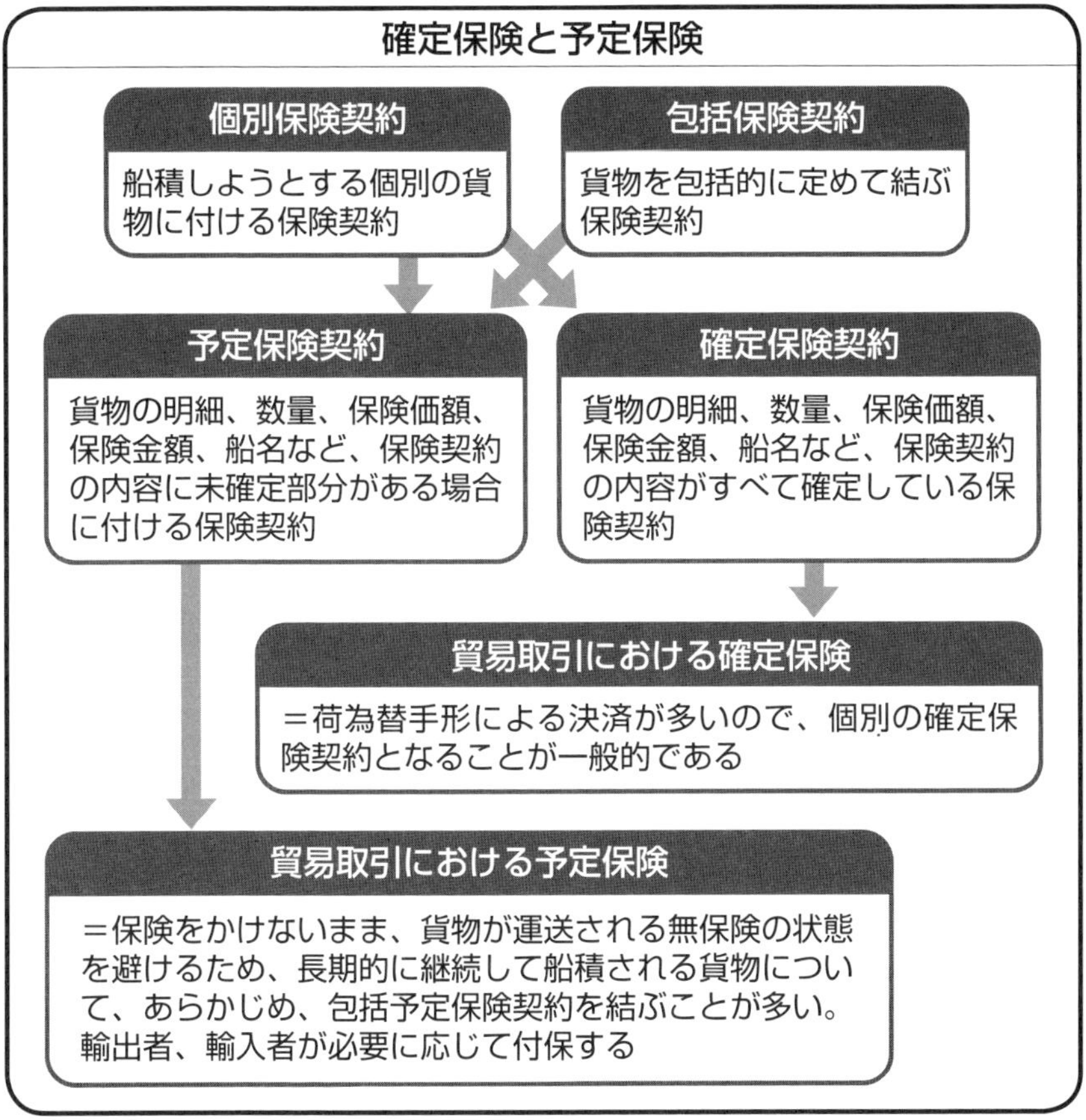
確定保険と予定保険
個別保険契約
船積しようとする個別の貨物に付ける保険契約
包括保険契約
貨物を包括的に定めて結ぶ保険契約
予定保険契約
貨物の明細、数量、保険価額、保険金額、船名など、保険契約の内容に未確定部分がある場合に付ける保険契約
確定保険契約
貨物の明細、数量、保険価額、保険金額、船名など、保険契約の内容がすべて確定している保険契約
貿易取引における確定保険
＝荷為替手形による決済が多いので、個別の確定保険契約となることが一般的である
貿易取引における予定保険
＝保険をかけないまま、貨物が運送される無保険の状態を避けるため、長期的に継続して船積される貨物について、あらかじめ、包括予定保険契約を結ぶことが多い。輸出者、輸入者が必要に応じて付保する

れも船積完了後、貨物の詳細な船積情報をもとに確定保険に切り替えます。

包括予定保険契約では、ⓐ被保険者は、自分が取扱う将来（保険契約期間内）の取引貨物のすべて、または特定の貨物すべてについて、特定の保険会社と予定保険契約を締結し、ⓑ保険者（保険会社）は、その貨物すべての予定保険を引受けることとし、確定保険への切り替えが事故発生後であっても、予定保険の保険条件にしたがって保険金を支払うことを約束するものです。

保険事故が発生した場合、保険の付け忘れ、付け遅れがあっても、保険契約者に故意、過失がなければ、保険金が支払われることになります。また、保険の付け忘れ、付けもれがあった場合で、貨物が目的地に無事到着した場合にも、保険契約者は保険料を支払う必要があります。

SECTION 62

保険期間

海上保険の保険期間は場所で表す

保険期間の始まり（始期）と終わり（終期）は、必要に合わせて決めることができる。

貨物に事故が発生した場合、保険者（保険会社）が保険契約にもとづいて、保険金を支払う責任を負う期間のことを保険期間といいます。

●保険期間は場所で表す

海上保険の保険期間には、①船の航海を単位として決める方法（航海保険契約）と②時間的な期間を単位として決める方法（期間保険契約）があります。貿易貨物に利用される貨物海上保険は、航海保険として契約することが一般的です。たとえばニューヨーク向けの貨物について「横浜からニューヨークまで」の保険をかけます。

●保険期間の始まりと終わり

保険期間の始まり（始期）と終わり（終期）は、必要に合わせて決めることができます。どこから、どこまでと誤解のないように明確に表示して申し込むことが必要です。なお、原則的な保険の期間は次の通りです。

①倉庫間約款　現在の貨物海上保険では、保険期間は、原則として倉庫間約款と呼ばれる保険期間が適用されます。すなわち、ⓐ運送開始のため、かつ直ちに輸送車両（トラックなど）に積込む目的で、貨物が輸出地の倉庫で初めて動かされたときから、通常の輸送過程を経て、ⓑ輸入地の最終倉庫で、貨物が輸送車両（トラックなど）から荷卸しが完了したときまでです。

なお、倉庫間約款が適用されるのは、始めから終わりまでひとつの保険契約でカバーするＣＩＦ、ＣＩＰ取引の場合です。その他の取引条件の場合、保険期間は売主・買主の危険負担の移転時期に合わせてさまざまに変わります。

②ウォーターボーン・アグリーメント

倉庫間約款が適用されるのは、海上危険とストライキ危険に対する保険です。戦争危険に対する保険の期間は、原則として貨物が海上にある間に限られます。航空貨物に適用される戦争危険の保険期間は、エアボーン・アグリーメントと呼ばれ、貨物が航空機上にある間に限られます。

貨物保険の保険期間

(1) 保険期間は場所で表す
たとえば「横浜～ニューヨーク」となる

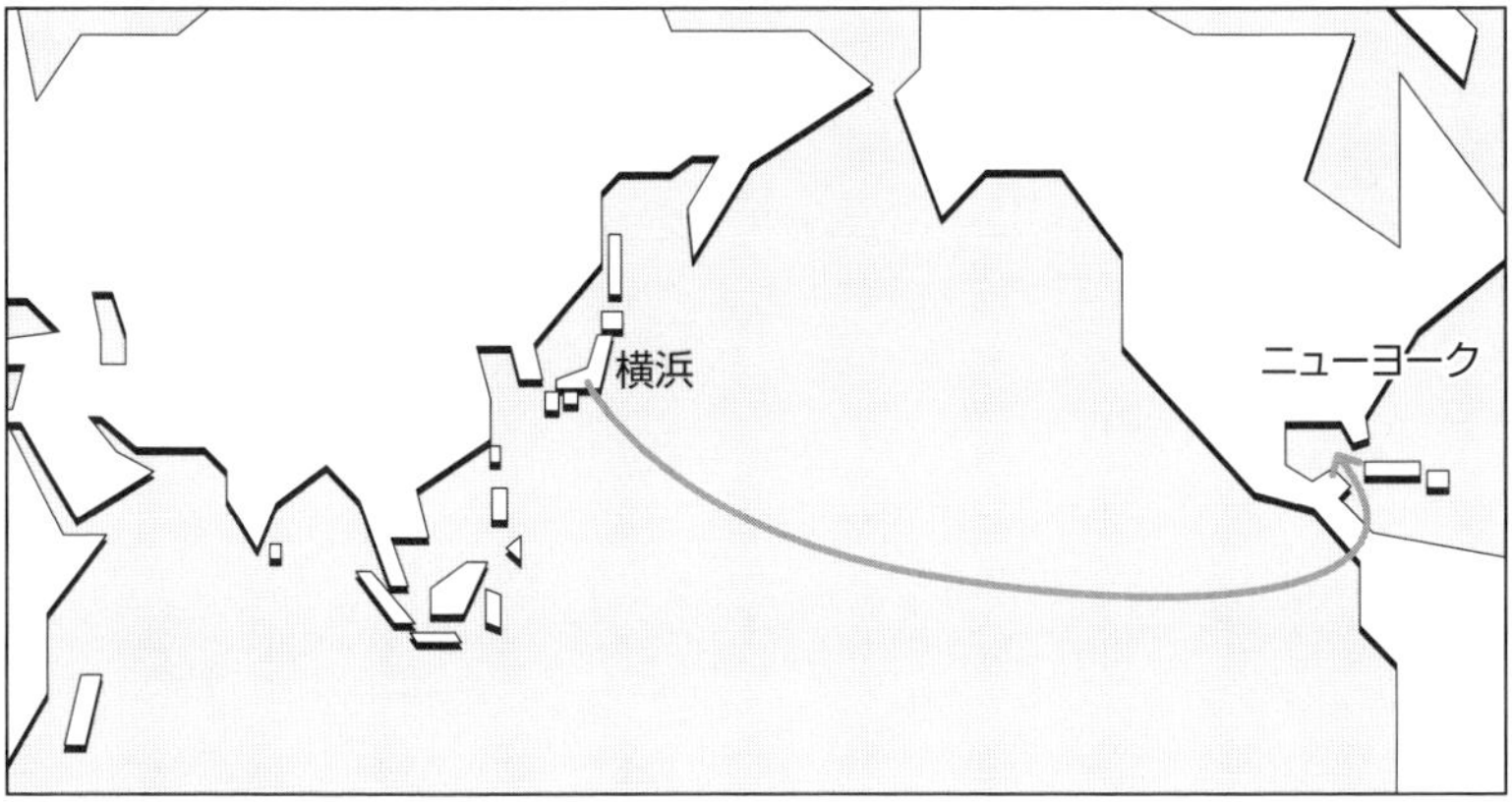

(2) 保険期間の始まりと終り

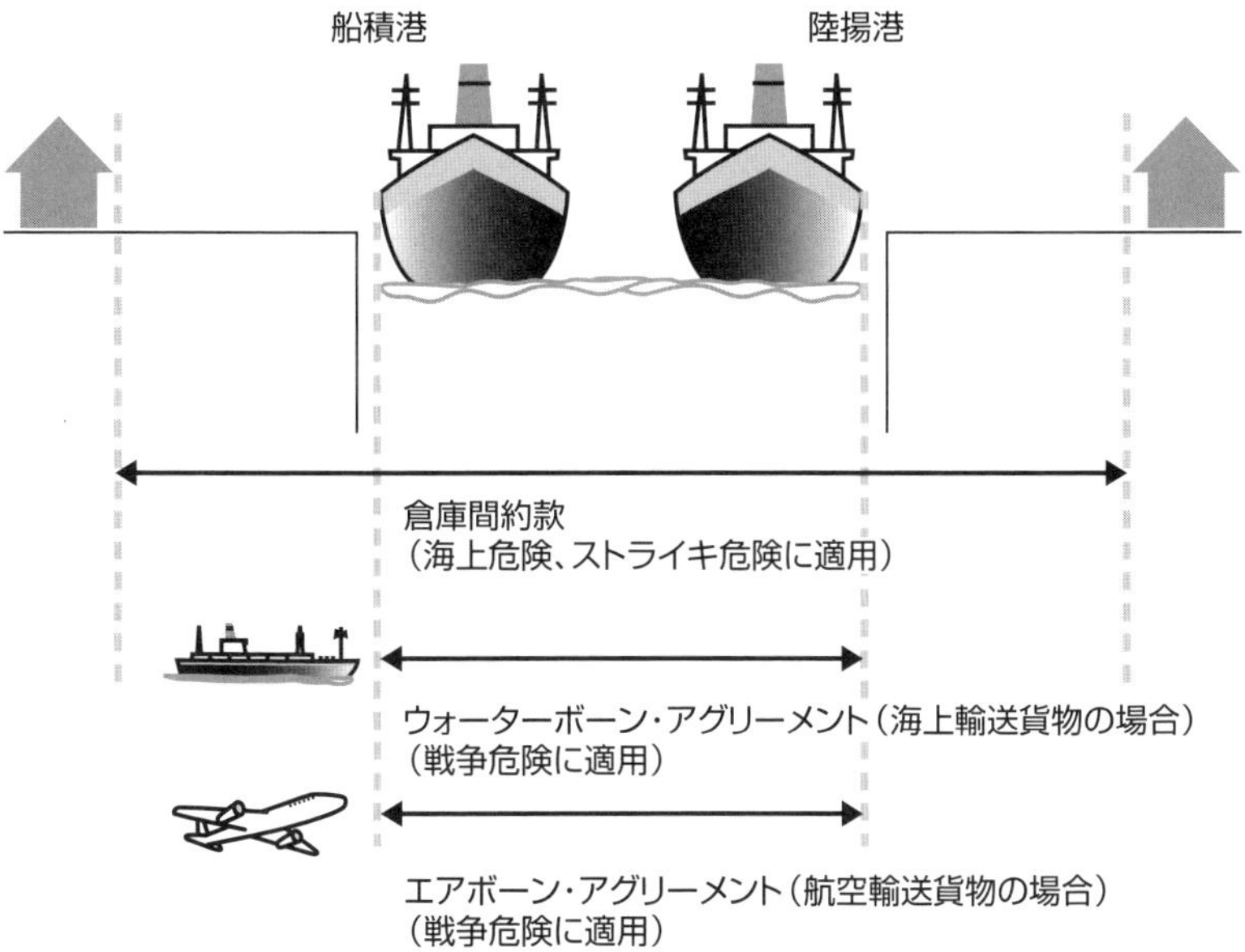

SECTION 63

貨物の運送保険はだれがかける?

CIFの保険・FOBの保険

売買契約によるが、一般的には、取引のインコタームズによって決まる。

貿易取引の貨物に付ける運送保険を、だれが付けるかは売買契約によって決まります。一般的には、取引のインコタームズによって決まります。

●倉庫間約款

①CIF条件の取引では、売り手（輸出者）が海上保険を付けます。この場合、輸出者が付ける保険は「運送開始のため、直ちに輸送車両（トラックなど）に積込む目的で、貨物が輸出地の倉庫で初めて動かされた時から、輸入地の最終倉庫で貨物を輸送車両から荷卸し完了した時まで」付保することが通常であり、原則通りの倉庫間約款が適用されます。

●CIF取引の海上保険

②CIF取引の場合、売り手（輸出者）が付ける海上保険は、買い手（輸入者）のために付けます。別段の合意がなければ、売り手はICC（C）条件の保険を付保します。CIP取引の場合、ICC（A）条件の保険手配が必要です。

③CIF取引の場合、保険金額は買い手の希望利益10％を加えてCIF金額の110％とすることが通常です。

●FOB取引の海上保険

①輸出FOB保険　FOB条件で取引する場合、危険負担に対する売り手の責任範囲は、貨物が船積港で船積みされるまでであり、この責任をカバーするため、売り手が付ける保険を輸出FOB保険と呼んでいます。これは内航貨物海上保険の一種です。

②FOB Attachment Clause　FOB条件で取引する場合、船積港において貨物が本船船上に置かれた後、運送中の貨物に発生する滅失・損傷の危険は、買い手（輸入者）の負担です。このため買い手は船積後の貨物に保険を付けて、損害をカバーします。この場合、保険会社は「買い手の責任が始まるとき、つまり貨物が本船船上に置かれたとき」以降の保険を引受ける旨のFOB Attachment Clauseを適用します。買い手の責任区間と保険会社の責任を合致させるためです。

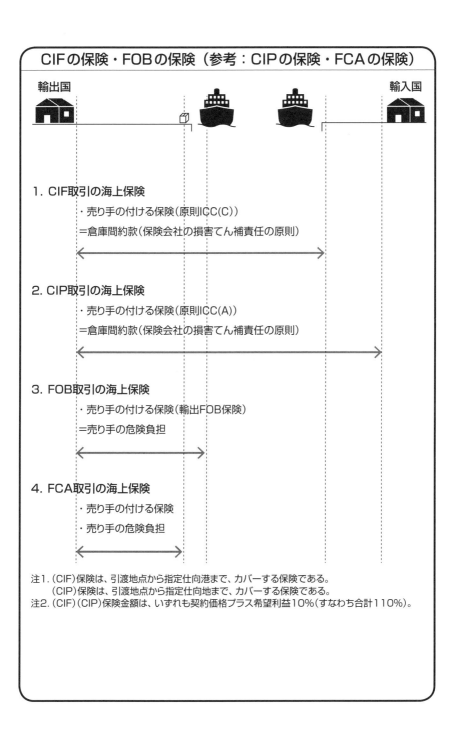

CIFの保険・FOBの保険（参考：CIPの保険・FCAの保険）

1. CIF取引の海上保険

・売り手の付ける保険（原則ICC(C)）

＝倉庫間約款（保険会社の損害てん補責任の原則）

2. CIP取引の海上保険

・売り手の付ける保険（原則ICC(A)）

＝倉庫間約款（保険会社の損害てん補責任の原則）

3. FOB取引の海上保険

・売り手の付ける保険（輸出FOB保険）

＝売り手の危険負担

4. FCA取引の海上保険

・売り手の付ける保険

・売り手の危険負担

注1. (CIF)保険は、引渡地点から指定仕向港まで、カバーする保険である。
(CIP)保険は、引渡地点から指定仕向地まで、カバーする保険である。
注2. (CIF)(CIP)保険金額は、いずれも契約価格プラス希望利益10%(すなわち合計110%)。

SECTION 64

英文貨物海上保険証券

日本で使用されているのは2種類

S．G．フォーム保険証券とMARフォーム保険証券

貿易取引に利用される貨物海上保険では、保険契約が成立すると、契約の証拠書類として、保険証券が発行されます。国際的に利用されるものなので、英文の保険証券です。

貿易取引をCIPあるいはCIF条件で取決めた場合、保険証券は、船積書類の一つとして、輸出者が輸入者へ提供しなければならない書類であり、また運送中の貨物に危険（事故）が発生した場合、保険金請求書類の一つとして、保険会社へ提出しなければならない書類でもあります。

日本の保険会社が発行する英文貨物海上保険証券には、2種類ありますが、2009年以降、MARフォーム保険証券が標準的な保険証券として利用されています。それまではS．G．フォーム保険証券が一般的な保険証券として使用されてきました。

●S．G．フォーム保険証券

英国のロイズ（個人保険者の団体）が1779年の会員総会で採択した保険証券のフォームです。その後、いくどとなく修正して、時代の要求に適合させており、結果として複雑で理解しにくい内容になっています。しかし、その内容は英国の海上保険法にも取入れられており、2009年まで日本の保険会社の標準的な保険証券フォームとして利用されてきました。

●MARフォーム保険証券

S．G．フォーム保険証券に代わる新しい保険証券として1982年ロイズとロンドン保険業者協会（保険会社の団体）が合同で作成した保険証券です。その後、2009年に保険条件を一部改定しています。

S．G．フォーム保険証券もMARフォーム保険証券も、保険証券に記載の保険条件（担保危険とてん補の範囲）は、ロンドン保険業者協会作成の協会貨物約款を利用しています。S．G．フォーム保険証券には1963年版の協会貨物約款を、2009年改定のMARフォーム保険証券には2009年版の協会貨物約款を取込んでいます。

担保危険とてん補の範囲の例（S.G.フォーム保険証券）

（MARフォーム保険証券については153ページ参照）

損害の種類	てん補の範囲	FPA	WA	AR
共同海損	・共同海損犠牲損害・共同海損費用 ・共同海損分担額	○	○	○
全損	・現実全損 ・推定全損	○ ○	○ ○	○ ○
特定分損	・座礁、沈没、大火災、 ・爆発、衝突、火災 ・避難港における荷卸に起因する損害 ・積込み、積替え、荷卸中の梱包1個ごとの全損	○ ○ ○ ○	○ ○ ○ ○	○ ○ ○ ○
費用損害	・損害防止費用 ・特別費用（避難港などにおける陸揚げ、保管、継送などの費用）	○ ○	○ ○	○ ○
特定分損以外の分損	・荒天による潮ぬれ	×	○	○
付加危険	・雨ぬれ、淡水ぬれ ・汗ぬれ、むれ ・腐敗 ・さび、酸化 ・破損、まがり、へこみ ・盗難など	× × × × × ×	× × × × × ×	○ ○ ○ ○ ○ ○
戦争危険		×	×	×
ストライキ危険SRCC		×	×	×

（注1）S.G.フォーム保険証券の基本的な保険条件：
①分損不担保（FPA）：原則として分損を担保しない（海難事故を想定）。
②分損担保（WA）：原則として分損を担保する（海上運送中の荒天を想定）。
③オールリスク（AR）：原則、すべてのマリンリスクを担保する。

（注2）オールリスクの免責事由：戦争危険・ストライキ危険のほか、遅延、貨物固有の欠陥・性質など。

（注3）ストライキ危険：Strikes Riots Civil Commotions Clause.＝SRCC.

（注4）協会貨物約款＝Institute Cargo Clause＝ICC.

SECTION 65

英法準拠約款と契約締結地主義

保険金の精算は英国の法律と慣習にもとづく

保険金の請求以外は、契約地の法律と慣習に従うことになっている。

●イギリスの法律・慣習にもとづく

日本で発行される英文貨物海上保険証券には、英法準拠約款といわれる契約の条項が記載されています。たとえば、S.G.フォーム保険証券には、次のように記載されています。

「本保険は、一切のてん補請求に対する責任およびその決済に関しては、イギリスの法律および慣習に準拠することを了解し、かつ約束する」

MARフォーム保険証券には次のように記載されています。

「この保険証券に含まれ、または添付された反対の規定にかかわらず、この保険は、一切のてん補請求に対する責任およびその決済に関してのみ、イギリスの法律および慣習に準拠することを了解し、かつ約束する」

すなわち、運送中の貨物が保険事故のために滅失・損傷した場合、保険金の請求を受けた保険会社にてん補責任があるのか、あるとすれば保険金をどのように計算し精算するのかについては、イギリスの法律と慣習にもとづいて処理することになっているのです。

どこの国の法律・慣習も同じであるとは限りません。ある国で精算すると保険金が多くなり、よその国で精算すると保険金が少なくなれば、なぜ、あの保険会社で保険を付けたのかなど、貿易取引の当事者間でトラブルが起きるのは目に見えています。貨物保険の保険金請求については、貿易取引と海上運送に長い歴史を持ち、世界的に海上保険の中心であるイギリスの法律・慣習によることになっています。

日本で発行されている貨物海上保険証券は、英国で使用されている保険証券の内容をそのまま利用していますが、英国の法律・慣習にもとづく処理は、保険金の請求に関するもののみであることを明らかにしている規定でもあります。なお、保険の申込み・契約など、保険金の請求に関するもの以外は、契約地である日本の法律および慣習によることになっています。これを契約締結地主義と呼んでいます。

保険金の精算は英国法に準拠する

保険証券に記載の英法準拠約款

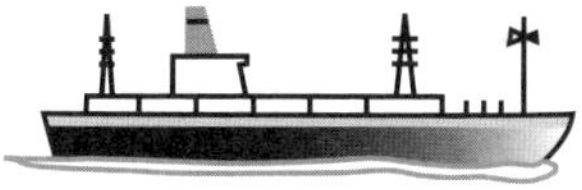

貨物運送中に事故が発生

↓

損害を受けた荷主は保険金を請求

↓

A国の保険会社	B国の保険会社	C国の保険会社
100万円を支払う	50万円を支払う	支払いなし

↓

なぜC国の保険会社に保険を付けたのかトラブルの発生が避けられない

↓

最もわかりやすいトラブル解決法

世界的に貿易と海運に長い歴史を持ち、海上保険の中心地である英国の法律・慣習に従って精算すること

SECTION 66

海上で事故により損害を受けた場合

海上損害

全損と分損があり、全損は被保険利益の全部がなくなること、分損はその一部がなくなること。

海上損害とは、海上において偶然の危険（事故）により発生した損害をいい、その損害を補うことをてん補といいます。また、保険者（保険会社）が、保険契約により、てん補責任を負う危険（事故）を担保危険といいます。

●全損と分損

海上損害は、全損と分損に分けることができます。全損は、被保険利益の全部がなくなることであり、分損は、その一部がなくなることです。また、全損は、現実全損と推定全損に分けることができます。

①現実全損は、絶対全損ともいわれ、保険を付けた貨物が、現実にその経済的な価値を失ってしまうことをいいます。貨物が、火災により全焼する、あるいは海底深く沈没して引上げることが不可能な場合などです。

②推定全損は、解釈全損ともいわれ、現実全損が確実であると見られるにもかかわらず、その証明ができない場合の全損をいいます。貨物を修理することができても、修理費用が高くつく場合、推定全損として保険金を支払うこともあります。

分損は、共同海損と単独海損に分けることができます。

①共同海損は、貨物と貨物を載せた船舶が共同の危険にさらされた場合、その危険を免れるために犠牲となった貨物の損害や費用を、幸いにも犠牲とならなかった貨物や船舶の利害関係者が分担する制度です。座礁した船舶の積荷の一部を投荷して船体を軽くし、満潮時に離礁して貨物と船舶の沈没を避ける場合などが、共同海損に該当します。

②単独海損は、共同海損にならない分損のことをいいます。貨物に損害を受けた者が、単独でその損害を負担することになる損害のことです。

③運送中の貨物に事故が発生した場合、貨物の損害を防止したり、損害を小さくするために必要とされる損害防止費用や特別費用は、分損に含まれます。

海上損害の分類

- 海上損害
  - 全損
    - **現実全損**
      保険を付けた貨物の経済的価値が、現実になくなってしまうこと。たとえば、船が沈没したため、貨物を引上げることができない場合の損害
    - **推定全損**
      現実全損が確実であると見られるにもかかわらず、その証明ができない場合の損害。あるいは、損傷した貨物を修理して目的地へ送っても、修理費用や運送費用が高くついて、費用倒れになる場合の損害
  - 分損
    - **共同海損**
      船舶と貨物が共同の危険にさらされた場合、その犠牲となった貨物の損害を、犠牲にならなかった貨物と船舶の利害関係者が分担する制度。たとえば、沈没を免れた船舶と貨物の所有者が投荷された貨物の損害を分担すること
    - **単独海損**
      共同海損に該当しない分損、すなわち、運送中の貨物に起きた損害を、その所有者が単独で負担する場合の損害
    - **損害防止費用・特別費用**
      貨物に事故が発生した場合、貨物の損害を防止したり、小さくするために支払う費用など

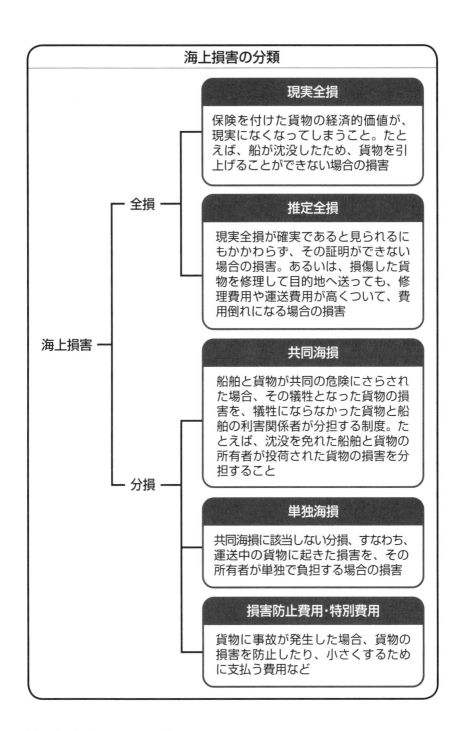

MARフォーム保険証券のてん補範囲

担保危険とてん補の範囲——MARフォーム保険証券の場合

協会貨物約款（A）、（B）、（C）の3条件が用意されている。

英国はじめ多くの国で、2009年改定のMARフォーム保険証券が使用されています。日本の保険会社も、標準的な保険証券として使用しています。この保険証券に含まれる2009年版の協会貨物約款は、1982年版に比べて、保険期間（保険の始期・終期）、梱包の不完全、テロ行為などの、ことばの定義がわかりやすく、かつ明確になり、全体的に被保険者に有利な内容になっています。MARフォーム保険証券には、英国海上保険法などの重要な規定が、あらかじめ取込まれており、保険証券に含まれるそれぞれの協会貨物約款を読めば、内容を理解しやすい組み立てになっています。

MARフォーム保険証券には、いろいろな希望に合わせて、基本的な保険条件として次の三つの協会貨物約款があり、そのほか必要に応じて、追加して付保できる各種の付加危険（S.G.フォーム保険証券と同じ）があります。

●協会貨物約款（A）＝ICC（A）

原則、貨物の滅失・損傷の危険すべてを担保する保険条件です。ただし、故意の違法行為による損害、貨物の重量・容積の自然消耗などは、てん補されません。戦争危険やストライキ危険による損害もてん補されません。S.G.フォーム保険証券のオールリスク条件（AR）に類似の保険条件です。

●協会貨物約款（B）＝ICC（B）

火災または爆発、船舶の座礁・乗揚げ・沈没、衝突、地震・噴火・雷など、てん補の対象として具体的に約款に列挙されている危険の場合のみ、貨物の損害をてん補する保険条件です。S.G.フォーム保険証券の分損担保条件（WA）に類似の条件です。

●協会貨物約款（C）＝ICC（C）

3種類の保険条件の中では、てん補の範囲の最も小さい保険条件です。S.G.フォーム保険証券の分損不担保条件（FPA）に類似の保険条件です。てん補の対象として具体的に約款に列挙されている危険の場合のみ、貨物の損害をてん補する保険条件です。

担保危険とてん補の範囲の例（MARフォーム保険証券）

（S.G.フォーム保険証券については147ページ参照）

担保危険	ICC(A)	ICC(B)	ICC(C)
・火災または爆発	○	○	○
・船舶・はしけの座礁・乗揚げ・沈没・転覆	○	○	○
・陸上輸送用具の転覆・脱線	○	○	○
・船舶・はしけ・輸送用具の他物との衝突・接触	○	○	○
・避難港における貨物の荷卸し	○	○	○
・地震・噴火・雷	○	○	×
・共同海損犠牲損害	○	○	○
・投荷	○	○	○
・波ざらい	○	○	×
・海水・湖水・河川の水の船舶・はしけ・船倉・輸送用具・コンテナ・リフトバンまたは保管場所への侵入	○	○	×
・船舶・はしけへの積込み、それからの荷卸し中の水没、または落下貨物の梱包1個ごとの全損	○	○	×
・上記以外の危険	○	×	×
・戦争危険	×	×	×
・ストライキ危険	×	×	×

○：担保する　×：担保しない

免責事由	ICC(A)	ICC(B)	ICC(C)
・被保険者による故意の違法行為	○	○	○
・通常の漏損、重量・容積の通常の減少、自然の消耗	○	○	○
・梱包・準備の不十分（危険開始前または被保険者によるコンテナ・リフトバンへの積込みを含む）	○	○	○
・貨物固有の欠陥・性質	○	○	○
・遅延	○	○	○
・船主・管理者・用船者・運航者の支払不能・経済的困窮	○	○	○
・悪意ある行為による貨物の意図的な損傷・破壊	◆	○	○
・原子核兵器の使用による損害	○	○	○
・船舶・はしけの不堪航、船舶・はしけ・輸送用具・コンテナ・リフトバンの不適合	○	○	○

○：免責事由である　◆：免責事由でない

SECTION 68

航空機事故に備える

航空貨物の保険

航空機の事故は極めて少なく、航空貨物保険の料率も低くなっている。

貿易取引の貨物が、航空機を利用して運送される場合も、海上運送と同じように保険を付けて、運送中の危険（事故）に対する備えをしておく必要があります。

●航空貨物保険

航空機を利用する運送は、船を利用する運送にくらべて、歴史が浅く、また、これまで運送貨物の量が少なかったために、海上運送に使用される保険の条件が、一部読み替えられて、そのまま使用されてきました。たとえば船の沈没、座礁は、航空機の墜落、不時着と読み替えるなどです。

しかし、大型ジェット機が開発され、航空運送の貨物量が急激に増えてきたために、航空貨物用の保険約款が制定され利用されています。

①MARフォーム保険証券の場合、ロンドン国際保険引受協会（旧称：ロンドン保険業者協会）が制定した「協会貨物約款（航空）（郵便物を除く）(1/1/09)」が標準約款として取り込まれています。この協会貨物約款（航空）は、２００９年版の協会貨物約款ＩＣＣ（Ａ）のオールリスク条件をベースに若干の修正を加えたもので、担保危険とてん補の範囲は、ＩＣＣ（Ａ）と同じ内容になっています。

②Ｓ.Ｇ.フォーム保険証券の場合、「協会航空貨物約款（オールリスク担保）（郵便物を除く）(15/6/65)」が適用されますが、内容はＳ.Ｇ.フォーム保険証券のオールリスク担保の条件と同じです。

●航空貨物の事故

安全に対する、いろいろな努力が積み重ねられた結果、航空機の事故は極めて少なくなっています。また航空貨物は短い時間で運送され、途中で貨物が破損したり、盗難・抜き荷などの事故に遭うことも少ないので、航空運送の貨物の保険料率は、貨物海上保険の他の保険料率に比べて低くなっています。なお、航空貨物の事故は、飛行中よりも、その前後（陸上作業中）に発生するものが多いようです。

航空貨物の保険（MARフォーム保険証券）

1．協会貨物約款（航空貨物）ICC（AIR）

担保危険とてん補の範囲	ICC（AIR）
・貨物の滅失・損傷の一切の危険（下記の免責事由を除く）	○

免責事由の例	ICC（AIR）
・被保険者の故意の違法行為	×
・通常の漏損、重量・容積の通常の減少、自然の消耗	×
・梱包・準備の不十分不適切（保険期間開始前の積込みまたは被保険者による梱包・コンテナへの積込みを含む）	×
・貨物固有の瑕疵《かし》・性質	×
・航空機・輸送用具・コンテナが貨物の安全な輸送に不適切（保険期間開始前の積込みまたはこれら輸送用具が不適切であることを承知の被保険者による積込みの場合）	×
・遅延	×
・航空機所有者・管理者・チャーターする者・運航者の支払い不能・金銭債務不履行（あらかじめ輸送不能となる状況を承知の場合）	×
・原子核分裂・融合または放射能を利用した兵器・装置の使用	×
・戦争・内乱・国内闘争など	×
・ストライキ・労働争議など	×
・一切のテロ行為	×
・政治的・思想的・宗教的動機からの活動者によるものなど	×

2．航空貨物の保険

・航空貨物の運送中における事故は、海上運送の事故と比べると、きわめて少ない。
・航空貨物の事故は、航空機飛行中に発生することは、ほとんどない。
・事故は、貨物が売主の工場倉庫から出発地空港まで、到着地空港から買主の工場倉庫までの陸上運送中に起きるとみられる。
・航空貨物は、コンテナ化されていないことが多く、積替え・積込待ち、屋外（空港）での荷扱いの間に、盗難、抜き荷、水濡れなどが発生するとみられる。

SECTION 69

売買代金や投資資金の回収を付保

貿易保険

戦争や輸入制限、海外取引先の倒産などを保険事故としているため、政府が再保険を引受けている。

貿易保険は、貨物の売買取引や海外投資にともなって発生する取引上の危険、すなわち売買代金の回収や投資資金の回収にともなう危険をカバーする保険のことです。

貿易保険は、戦争や輸入制限、海外取引先の倒産などを保険事故としているため、同時に大きな金額の保険金を支払うことも多く、無限の担保力が必要とされます。このため日本では、株式会社日本貿易保険が引き受けており、政府（経済産業省）が再保険を引き受けて、日本貿易保険の信用力を補完しています。

日本貿易保険がカバーする取引上の危険は、次の二つです。

①非常危険、すなわち海外取引にともなって発生する「当事者の責めに帰しえない不可抗力的な危険」。たとえば、取引相手国における輸入の制限・禁止、海外送金の制限・禁止、戦争・革命や天災地変など。

②信用危険、すなわち海外取引にともなって生じる「相手方の責めに帰しうる危険」。たとえば、取引相手企業の倒産など。

●海外商社の与信管理

日本貿易保険では、日本企業の海外取引先（海外商社と呼んでいます）の信用状態を調査し、信用状態に応じた格付けと保険引受けの与信管理を行っています。貿易保険を利用する場合、海外取引先が海外商社名簿に登録され、一定の信用格付けに該当している必要があります。取引先が未登録の場合、利用者（輸出者・輸入者）が登録する必要があります。

●民間損保の貿易保険

2005年民間の損害保険会社が貿易保険の取扱いを始めました。外国の保険会社と提携した信用危険に対応する取引信用保険が多く、包括保険（企業の全体または一部門全体を対象とする保険）が中心です。非常危険は、損害額を予測できないものが多く、日本貿易保険と民間保険会社の共同保険制度などが検討されています。

貿易保険の種類

貿易取引にかかわる保険

貿易保険

取引上の危険により、輸出代金の回収ができなかったり、前払いしたにもかかわらず、貨物も輸入できず、前払金の回収もできない場合の損害をてん補する保険

貨物海上保険（航空貨物保険を含む）

運送中の危険により、貨物が滅失・損傷し、損害を受けた場合、その損害をてん補する保険

非常危険

取引当事者の責めに帰しえない危険

たとえば、取引相手国の輸入制限・禁止、海外送金の制限・禁止、戦争・革命、天災地変など

信用危険

取引相手方の責めに帰しうる危険

たとえば、取引相手企業の倒産など

貿易保険の種類

①貿易一般保険
②貿易代金貸付保険
③限度額設定型貿易保険
④中小企業輸出代金保険
⑤輸出手形保険
⑥輸出保証保険
⑦前払輸入保険
⑧海外投資保険
⑨海外事業資金貸付保険
⑩知的財産権等ライセンス保険
⑪資源エネルギー総合保険

SECTION 70

生産物賠償責任保険（ＰＬ保険）

日本では工業製品や加工食品が対象だが、農産物や水産物など自然産物まで対象に含める国も多い。

日本で販売される「製造または加工された動産」（国産または輸入の製造物）を対象に製造物責任法が施行されており、この法律にもとづく損害賠償責任を負担して生じる損害などをてん補する保険を、生産物賠償責任保険またはＰＬ保険といいます。欧米先進国を中心として、外国でも類似の法律が制定されており、輸出製品の製造物責任に対して、輸出者は、保険を付けて損害をカバーすることができます。

●製造物責任（Product Liability）

製造物責任とは、製造物（製品）の欠陥により、消費者・使用者などが、生命・身体または財産などに損害を受けた場合、その被害者である消費者・使用者に対して、製造業者・輸入者などが負う責任のことです。

製造業者・輸入者などは、なんの過失がなくても、製品の欠陥により消費者などに損害を与えた場合、損害を賠償しなければなりません。

欠陥のある製品とは、安全でない製品のことですが、同じ製品でも、世の中の考え方の変化や技術の進歩とともに、安全性の基準が変わる可能性があります。安全性を確保するには、製品の取扱説明書もわかりやすくする必要があります。輸入製品の場合、外国語の取扱説明書をそのまま日本語訳したために、日本人向けとして説明が不十分であれば、それも製品の欠陥です。

●輸出製品のＰＬ保険

外国の製造物責任法は、基本の考え方は日本と同じであっても、国によって、内容が同じであるとは限りません。日本では、法律の対象は工業製品や加工食品などの製造物ですが、外国では、多くの国で農産物、水産物などの自然産物も含まれています。アメリカの場合、製造物責任法は連邦法でなく、各州の州法です。州によって、責任の要件、損害の範囲、時効などが異なっています。したがって、輸出製品に対するＰＬ保険は、輸出先国、輸出製品、被保険者などを特定して、保険条件や保険金額を取決める必要があります。

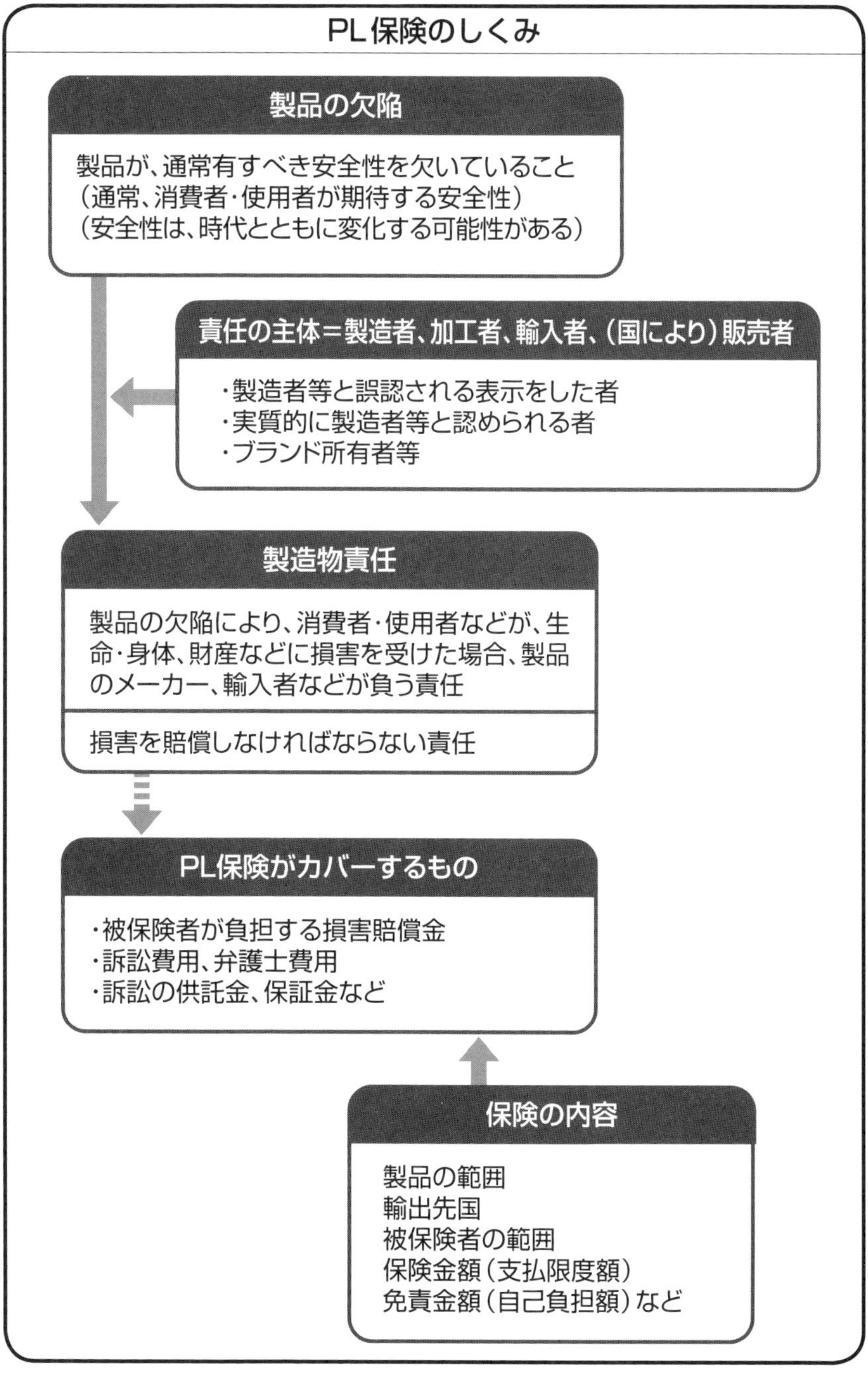
製品の欠陥
製品が、通常有すべき安全性を欠いていること
（通常、消費者・使用者が期待する安全性）
（安全性は、時代とともに変化する可能性がある）
責任の主体＝製造者、加工者、輸入者、（国により）販売者
・製造者等と誤認される表示をした者
・実質的に製造者等と認められる者
・ブランド所有者等
製造物責任
製品の欠陥により、消費者・使用者などが、生命・身体、財産などに損害を受けた場合、製品のメーカー、輸入者などが負う責任
損害を賠償しなければならない責任
PL保険がカバーするもの
・被保険者が負担する損害賠償金
・訴訟費用、弁護士費用
・訴訟の供託金、保証金など
保険の内容
製品の範囲
輸出先国
被保険者の範囲
保険金額（支払限度額）
免責金額（自己負担額）など
PL保険のしくみ

COLUMN 6

「6日間戦争」と保険金の支払い

貿易取引の貨物が、運送中の危険（事故）により滅失・損傷などの損害を受け、その危険（事故）が保険契約に含まれている危険（事故）である場合、保険会社は保険金を支払ってくれます。しかし、被保険者（貨物に事故が発生した場合、保険金を受取る人）が、どんなに大きな損害を受けた場合であっても、貨物が損害を受けていなければ、保険会社は保険金を支払いません。

1967年6月、イスラエルが周辺アラブ諸国を攻撃して、ヨルダン川西岸、ガザ地区、ゴラン高原、シナイ半島を占領しました。第3次中東戦争と呼ばれている戦争のことです。このとき、スエズ運河の両方の入り口で、船が沈没し、運河の通行が不能になりました。エジプト政府が船を沈めたという説もありますし、イスラエル軍が撃沈したという話もあります。

いずれにしても、スエズ運河に入っていた14隻の貨物船は、身動きできなくなってしまいました。これらの船には、日本からヨーロッパに向けて運送中の貨物も積まれていました。

この戦争は、6日間戦争と呼ばれているほどで、ごく短期間で終ったのですが、エジプト政府は、イスラエル軍が運河の東岸から撤退しない限り、沈没船の引揚げをしないなどの政策をとったために、運河が再開されたのは、8年後のことでした。

スエズ運河の船に積込まれていた貨物は、結局、8年間のあいだ、身動きできませんでした。

船の貨物は、大砲や爆弾などによる戦争の被害に遭っていません。貨物はなんらの損害も受けなかったのです。貨物に事故が発生していないのですから、保険会社には、保険金を支払う理由がありません。貨物の到着遅延は、もともと保険でカバーされません。遅延は、船会社にとっても免責事項です。結局、保険金は支払われませんでした。しかし、事件が事件だけに、保険会社は別の名目で相当額を支払ったようです。

第7章
輸出入手続き

SECTION 71

通関手続きと保税地域

輸出入していい貨物かどうかを調べ、輸入貨物については徴収すべき関税を計算する。

輸出・輸入の税関手続き（通関手続き）は、原則として、貨物を「保税地域」と呼ばれる場所へ置いた状態で行わなければなりません。

●外国貨物と内国貨物

関税法の定義では「外国貨物とは、外国から本邦に到着した貨物で、輸入が許可される前のもの、および輸出の許可を受けた貨物」のことをいい、「内国貨物とは、本邦にある貨物で外国貨物でないもの」のことをいいます。

輸入の税関手続きは、外国貨物が輸入してもいい貨物であるか否かを調べ、輸入していい貨物の場合には、いくらの関税（輸入税）を徴収すべきかを計算する手続きです。また輸出の税関手続きは、内国貨物が輸出してもいい貨物であるか否かを調べる手続きです。輸出・輸入の税関手続きの間、貨物を置いておく場所が保税地域です。

●保税地域

保税とは、外国貨物が、関税の課税を一時的に保留（未納）されている状態をいい、保税地域とは、外国貨物を関税未納のまま、蔵置（保管）、加工・製造、展示する場所として、財務大臣が指定し、または税関長が許可した倉庫、工場、展示会場などのことをいいます。税関が、貨物の管理、監督、検査などをしやすい場所でもあります。

輸入の税関手続きが終っていない外国貨物は、関税も未納の状態であり、保税地域以外の場所に置くことができません。内国貨物は、保税地域に置くことができますが、輸出通関手続きが終って輸出が許可されると、外国貨物になり、保税地域以外の場所に置くことができなくなります。

また国際見本市などの場合、外国貨物を外国貨物のまま展示することができれば、たいへん便利です。見本市の会期中、外国貨物を関税未納の状態で展示して、会期終了後、そのまま外国へ積戻すことができるからです。保税地域には、利用のしかたに合わせて指定保税地域、保税蔵置場、保税工場、保税展示場、総合保税地域があります。

外国貨物は保税地域に置く

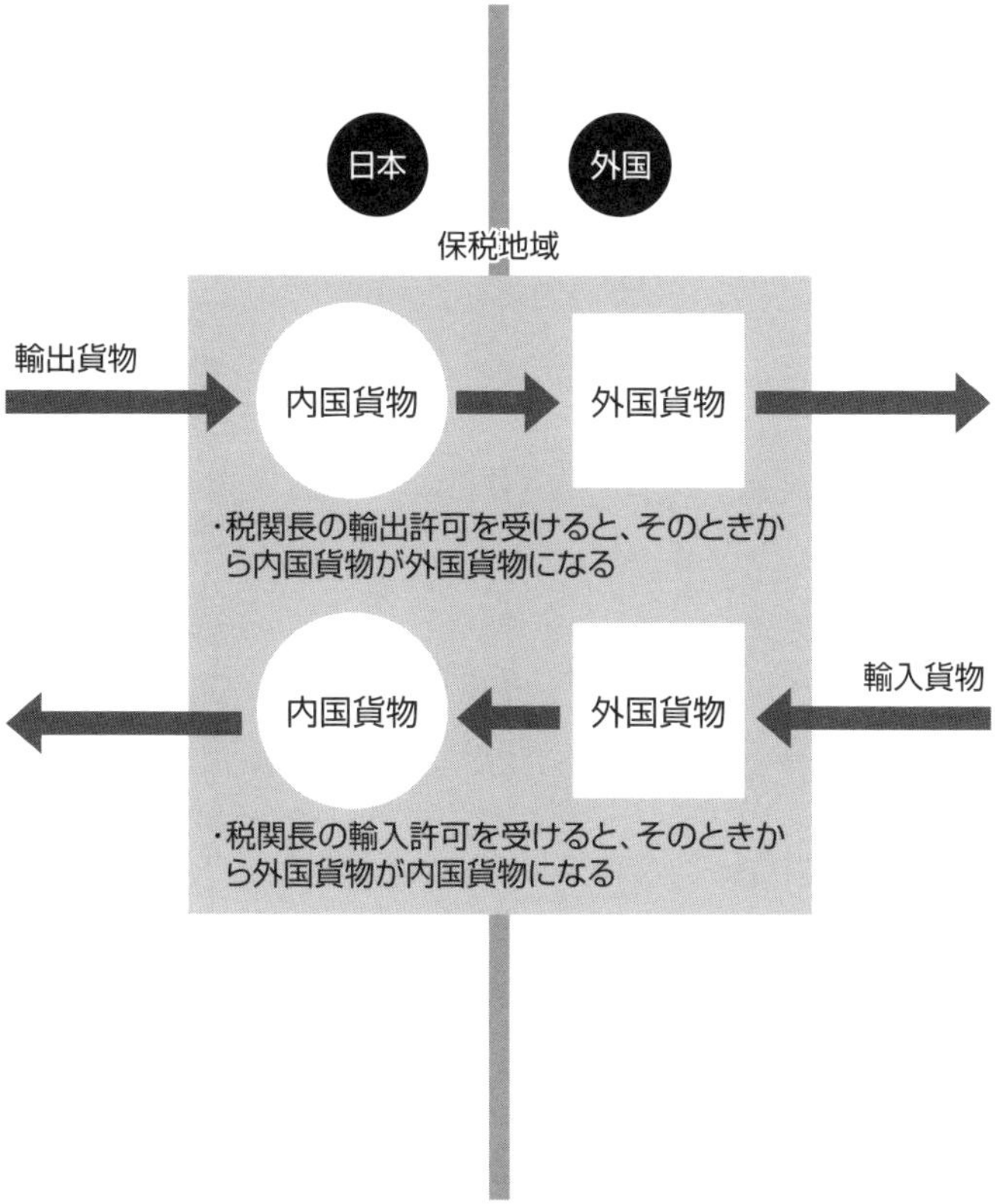

・外国貨物は、国内では保税地域以外の場所に置くことができないことになっています

・内国貨物は保税地域を含めて国内のどこにでも置くことができます

・輸出する貨物、輸入する貨物は、税関長の輸出許可、輸入許可のときから、外国貨物⇔内国貨物へと取扱いが変わります。したがって、どうしても保税地域へ置いておくことが必要となります

内国貨物を海外へ送り出す

輸出通関手続き

輸出申告をし、審査を受ける。「保税搬入原則の見直し」でスピードアップ。

輸出とは、関税法では、内国貨物を外国へ送り出すことをいいます。

輸出通関の手続きには、原則的な輸出申告方式と特定輸出申告方式の二つがあります。ここでは、原則的な申告方式を説明します。特定輸出申告方式は、170ページで説明します。

●輸出申告

①輸出者は、貨物が置かれている保税地域の税関長に輸出申告書を提出し、輸出の許可を受けてから、貨物を外国向けの船または航空機に積込みます。

輸出申告は、関税法上、原則として、貨物を保税地域へ入れた後に行うものとされています（「輸出通関における保税搬入原則」といいます）。しかし、保税地域へ貨物を搬入する前に、輸出申告を行うことができれば、税関審査の前倒しが可能となり、通関時間が短縮され、貨物の移動（物流）がスムーズになることなどが期待され、2011年10月から「輸出通関における保税搬入原則の見直し」が行われています。

「保税搬入原則の見直し」により、輸出申告は、貨物の保税地域搬入前に行うことができますが、不正輸出を防止し、消費税の不正な還付をなくすために、「貨物の検査」と「税関長による輸出の許可」は、貨物が保税地域へ搬入された後に行うことになっています。

なお、「保税搬入原則の見直し」は、輸出通関にのみ認められており、輸入通関には認められていません。

②インボイス（関税法では仕入書という）は、税関長から提出を求められた場合を除いて、提出不要です。税関長から提出の求めのなかった場合には、一定期間保存しなければなりません。

③輸出する貨物が、外為法その他の法令にもとづく輸出の許可・承認などを必要としている貨物である場合、その許可・承認などを証明する書類（輸出許可書、輸出承認書）を、輸出申告書に添付して税関に提出する必要があります。

原則的な輸出通関手続き

輸出貨物を保税地域へ搬入する（コンテナヤードは保税地域）
（2011/10/1　輸出通関における保税搬入原則の見直し）
（20万円を超える郵便物は通常貨物として取扱われる）

↓

原則として、インボイスの提出は不要

外為法その他の法令にもとづく輸出の許可・承認を証明する書類

↓

税関長へ
輸出申告書を提出する

↓

・税関による書類の審査
・税関による貨物の検査

↓

税関長の輸出の許可

↓

外国向けの船舶または航空機に積込む

↓

税関による事後調査

（注）関税法の規定により麻薬、アヘンなど、児童ポルノ、特許権、商標権、著作権などを侵害する物品などは、輸出してはならない貨物とされている。

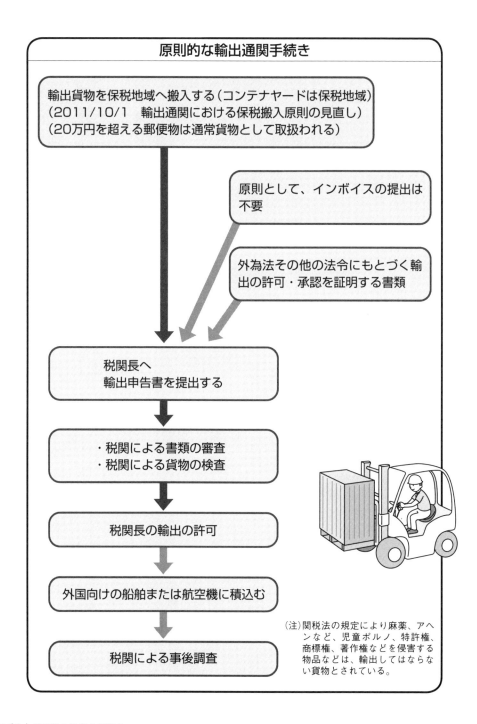

SECTION 73

輸出貨物の明細書&請求書

インボイス（商業送り状）

代金決済用、通関用などの種類がある。

一般にインボイスと呼ばれている書類は、商業送り状(commercial invoice)あるいは送り状、仕切書のことで、関税法では仕入書と呼ばれています。

インボイスは、輸出貨物の明細書であると同時に、計算書、出荷案内書を兼ねた輸出代金の請求書です。売り手（輸出者）が、売買契約にもとづく売り手の義務をすべて履行したことを確認する書類でもあります。買い手（輸入者）にとっては、貨物仕入れの原簿となる重要な書類であり、見ただけで取引の内容がすべてわかるような詳細なものを歓迎します。

インボイスは本来、貨物の船積が終ってから作成するものです。しかし、輸出の税関手続きに必要とされる書類であり、そのため輸出者は、貨物の船積前に判明している内容を記載したインボイスを作成して、税関へ提出します。

●代金決済用のインボイス

信用状を利用して代金を決済する場合、インボイスは、信用状の受益者（輸出者）が発行依頼人（輸入者）宛てに作成したものでなくてはなりません。またインボイス上の貨物の記述は、信用状の記述と一致している必要があります。

●通関用のインボイス

輸出申告書・輸入申告書の添付書類として、税関に提出するインボイスには、関税法の規定により、貨物の品名、数量、価格、価格決定に関係のある契約の条件（インコタームズで表される取引条件）などが記載されていなければなりません。

また、インボイスの作成地、作成年月日のほか、貨物の仕向地（輸入地）および仕向人（輸入者）を記載し、輸出者が署名したものでなければなりません。

●その他のインボイス

インボイスには、このほか、使用目的に合わせて①領事送り状、②税関送り状、③プロフォーマ・インボイスなどがあります。

インボイスの例（見本）

INVOICE

Seller: KAJI SHOJI CO., LTD.
2-3 Kajicho 2-chome, Chiyoda-ku,
Tokyo 101-0053, Japan.

Invoice No. 0123
Date: May 30, 200x
Reference No.

Buyer: Hudson Corporation, 461 Roosevelt Avenue, New York, N.Y. 10036, U.S.A.	
Vessel or: Central Airlines On or about: May 30, 200x	L/C No.: BNY-1234 Date: April 28, 200x
From: Tokyo, Japan Via To: New York, U.S.A.	Issuing Bank The Bank of New York, Inc., New York, N.Y., U.S.A.

Marks & Nos.	Description of goods	Quantity	Unit price	Amount
Hudson	Digital Cameras			
New York	Digital Camera DC246	1,000 units	US$132.00	US$132,000.00
C/T No. 1-100	Digital Camera DC789	1,000 units	US$77.00	US$77,000.00
Made in Japan				
Total	CIP New York	2,000 units		US$209,000.00

Country of Origin: Japan

KAJI SHOJI CO., LTD.

Ichiro Ohyama, Manager
Export Department

SECTION 74

外国貨物を本邦に引取る

輸入通関手続き

輸入（納税）申告書で、輸入申告と納税申告を同時に行う。

輸入とは、関税法では、外国貨物を本邦に引き取ることをいいます。

輸入通関の手続きには、「輸入（納税）申告方式」（原則的な輸入申告方式）と「特例輸入申告方式」（特例輸入者の承認を受けた者が行うことができる）の二つの方式があります。ここでは、原則的な「輸入（納税）申告方式」を説明します。「特例輸入申告方式」は、170ページで説明します。

●輸入（納税）申告書

①輸入（納税）申告方式は、貨物の「輸入申告」と輸入にともなう関税（輸入税）の「納税申告」の二つの申告を、同時に一つの「輸入（納税）申告書」を利用して行う申告方式です。

輸入申告は、申告貨物を輸入したいという輸入者の意思表示であり、税関は書類を審査し、貨物を検査して問題がなければ、貨物の輸入を許可します。

また納税申告は、輸入者が輸入貨物の関税を計算し納税する手続きです。この申告方式を利用する場合、税関は、関税が納付されていることを確認して輸入を許可します。

②輸入（納税）申告書には、貨物の種類によって、外為法その他の法令にもとづく輸入の許可・承認を証明する書類などを添付しなければなりません。一般特恵関税、ＦＴＡ／ＥＰＡ特恵関税を利用して輸入する貨物の場合、それぞれの制度が要求する原産地証明書が必要です。なお、インボイスは、税関長が輸入申告の内容確認のために提出を求める場合を除いて、提出する必要はありません。税関長から提出の求めがない場合には、一定期間の保存をしなければなりません。

●20万円を超える国際郵便物

価格が20万円を超える郵便物は、外国向け郵便物（輸出小包）も外国から到着した郵便物（輸入小包）も、通常の通関手続きが必要です。いずれも信書のみの郵便物は除かれます。

国際郵便を利用する輸出入貨物が増加し、一般の商業貨物と同様の税関手続きが必要になりました。

原則的な輸入通関手続き

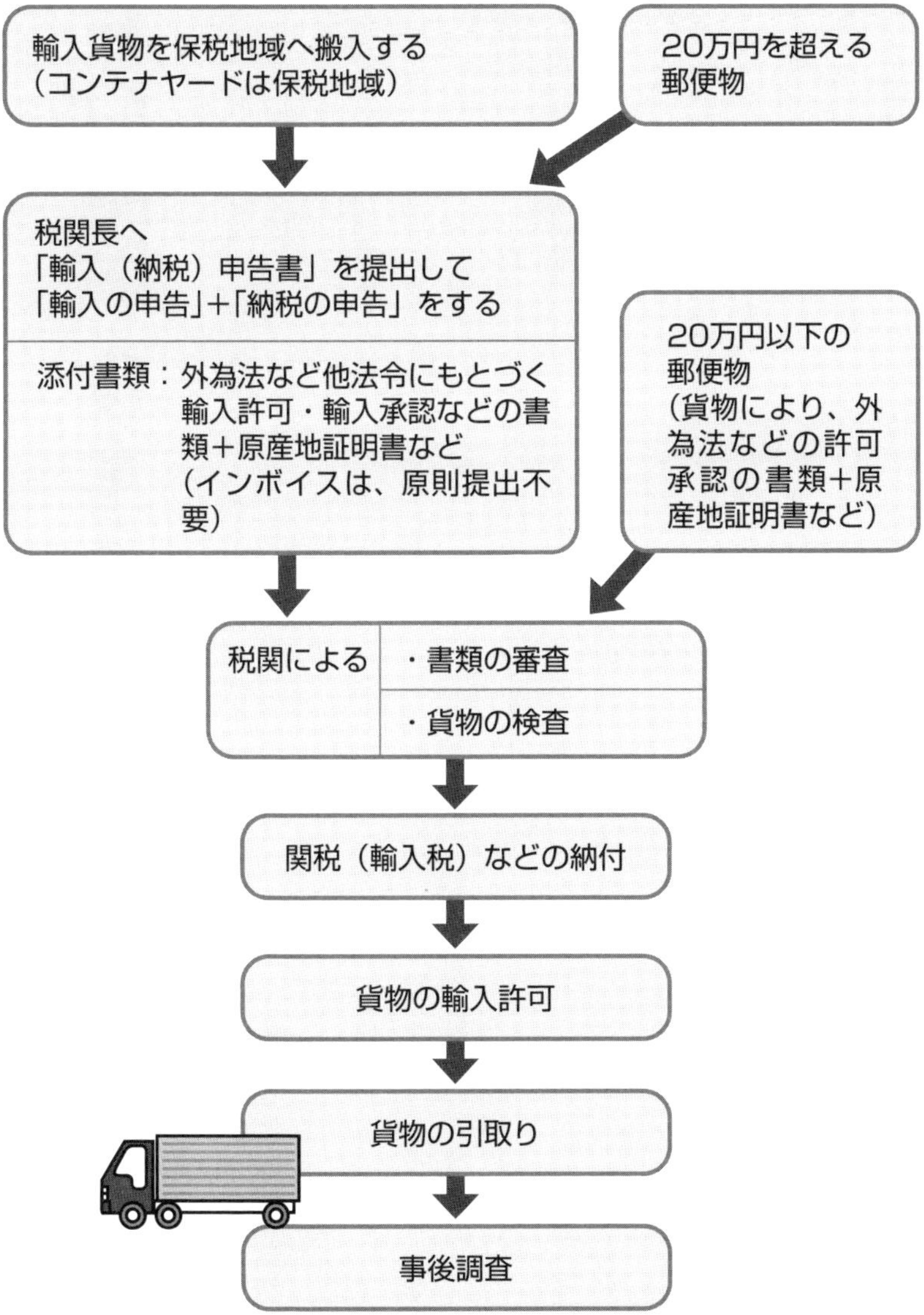

輸入貨物を保税地域へ搬入する（コンテナヤードは保税地域）
20万円を超える郵便物
税関長へ「輸入（納税）申告書」を提出して「輸入の申告」＋「納税の申告」をする
添付書類：外為法など他法令にもとづく輸入許可・輸入承認などの書類＋原産地証明書など（インボイスは、原則提出不要）
20万円以下の郵便物（貨物により、外為法などの許可承認の書類＋原産地証明書など）
税関による
・書類の審査
・貨物の検査
関税（輸入税）などの納付
貨物の輸入許可
貨物の引取り
事後調査

（注）20万円以下の郵便物は、許可承認の必要なものを除き、輸出入申告なしで、税関による検査を経て輸出・輸入できます。

（注）輸出者、輸入者は、自分で税関手続きをすることができますし、または通関業者（日本郵便株式会社は通関業者です）に依頼して税関手続きをすることも可能です。

SECTION 75

安全管理と法令遵守の体制を整える

ＡＥＯ制度（認定事業者制度）

貨物の安全を確保し、法令を遵守する輸出入者を税関手続き上、優遇する。

２００１年９月に米国で発生した同時多発テロの後、テロ関連の貨物がコンテナ貨物にまぎれて米国へ輸入される恐れ（可能性）をなくすために、米国では、①海上コンテナの船積24時間前ルール、②Ｃ-ＴＰＡＴなどの対策が取られています。

①は、船積24時間前までに米国税関に対して「船会社は、米国向け貨物、米国経由貨物の詳細な積荷情報を電子的に報告する」、②は「テロ防止のための税関・産業界の共同取組み」の意味で、安全管理と法令遵守の社内体制を整えて、米国税関に協力する輸入者などに対して、税関手続きを優遇する制度のことです。

日本でも、貨物の安全を管理してテロの不安をなくすべく努力し、かつ法令を遵守する社内体制を整えて、税関に協力する貿易関連事業者（輸出者、輸入者など）を認定し、税関手続きを優遇する制度が行われています。これをＡＥＯ制度（Authorized Economic Operator）と呼んでいます。

代表的な日本のＡＥＯ制度として、次のものがあります。いずれも過去の一定期間に関税法を含めて法令違反がなく、法令遵守の社内規則を整備し税関に届け出ることが必要で、ＮＡＣＣＳによる通関手続きが前提です。

ａ．特定輸出申告制度

税関長から特定輸出者の承認を受けた輸出者は、輸出貨物を保税地域へ入れることなく（貨物を工場倉庫などに置いた状態で、あるいは運送中でも）、輸出申告し輸出許可を受けることができます。

ｂ．特例輸入申告制度

税関長から特例輸入者の承認を受けた輸入者は、輸入貨物を保税地域へ入れることなく（貨物が日本に到着する前であっても）輸入申告し輸入許可を受けることができます。

また輸入申告は、貨物の蔵置している場所にかかわらず、どこの税関長に対しても申告できますし、関税の納税申告前に貨物を引き取ることができます。

日本のAEO 制度の例

特定輸出申告制度

特定輸出者の認定を受ける
（法令遵守の体制を整える）

↓

輸出貨物を保税地域へ搬入しないで、輸出申告が可能
（貨物のコンテナ詰め作業中でも、輸出申告が可能）

↓

輸出申告
（貨物の置かれていない税関に対しても、輸出申告可能）

↓

輸出申告書の添付書類
（関税関係法令以外の他の法令にもとづく許可書・承認書は提出必要）
（インボイスは原則として提出不要）
（その他の書類は原則提出不要）

↓

輸出許可
（貨物が保税地域搬入前でも、輸出許可を受けることが可能）

↓

事後調査

特例輸入申告制度

特例輸入者の認定を受ける
（法令遵守の体制を整える）

↓

輸入貨物を保税地域へ搬入しないで、輸入申告が可能
（貨物が日本到着前でも、輸入申告が可能）（積荷目録到着の要）

↓

輸入申告
（貨物の置かれていない税関に対しても、輸入申告可能）

↓

輸入申告書の添付書類
・関税関係法令以外の他の法令にもとづく許可書・承認書は提出必要。
・インボイスは原則として提出不要。
・その他の書類は原則提出不要。

↓

輸入許可
（貨物が保税地域搬入前でも、輸入許可を受けることが可能）

↓

特例申告（関税の納税申告）
（輸入許可の翌月末日までに、申告し納税する）

↓

事後調査

（注）相互承認を利用できる（相互承認とは、相手国のAEO制度を相互に承認し、2国間の安全・円滑な物流を目指している制度）。

国境を行き来する商品見本などの扱い

ATAカルネによる通関手続き

ATAカルネ（一時輸入のための通関手帳）を利用すれば輸入時に免税となる。

注文取り集めのため取引先に見せる商品見本などを、国境を越えて外国へ持って行き、用済み後ふたたび日本へ持ち帰る場合などに、輸出・輸入の税関手続きを簡単に済ませる方法があります。「物品の一時輸入のための通関手帳に関する通関条約」（略称：ATA条約）にもとづくATAカルネ（一時輸入のための通関手帳）を利用して行う免税輸入の手続きのことです。

●ATAカルネを利用して通関できる貨物

ATAカルネを利用して輸出・輸入できるのは、各種の商品見本、職業用具、博覧会・展示会などに出品する商品、国際会議に使用する物品など、ATA条約に取り込まれている各種の国際条約によって認められている物品が対象です。国によっては、ATAカルネによる通関が認められている物品が同じであるとは限りません。あらかじめ確認することをおすすめします。

●ATAカルネは通関書類

たとえば商品見本を携行して出国する場合、ATAカルネを商品見本とともに税関に提出（輸出申告）すれば、その場で輸出許可を受けることができます。税関は、ATAカルネの一部を切取って保管しますが、それは輸出申告書、インボイスなどとして取扱われます。輸入の場合も同様です。

●ATAカルネは関税納税の保証書

ATAカルネにより一時的に免税輸入された貨物が、ATAカルネの有効期間内に再輸出されなかった場合、貨物が正式に輸入されたものとして、カルネの発給団体（保証団体）が輸入国に対する関税の納付義務を負います。カルネの発給団体は、条約加盟の各国政府が認可した団体で、日本では、社団法人日本商事仲裁協会がATAカルネを発給し、関税納付を保証しています。なおATAカルネの有効期間は、発行日から1年です。ATAカルネを発給団体へ返却する期限のことで、ATAカルネによって貨物を輸出後、再輸入する期限のことではありません。

ATAカルネ

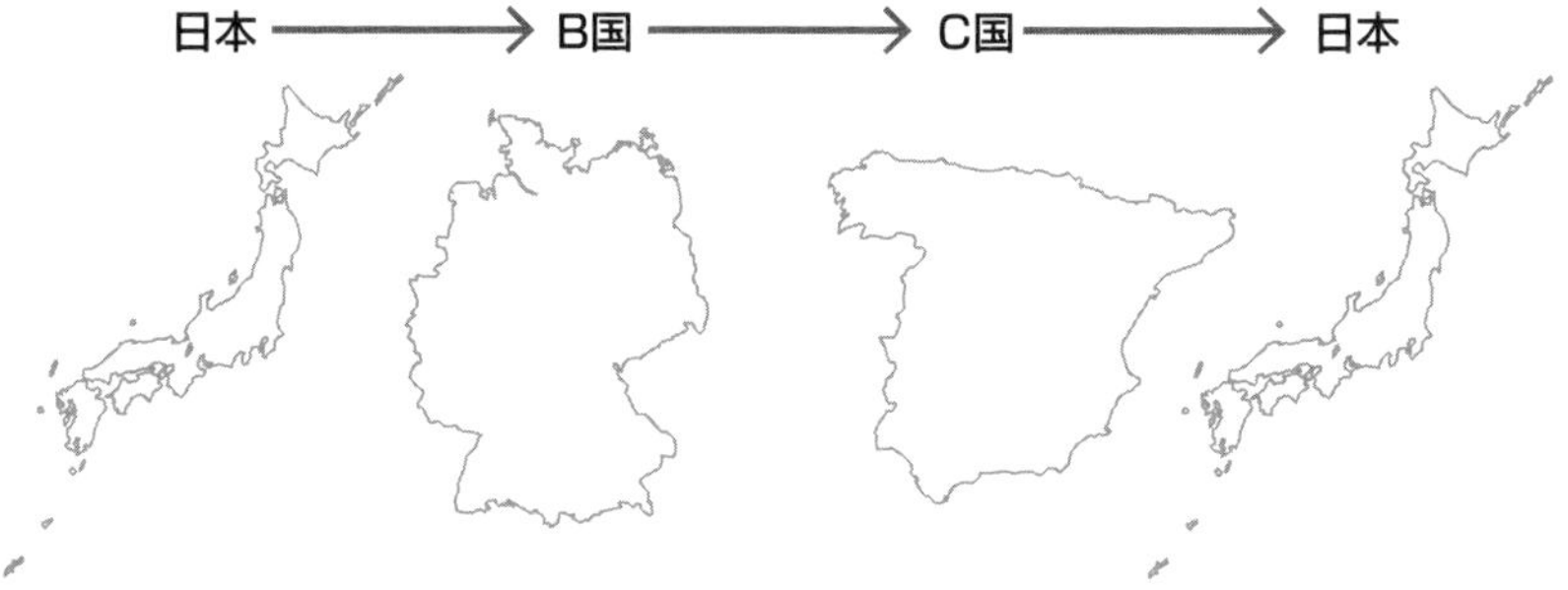

1. ATAカルネは、通関書類である

①ATAカルネは、一時輸出、一時輸入のための通関書類です。

・輸出、輸入、再輸出、再輸入の通関手続きの書類をセットしたもの

・法令により、輸出許可承認が必要な物品は、あらかじめ許可書、承認書を用意すること

・ATAカルネの有効期間は、発給日後、1年

・有効期間の延長は、条約の規定により、認められない

②ATAカルネを利用できる物品は、
商品見本、職業用具、展示用物品などで、法律で決められています。

・商談に利用する商品見本、展示会・見本市への展示物品など、用済み後、日本へ持ち帰る物品であること

③ATAカルネを使用できるのは、ATA条約の締約国のみです。

・利用できる物品の範囲などは、国によって同じではない

2. ATAカルネは、関税納税の担保書類である

①ATAカルネを利用する物品の輸入国では、物品の関税は、免税扱いとなります。

・ATAカルネの発給団体が、万が一の場合の関税の支払いを保証する

・一時輸入国で、物品が売却されたり、贈与されたり、紛失した場合、輸入したものとみなされて、関税を支払わなければならない

関税（輸入税）

輸入貨物の種類と原産地によって異なる関税率

基本税率のほかに、暫定税率、特恵税率、協定税率がある。

関税は、輸入貨物に課される税金で、国の財政収入を確保し、国内産業を保護することが目的の税金です。関税の税率は、輸入貨物の種類と原産地によって異なります。主な税率の種類は次の通りです。

①**基本税率**　長期間にわたって適用する基本的な税率であり、すべての貨物について定められています。

②**暫定税率**　長期的な観点から定められている基本税率を、経済状況の変化に応じて、特定の貨物に対して一定期間に限って、修正して適用する税率です。

③**特恵税率**　特恵税率は、特定国の産品に対する特別待遇の関税率であり、他国の産品よりも低い税率になっています。一般特恵税率（GSP税率）と経済連携協定税率（EPA税率）があります。

a．**一般特恵税率（GSP税率）**　開発途上国が特恵関税を供与されることを希望し、日本政府が供与することを適当と認めた国（特恵受益国）を原産地とする一定の輸入貨物に適用する税率。

b．**特別特恵税率（GSP税率）**　特恵受益国のうち、後発開発途上国とされている国を原産地とする一定の輸入貨物に適用する税率。

④**WTO協定税率**　協定税率は、関税に関する条約により、相手国を原産地とする輸入貨物に、一定率以下の関税しか課さないことを約束（譲許）し適用している税率です。

WTO協定税率は、世界貿易機関（WTO）加盟国を原産地とする一定の輸入貨物に適用される税率です。

⑤**EPA特恵税率（経済連携協定税率）**　経済連携協定（EPA）で定められている税率です。EPA協定により、一定のスケジュールに従って、毎年または一定期間ごとに関税率が削減・撤廃されて、相手国原産の一定の輸入貨物に適用される税率です。輸入に際して、EPA原産地証明書の提出が必要です。

関税率の種類と適用順位

国内法により定められた関税率（国定税率）

1．基本税率

＝長期にわたって適用する基本的な税率

2．暫定税率

＝経済状況の変化に応じて、特定貨物に対して暫定的に一定期間に限り適用する税率

3-1．特恵税率（一般特恵税率）→特恵受益国

＝開発途上国産の一定貨物に課する特別に有利な税率。特恵原産地証明書が必要。

3-2．特恵税率（特別特恵税率）→特別特恵受益国

＝後発開発途上国産の一定貨物に課する特別に有利な税率。特恵原産地証明書が必要。

外国との条約により定められた税率（協定税率）

4．WTO協定税率

＝WTO 加盟国原産の一定貨物に課する一定率以下の関税率

5．EPA特恵税率（経済連携協定税率）

＝経済連携協定（EPA）で定められている税率。EPA特恵原産地証明書が必要。

関税率適用の順位（おおよその判断基準）

1．特別特恵対象国（後発開発途上国）の特恵対象品目の税率
2．経済連携協定の税率（EPA特恵税率）
3．一般特恵対象国（開発途上国）の特恵対象品目の税率
4．WTO加盟国産品に対するWTO協定税率
5．暫定税率
6．基本税率

政府の判断で課税する関税

特殊関税の制度

報復関税、相殺関税、不当廉売関税（ダンピング関税）、緊急関税（対抗措置）の４種類がある。

輸入貨物に課される関税（輸入税）は、法律や条約によって定められています。しかし、不公正な取引など特別な事情が発生し、国内産業を保護する必要があるとき、政府が、法律の定める範囲内で、政令を制定して関税率を変更、政府の判断で課税することができる関税を特殊関税と呼んでいます。

いずれも、通常の関税のほかに、割増関税が課税されます。主な特殊関税の制度は次の通りです。

●報復関税

ＷＴＯ（世界貿易機関）協定により、日本に与えられている利益を侵害している国、または日本の船舶・航空機または日本の輸出品などに差別的な取扱いをしている国に対して、対抗措置として課する割増関税の制度です。

●相殺関税

外国で補助金を受けて生産・輸出された貨物が輸入された場合、その影響を受ける、同種の貨物を生産する国内産業を保護するための割増関税の制度です。

●不当廉売関税（ダンピング防止税）

輸出国の国内価格より低い価格で貨物が輸入された場合、同種の貨物を生産する国内産業を保護するための割増関税の制度です。

●緊急関税

予想できない事情、あるいは外国における価格の下落などにより、貨物の輸入数量が、急激にいちじるしく増加した場合、同種の貨物を生産する国内産業を保護し、内外価格差を埋めるために課す割増関税の制度です。

なお、緊急関税の措置をとる輸入国は、輸出国に対して他の貨物で補償をする必要があり、補償交渉がまとまらない場合、輸出国は対抗措置をとることができます。

●ＷＴＯと特殊関税

特殊関税制度は、多くの国で国内産業を保護・救済するために採用されており、その発動の要件や手続きは、ＷＴＯ協定の規定に則って適用されています。

特殊関税の種類

特殊関税	対象貨物	割増関税	代替策
報復関税	・WTO協定による日本の利益を侵害する国からの輸入貨物 ・日本品に不当な差別をする国からの貨物	対象貨物の課税価格と同額以下の関税	
相殺関税	・外国で補助金を受けて生産・輸出された貨物の輸入	補助金と同額以下の関税	相殺関税の賦課に代えて、価格引下げまたは補助金を廃止するとの約束を受諾する
不当廉売関税	・輸出国の国内価格より安く輸入された貨物	輸出国の正常価格と不当廉売価格の差額以下の関税	不当廉売関税の賦課に代えて、輸出価格を引上げるとの約束を受諾する
緊急関税	・予想できない事情、価格の下落などにより、輸入数量が急激にいちじるしく増加した貨物	同種貨物の国内卸価格から、輸入貨物の課税価格を差引いた額以下の関税	輸入国は輸出国に補償の必要があり、または輸出国は対抗措置を取る

・報復関税（WTO/GATT23条）（関税定率法6条）
・相殺関税（WTO/GATT6条（関税定率法7条）
・不当廉売関税（WTO/GATT6条）（関税定率法8条）
・緊急関税（WTO/GATT19条）（関税定率法9条）

SECTION 79

コンピュータ利用の税関システム

NACCS（輸出入・港湾関連情報処理システム）

航空貨物はair-NACCSを、海上貨物はsea-NACCSを利用できる。

輸出・輸入の税関手続きを、コンピュータシステムを利用して行うことができます。一般にＮＡＣＣＳ（ナックス）と呼ばれる税関システムで、航空機で輸出・輸入される貨物に対するＮＡＣＣＳは、air-NACCSと呼ばれ、１９７８年成田空港と千葉県原木地区に導入され、今では全国の税関で利用できます。船舶利用の海上貨物に対するＮＡＣＣＳは、sea-NACCSと呼ばれ、91年東京港、横浜港、川崎港に導入され、その後99年から全国の税関で利用可能になっています。

なお、ＮＡＣＣＳは、air-NACCSとsea-NACCSのシステム更改を機に２０１０年2月から、統合して運営されています。

●物流システムとしても活用

Air-NACCS、sea-NACCSともに、輸出・輸入の貨物情報をＮＡＣＣＳ利用者の間でお互いに利用できる物流システムとしても活用されています。

輸入の場合、航空機・船舶の入港届や積荷目録の提出、貨物の保税地域への搬入、輸入申告、輸入許可などの税関手続きと、航空会社、船会社、通関業者、銀行などの民間業務がコンピュータ処理されています。

輸出の場合、貨物が保税地域に搬入されたときから、輸出申告・輸出許可を経て、航空機または船舶に積込まれて出航するまでの税関手続きと、これに密接に関連する民間業務が処理されています。

通関業者は自分の事務所から、専用線、ダイヤルアップ、インターネットのいずれかの方法によりＮＡＣＣＳに接続し、貨物の輸出・輸入の申告をすることができます。貨物によっては、ホスト・コンピュータに組み込まれている審査基準に従って、申告入力と同時に許可されるものも多く、通関時間が非常に短くなっています。なお、申告書に添付して税関に提出すべきインボイス（仕入書）などの書類は、原則として、提出する必要はありません。

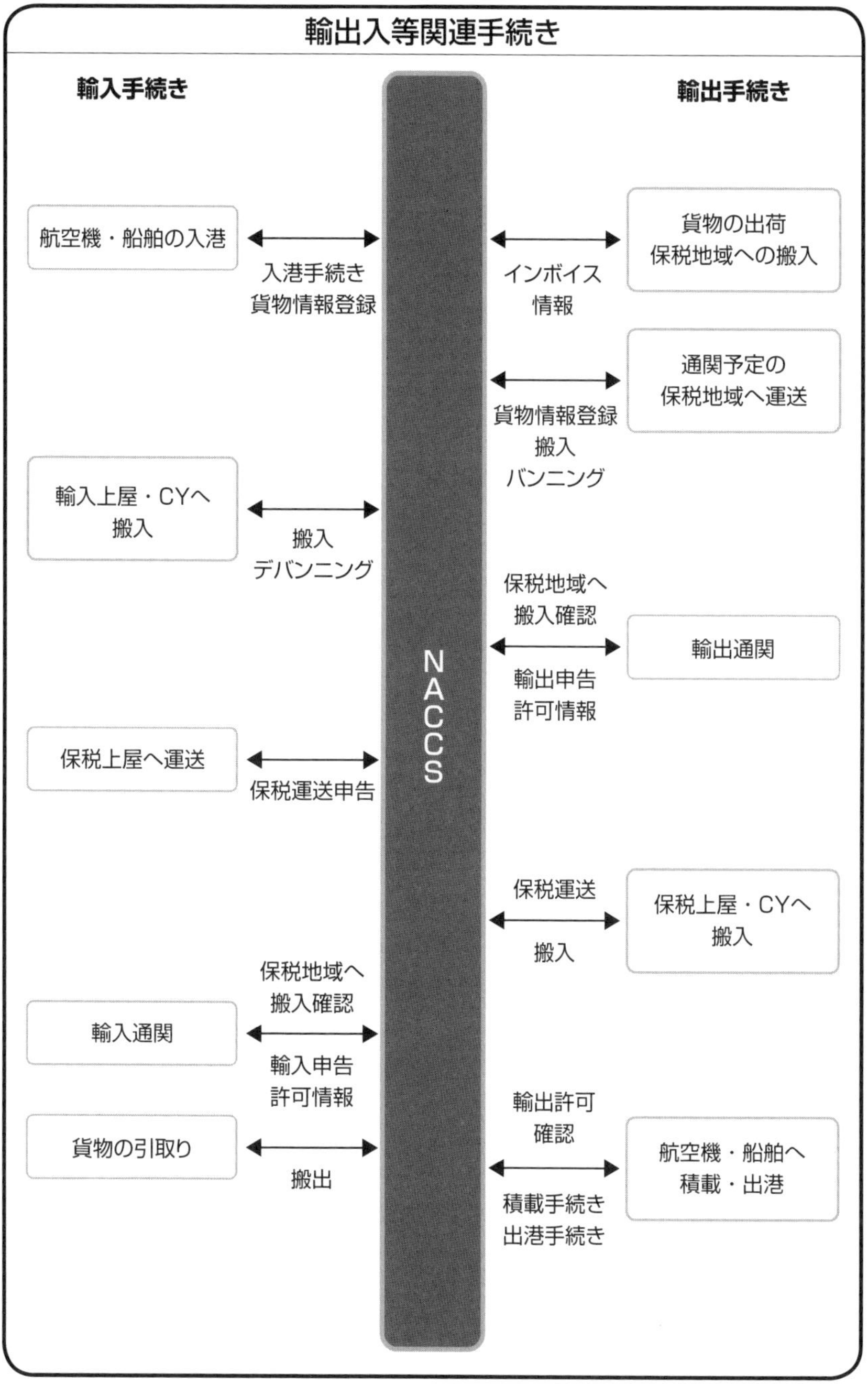
輸出入等関連手続き
輸入手続き
輸出手続き
NACCS
航空機・船舶の入港
入港手続き
貨物情報登録
輸入上屋・CYへ
搬入
搬入
デバンニング
保税上屋へ運送
保税運送申告
保税地域へ
搬入確認
輸入通関
輸入申告
許可情報
貨物の引取り
搬出
貨物の出荷
保税地域への搬入
インボイス
情報
通関予定の
保税地域へ運送
貨物情報登録
搬入
バンニング
保税地域へ
搬入確認
輸出通関
輸出申告
許可情報
保税運送
保税上屋・CYへ
搬入
搬入
輸出許可
確認
航空機・船舶へ
積載・出港
積載手続き
出港手続き

紛争ダイヤモンド

COLUMN 7

ダイヤモンドには、天然産のほか、合成ダイヤモンドがあります。宝飾品に利用できるのは、天然産の約半分（約5,500万カラット）で、合成ダイヤモンドを含めて、そのほかは、工業用に利用されています。

宝飾品用天然ダイヤモンドの生産は、オーストラリア、ボツワナ、ロシア、南アフリカ、アンゴラ、コンゴ民主共和国、ナミビアなどです。

「紛争ダイヤモンド」といわれるのは、国連の定義では、「正統な、かつ国際的に承認された政府に反対する勢力の制圧下にある地域で産出し、これら政府に対する軍事的行動向け資金として利用されるダイヤモンド」、すなわち「紛争地で採掘され、密売され、反政府組織の財源として利用され、紛争の拡大、長期化の原因となる天然ダイヤモンド」のことです。国連で問題となったのは、アンゴラ、シエラレオーネ、リベリア、コンゴですが、その他のアフリカ諸国も話題となることが多いです。

アンゴラの場合、政権党が主導して国会議員選挙と大統領選挙を実施し、これに反政権党（反政府軍）が参加したものの、選挙の結果が不利であったため、反政権党は、ふたたび内戦に突入しました。アンゴラの主なダイヤモンド産地は、反政権党の制圧下にあって、ダイヤモンドは反政権党の主な資金源でした。反政権党に好意的な第三国があり、また政府によるダイヤモンド管理が不完全であり、これらのダイヤモンドを買う国もあり、容易に外国へ販売できる状況もあるようです。

アフリカでは、ダイヤモンドは川沿い、川底、海岸などで発見されるものも多く、無数の採掘人による人力での小規模な採掘が行われています。

ダイヤモンドが反政府組織の資金として使われることを防ぐために、不正に取得されたダイヤモンド原石の輸出入を規制することを目的として、国際的な「キンバリープロセス証明制度」が導入されています。

この制度を利用する輸出入ダイヤモンドは、密封された容器に入れられて、キンバリープロセス証明書を添付すること、非参加国へは輸出入しないことが義務づけられています。

（参考：武内進一「「紛争ダイヤモンド」問題の力学：グローバル・イシュー化と議論の欠落」ほか）

第8章
外国為替と貿易金融

SECTION 80

外国為替取引

外国にいる人と現金以外の方法で決済する

為替は、売為替と買為替、直物為替と先物為替などに分類できる。

「為替」とは、「遠く離れた者同士が、現金を輸送しないで、支払指図など現金以外の方法によって、決済（支払い・受取り）をする方法」のことで、相手が外国にいる場合、この決済方法を外国為替といいます。また「外国の通貨、送金小切手、為替手形などの支払手段」のことも外国為替と呼んでいます。

●売為替《うりかわせ》と買為替《かいかわせ》

輸出・輸入の代金決済では、外国通貨と日本円の交換をしなければなりません。ここで注意したいのは、外国為替の売買は、銀行中心に表現することになっていることです。売為替とは、銀行が、輸入者などの企業や個人に外国通貨を売ることであり、企業や個人が銀行から外貨を買うことを意味します。買為替とは、銀行が、輸出者など企業や個人から外貨を買うことであり、企業や個人が銀行へ外貨を売ることをいいます。

●直物《じきもの》為替と先物為替

銀行と企業などの間で、外国通貨の売買が成立するとすぐ、その日のうちに外貨と日本円の受取り・支払いをする取引を直物為替といいます。外貨の売買契約が成立して一定期間後（あらかじめ取決めた期日）に、外貨と日本円の交換をする取引は先物為替です。

銀行間取引の場合、時差などを含めて、直物為替は売買契約日から2営業日後に資金の決済を行います。また先物為替は、契約日から3営業日以後に決済が行われる取引です。

●コルレス銀行

顧客である企業などの依頼を受けて、銀行は外国へ送金したり、手形の取立てなどをします。このため、各国の銀行は、個別に外国の銀行と交渉し、外国におけるこれらの外国為替業務を代行してもらう取決めを結んでいます。この取決めをコルレス契約といい、相手の銀行をコルレス銀行と呼んでいます。コルレス契約のない外国の銀行との取引は、コルレス銀行を経由して行います。

外国為替のしくみ

外国為替とは

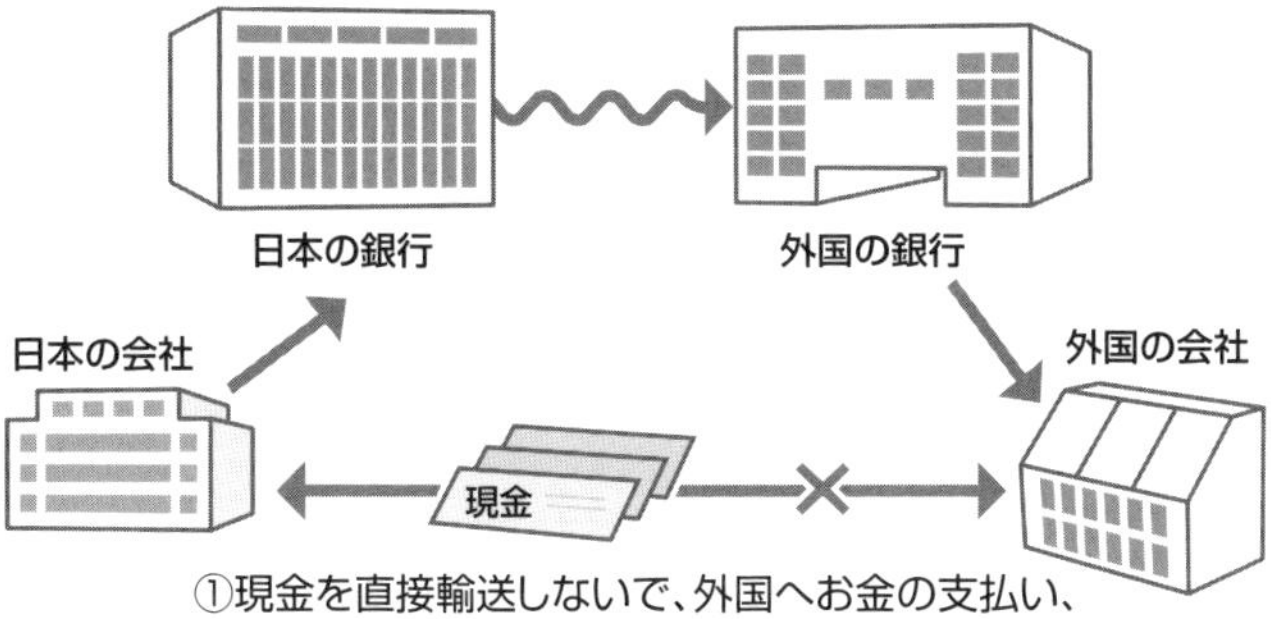

①現金を直接輸送しないで、外国へお金の支払い、または外国からお金の受取りをすること
②外国の通貨、小切手、手形などの支払手段のこと

直物為替と先物為替

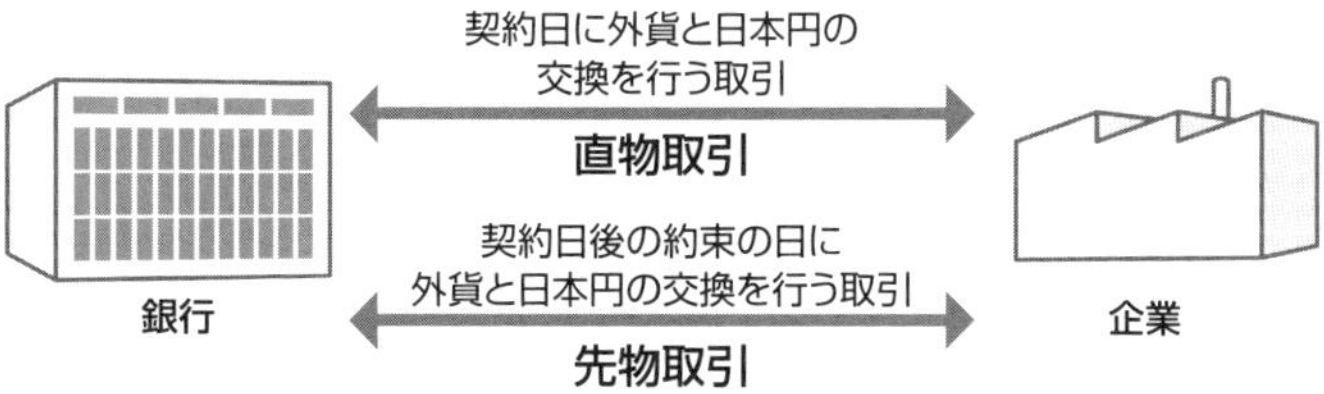

コルレス銀行
Correspondent Bank

お互いに外国為替業務を代行する契約（コルレス契約）を結んでいる銀行

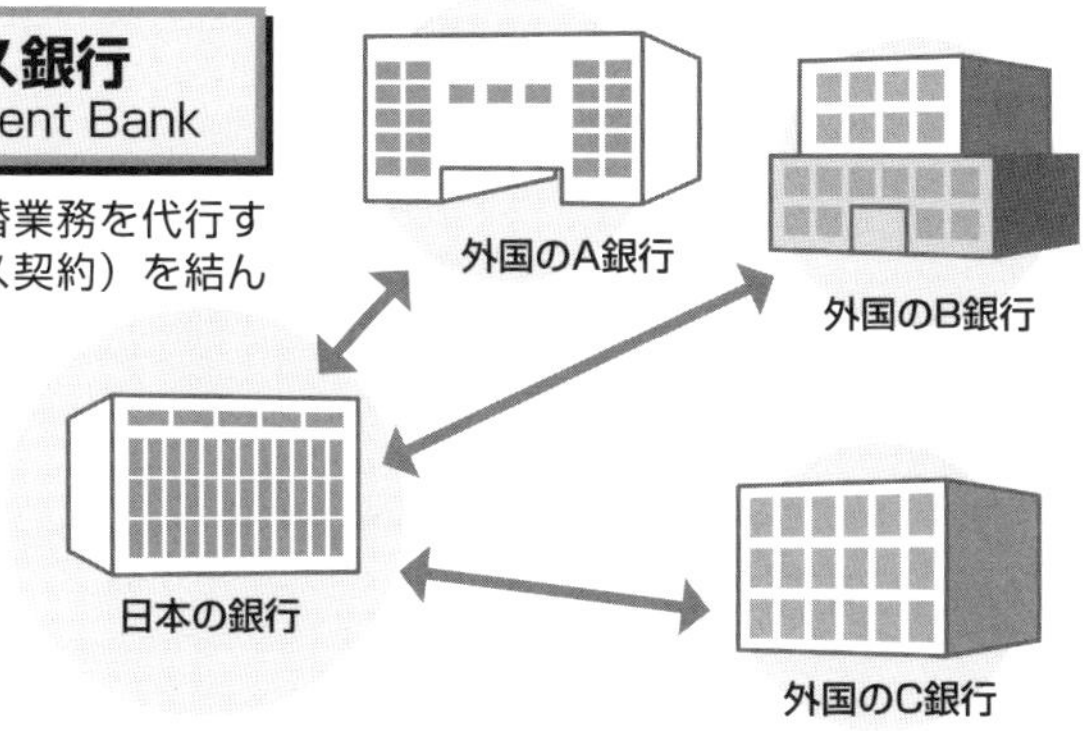

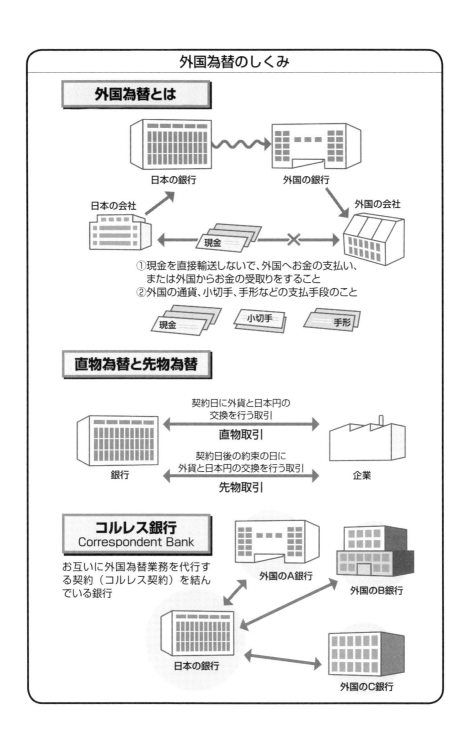

SECTION 81

外国為替の取引を行う場所

外国為替市場

取引所という建物の中で行われているのではなく、コンピュータの端末や電話を利用して取引されている。

●銀行間市場と顧客市場

外国為替の取引を行う場所が外国為替市場です。しかし、外国為替の取扱高が世界で第3位の東京外国為替市場は、東京のどこを探しても見つかりません。外国為替の取引は、取引所という建物の中で行われているのではなく、銀行同士が、あるいは銀行と為替のブローカーが、コンピュータの端末や電話を利用して取引しています。目に見えない、そのようなネットワーク全体を外国為替市場と呼んでいます。

外国為替市場は、「外国為替取扱いの銀行や企業、外国為替のブローカー、中央銀行である日本銀行が参加する銀行間市場（インターバンク市場）」と、「銀行と銀行の顧客である企業や個人が参加する顧客市場」からできています。一般に外国為替市場というときは、銀行間市場のことを指しています。なお、外国為替市場で行われる取引は、外国通貨の売買だけです。

輸出企業は、輸出した貨物代金を外貨で受取った場合、その外貨を銀行に売り日本円と交換します。輸入企業は、輸入貨物の代金を外貨で支払う場合、その外貨を銀行から買います。銀行が買った外貨の金額は、売る外貨金額と同じになることはなく、どうしても売買の過不足がでます。銀行は、不足する外貨を銀行間市場で買って補い、あまった外貨を銀行間市場で売って、外貨の手持ち残（為替持ち高）をゼロ（スクウェアといいます）にしようとします。売り残でも買い残でも、外貨を持っていれば、為替相場の変動によって損失がでる恐れがあるからです。

●単独介入と協調介入

日本銀行は、為替相場の急激な変動を避けるためなど、為替市場になんらかの影響を及ぼす必要があれば、銀行間市場で外貨の売買、すなわち市場介入をします。一国だけで行う単独介入と、関係国が協力して行う協調介入があります。

日本の場合、市場介入は財務省の指示を受けて、日本銀行が行います。

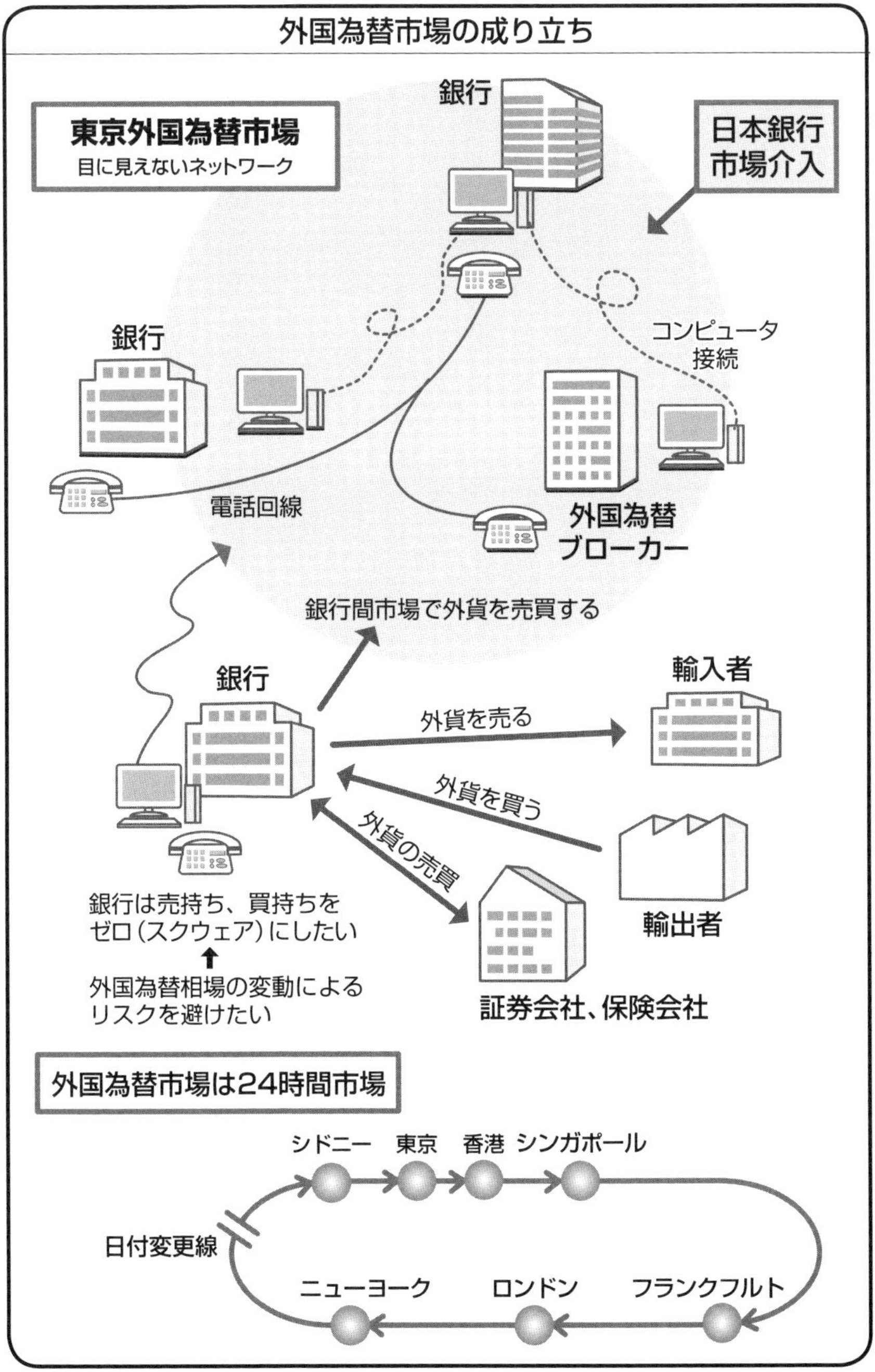
外国為替市場の成り立ち
東京外国為替市場
目に見えないネットワーク
銀行
日本銀行
市場介入
銀行
コンピュータ
接続
電話回線
外国為替
ブローカー
銀行間市場で外貨を売買する
銀行
輸入者
外貨を売る
外貨を買う
外貨の売買
輸出者
銀行は売持ち、買持ちを
ゼロ（スクウェア）にしたい
外国為替相場の変動による
リスクを避けたい
証券会社、保険会社
外国為替市場は24時間市場
シドニー
東京
香港
シンガポール
日付変更線
ニューヨーク
ロンドン
フランクフルト

SECTION 82

外国為替相場

二つの通貨を交換するときの交換比率

銀行間相場と対顧客相場、自国通貨建て相場と外国通貨建て相場…外為相場の呼称のいろいろ。

外国為替の取引は、異なった通貨を交換すること、すなわち通貨の売買のことです。二つの通貨を交換するときの交換比率が外国為替相場です。

外国為替相場は、二つの通貨の交換比率ですから、一つの通貨の値打ちが上がれば、同時に、もう一つの通貨の値打ちが下がります。1米ドル100円が120円になれば、米ドルの値打ちが上がり（ドル高）、同時に日本円の値打ちが下がり（円安）ます。

●銀行間相場と対顧客相場

銀行が外貨を売り、または買う場所が銀行間市場であり、ここで取引される相場が銀行間相場（インターバンクレート）です。一般に新聞やテレビで外国為替相場といわれるのは、この銀行間相場のことです。

銀行が企業や個人に外貨を売るとき、または買うときの相場が対顧客相場。毎朝10時頃の銀行間相場を参考に、それぞれの銀行が、その日1日の顧客との取引に適用する基準相場（仲値といいます）を決め、仲値に金利や銀行手数料を加えて、さまざまな売相場を計算し、仲値から金利や手数料を差引いて、いろいろな買相場を計算します。銀行の店頭に公示したこれらの相場を対顧客公示相場と呼んでいます。

●自国通貨建て相場と外国通貨建て相場

外国為替相場は、異なった二つの通貨の交換比率ですから、どちらの通貨を基準とするかによって、表示の方法が二つあります。

外国通貨1単位が、どれだけの自国通貨の量に相当するかを表した相場を、自国通貨建て相場といいます。日本では、通常1米ドル＝100円という表示をしますが、これは自国通貨建て相場です。また、自国通貨1単位が、外国通貨のどれだけの量に相当するかを表した相場が、外国通貨建て相場です。1英ポンド＝1・73米ドルというとき、イギリスでは外国通貨建て相場ですが、アメリカでは自国通貨建て相場ということになります。

外為相場の呼称

(1)　**銀行間相場**

銀行間市場における取引の相場

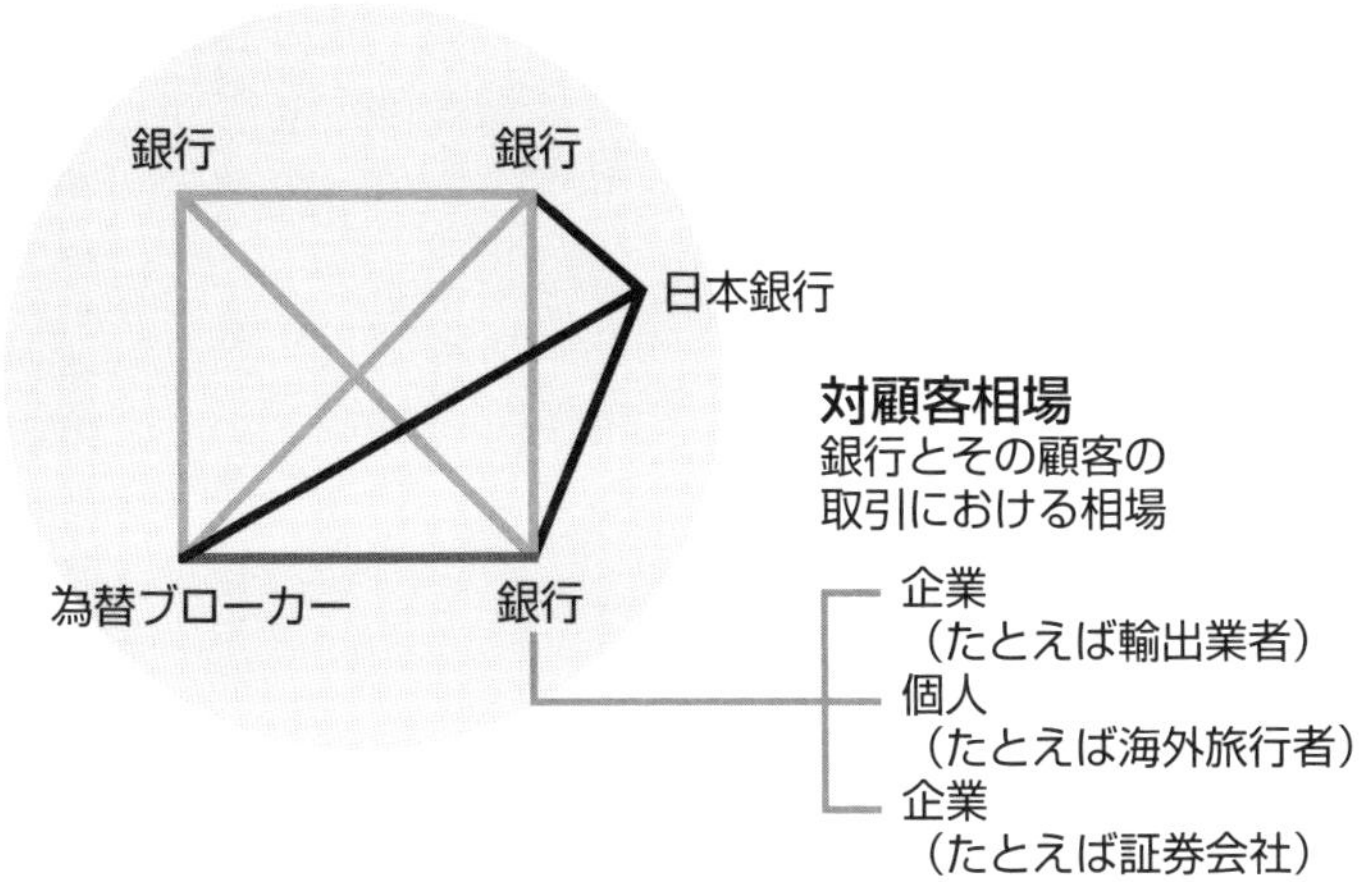

(2)　**売 相 場**　銀行が外貨を売るときの相場

買 相 場　銀行が外貨を買うときの相場

(3)　**直物相場**　直物為替の取引に適用される相場

先物相場　先物為替の取引に適用される相場

(4)　**自国通貨建て相場**

外国通貨1単位を**自国通貨の量**で表示する相場

たとえば、日本で1米ドル=120日本円

外国通貨建て相場

自国通貨1単位を**外国通貨の量**で表示する相場

たとえば、英国で1英ポンド=1.73米ドル

SECTION 83

対顧客公示相場

一般企業や個人が利用する為替相場

電信売相場と電信買相場、一覧払い手形買相場、一覧払い輸入手形決済相場、現金売買相場などがある。

時々刻々と変動する銀行間相場を、対顧客取引に結びつけるのが、対顧客公示相場です。原則として一日中変更しない相場として、銀行が店頭に公示する相場です。対顧客公示相場には、いろいろな種類があり、その基準（中心）となる相場が仲値です。代表的な対顧客公示相場は次の通りです。

●電信売相場と電信買相場

対顧客公示相場の中で、最も基本的な相場が電信売相場（TTS）と電信買相場（TTB）です。

外貨である米ドルと日本円を交換する為替相場の場合、TTSは仲値に銀行手数料1円を加えた相場で、銀行が外貨を売るときに適用し、TTBは仲値から銀行手数料1円を差引いた相場で、銀行が外貨を買うときに適用します。

いずれも外貨の売買に際して、銀行が資金を立替えることがないので、金利が含まれていない相場です。

TTSは、輸入代金を外貨で海外送金するためなど、輸入者が外貨を買う場合に適用される相場です。

TTBは、海外から外貨で送金を受けた輸出者が、外貨を銀行へ売って、日本円に交換する場合などに適用される相場です。

●一覧払い手形買相場（A／Sレート、アトサイト・レート）

TTBから「荷為替手形を郵送する期間」の金利を差引いた相場です。信用状取引の場合、買取銀行が荷為替手形の金額を輸出者に支払ってから、その金額を発行銀行から入金するまでの期間（荷為替手形を発行銀行へ郵送する期間に相当）は、銀行が手形金額を立替えます。立替え期間の金利をあらかじめ差引いた相場が、一覧払い手形買相場です。

●一覧払い輸入手形決済相場（アクセプタンス・レート）

TTSに「荷為替手形を郵送する期間」の金利を加えた相場です。「荷為替手形の郵送期間」に対する銀行金利を輸入者が負担する場合、輸入者が、

対顧客公示相場の例（米ドルの場合）

118.70円 **現金売相場**

117.04円 **一覧払い輸入手形決済相場**（Acceptance Rate）
（TTSに荷為替手形の郵送期間金利を加えた相場です。荷為替手形の買取日から、輸入者が支払う日までの期間、銀行が立替えている手形金額の金利を上乗せした相場です）

116.70円 **電信売相場**（TTS = Telegraphic Transfer Selling Rate）
（仲値に、銀行手数料のみを加えた相場です。外貨の売買に際して、銀行が資金を立替えることがないので、金利が上乗せされていません）

115.70円 **仲値**
（朝10時ごろの銀行間相場を参考に、各銀行が、その日一日の顧客取引に適用する相場の、基準（中心）相場）

114.70円 **電信買相場**（TTB = Telegraphic Transfer Buying Rate）
（仲値から、銀行手数料を差引いた相場です。外貨の売買に際して、銀行が資金を立替えることがないので、金利が含まれていません）

114.36円 **一覧払い手形買相場**（A/SRate = At Sight Buying Rate）
（TTBから、荷為替手形の郵送期間金利を差引いた相場です。荷為替手形の買取日から、輸入者が支払うまでの期間、銀行が立替えている手形金額の金利を差引いた相場です）

112.70円 **現金買相場**

輸出者から送られてきた荷為替手形を決済する場合に適用される相場です。

●現金売買相場

米ドルや英ポンドなど外貨の現金を銀行から買う場合、または売る場合の相場です。仲値に3円を加え、あるいは差引いた相場です。

海外旅行に出かけるとき、必要な外貨を買い、旅行から帰ったとき、余分の外貨を銀行へ売ることができます。そのときに適用される相場です。

銀行が手持ちしている米ドル現金は、アメリカから航空便で送ってきます。現金は輸送の途中も金庫に保管するなど、特別の安全対策が必要で、通常の運送費用のほか、余分の費用がかかります。現金売買相場のコストが高くなる理由です。

為替差損をどう防ぐ？

外為相場変動リスクとその対策

自国通貨（日本円）での取引、リーズ・アンド・ラッグズ、マリー、先物為替予約などを利用することができる。

貿易取引にともなう為替変動リスクは、売買契約のときに想定した外国通貨の為替レートが、実際に代金決済したときの為替レートと異なっているため、損失を受ける可能性のことです。

●自国通貨（日本円）で取引する

輸出入取引を円建てで行えば、外貨を日本円に交換する必要がなく、為替リスクはありません。その代わり海外の取引先が為替リスクを負うことになり、リスクに見合う商品価格の値引きなどを要求される可能性があります。

●リーズ・アンド・ラッグズ

外貨による決済を早め（リーズ）、あるいは遅らせて（ラッグズ）、相場の変動に対応する方法です。

●マリー

外貨債権（受取外貨）と外貨債務（支払外貨）を別々に決済しないで、組み合わせる（マリー）ことにより、為替変動による差益と差損を相殺する方法です。輸出で受取った外貨を、輸入支払いにあてるなど、日本円との交換をしないで済ませる方法です。

●先物為替予約

輸出入契約を結んだときに、代金決済時の先物為替を予約しておく方法です。たとえば、輸出契約時に、3ヶ月後に受取る米ドル代金を銀行へ売ることを予約し、その決済相場を確定する方法です。最も一般的に利用されている為替リスクの対策です。

●外貨による国内決済

輸出品メーカーは、国内仕入先の了解を得て、外貨による輸出代金を国内仕入れの原材料や部分品への支払いにあてることができます。

●ネッティング

同じ企業グループの会社など、信頼できる会社と輸出・輸入の両方向の取引がある場合、一定期間の外貨債権（受取り）と外貨債務（支払い）を相殺し、残額（差額）のみ日本円に交換します。日本円に交換する外貨を少なくして為替リスクを減らします。

●通貨オプション

216ページを参照してください。

為替リスク対策

リスク対策の方法	対策の内容
1. 自国通貨（日本円）で取引する	外貨と日本円を交換する必要がないので、為替リスクがない。
2. リーズ・アンド・ラッグズ	外貨による外国取引先との決済を早め、あるいは遅らせて、相場変動リスクを小さくする。
3. マリー	外貨受取りと外貨支払いを組み合わせることによって、為替相場変動による差益と差損を相殺する。
4. 先物為替を予約する	あらかじめ代金決済時の先物為替を予約して、決済時の相場を確定する。
5. 外貨による国内決済	輸出品メーカーが、国内仕入先に仕入原材料や部品の代金を外貨で支払う。
6. ネッティング	信頼できる企業間で輸出と輸入の取引がある場合、受取りと支払いを相殺し、差額のみ日本円に交換する。為替リスクの対象金額をできるだけ小さくする。
7. 通貨オプション	一定価格（相場）で外貨を売る権利（プットオプション）または外貨を買う権利（コールオプション）を購入し、一定相場が決済時の時価相場より有利であれば、オプションを行使し、不利ならば権利を放棄して、時価相場で日本円と交換する。

貿易取引に必要な資金の融資 その1

輸出金融

船積前金融、船積後金融に大別できる。

貿易取引にともなって必要となる資金を融資することを貿易金融と呼んでいます。貿易金融は、輸出金融と輸入金融に分けることができます。

輸出金融は、輸出貨物の製造・加工、集荷、調達など、船積までに必要な資金、および貨物の船積後、代金が決済（回収）されるまでの期間に必要な資金を、銀行が輸出者に融資することをいいます。そのほか、国際的な入札により取引が行われる場合、落札した入札者が間違いなく契約を締結すること（入札保証）、輸出者が忠実に契約を履行すること（契約履行保証）、契約不履行の場合には前払金を返還すること（前払金返還保証）などについて、その保証（担保の提供）を輸入者が要求することがあります。こういう場合に銀行が保証状を発行することも輸出金融の一つです。

●船積前金融

船積前の輸出金融は、貨物の船積後、輸出者が銀行へ呈示する荷為替手形の買取代金によって、返済します。

①輸出つなぎ融資

輸出契約が成立する前の見込み生産、加工、集荷などのために必要な資金を融資するものです。季節的な要因により生産、集荷の時期などが限定される農林水産物などに利用されます。

②輸出前貸し

輸出契約の成立後、輸出貨物が船積されるまでに必要な資金の貸付であり、船積前金融の中心的なものです。約束手形による手形貸付のかたちをとることが一般的です。なお、1件ごとの輸出に対して手形貸付を行う代わりに、一定限度の範囲内で当座貸越のかたちで行われる融資を輸出当座貸越と呼んでいます。

●船積後金融

輸出貨物の荷為替手形を買取った銀行は、輸入地の銀行から入金するまで、手形金額を立替えて支払っていることになります。すなわち銀行による荷為替手形の買取りは、輸出者に対する船積後の融資なのです。

輸出金融（銀行が融資する金融）

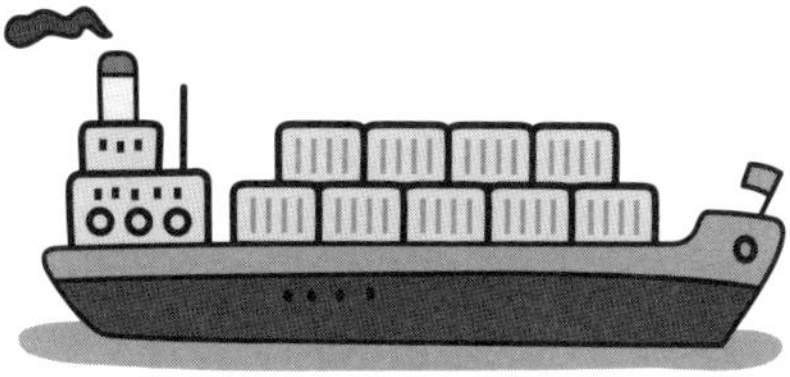

貨物の船積

← 船積前金融 → ← 船積後金融 →

輸出つなぎ融資

輸出契約成立前の融資

‖

・見込み生産・加工
・季節要因による生産・加工や集荷など

輸出前貸し

輸出契約成立後の融資

‖

輸出品の生産・加工・集荷など

・手形貸付
・当座貸越

船積後金融

輸出貨物の荷為替手形の買取り

‖

買取銀行の輸出者への融資（代金入金までの立替払い）

SECTION 86

貿易取引に必要な資金の融資 その2

輸入金融

シッパーズ・ユーザンス、銀行ユーザンスに大別できる。

輸入金融は、輸入貨物代金の決済（支払い）にともなう、輸入者への融資、あるいは支払猶予のことをいいます。また、輸入代金の支払いを猶予することを輸入ユーザンスといい、シッパーズ・ユーザンスと銀行ユーザンスに分けることができます。

●シッパーズ・ユーザンス

輸出者（シッパー）が輸入者に対して、貨物代金の支払いを猶予することを「シッパーズ・ユーザンス」といいます。シッパーズ・ユーザンスには、①輸出者が、期限付荷為替手形を振出して、輸入者がその期日に手形代金を支払う方法と②貨物受取り後の一定期日に、輸入者が送金により支払う方法があります。

●銀行ユーザンス

銀行による輸入貨物代金の融資、または支払いの猶予を「銀行ユーザンス」といいます。一般的には、貨物到着後に「銀行ユーザンス」を利用して輸出者へ代金決済（支払い）した後、輸入者が「銀行ユーザンス」を返済するまでの期間の融資、または支払いの猶予のことをいいます。銀行ユーザンスの代表的なものは、次の通りです。

①本邦ローン（自行ユーザンス）

輸出者が振出す荷為替手形を一覧払いとし、その決済資金を、銀行が外貨で輸入者に貸付ける方式です。最も代表的な輸入ユーザンスです。

②アクセプタンス

期限付信用状にもとづいて輸出者が振出す期限付為替手形を、その期限まで、ニューヨークやロンドンなどの銀行に引受け（立替え）てもらい、その資金で輸入者へ融資、または支払猶予する方式です。アクセプタンスとは、「引受ける」ことをいいます。

●輸入はね返り金融

外貨による銀行ユーザンスを期日までに返済できない場合、いったん外貨によるユーザンスを返済し、円貨による金融に切りかえることをいいます。はじめから円貨による金融を利用することは「直《じき》ハネ」といいます。

輸入金融

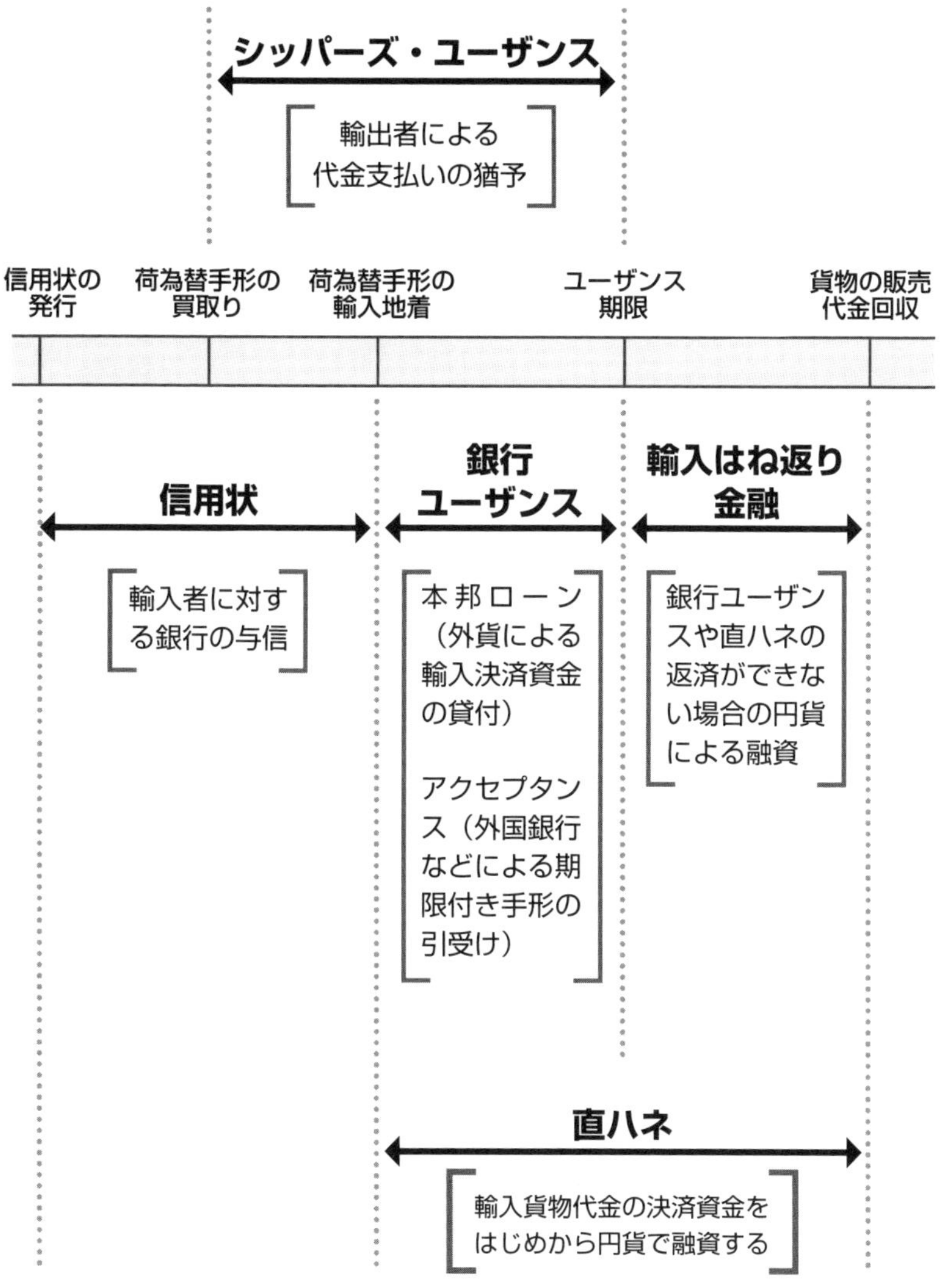

シッパーズ・ユーザンス
輸出者による代金支払いの猶予
信用状の発行
荷為替手形の買取り
荷為替手形の輸入地着
ユーザンス期限
貨物の販売代金回収
信用状
輸入者に対する銀行の与信
銀行ユーザンス
本邦ローン（外貨による輸入決済資金の貸付）
アクセプタンス（外国銀行などによる期限付き手形の引受け）
輸入はね返り金融
銀行ユーザンスや直ハネの返済ができない場合の円貨による融資
直ハネ
輸入貨物代金の決済資金をはじめから円貨で融資する

SECTION 87

担保権が付いたままでもOK

輸入金融と貨物の引取り

輸入担保荷物貸渡し、荷物引取保証、リリース・オーダーを使って、輸入貨物を引取って販売する。

●輸入担保荷物貸渡し

銀行の輸入金融を受けて輸入する貨物は、融資を受けた貨物代金を支払う（返済する）まで、輸入者の所有物ではありません。銀行融資の担保として、本来、銀行が保管するべきものです。

しかし、銀行は貨物の専門家ではありません。また、時間が経つにつれて貨物の価値が減る可能性があり、さらに輸入者は、融資金返済のためにも、できるだけ早く貨物を引取り、販売したいと考えます。

そこで銀行が貨物の所有権・担保権（譲渡担保権）を保ちながら、輸入者に貨物の引取り・販売（貸渡し）を認める方法がとられています。輸入者は、回収した販売代金によって融資金を返済することができます。

この場合、輸入者は、輸入担保荷物保管証（T／R）を銀行へ提出して、貨物の貸渡しを受けます。このしくみのこともT／Rと呼んでいます。T／Rには次の2種類があります。

①甲号（A号）貸渡し＝輸入者による貨物の引取りから販売まで貸渡すこと。一般に、輸入者の信用状態に問題がない場合に、この方法が利用されています。

②乙号（B号）貸渡し＝輸入者が貨物を引取ってから、倉庫搬入まで貸渡すこと。

●荷物引取り保証

輸入貨物が、銀行経由で送られてくる船荷証券より早く到着することが多くなっています。船会社は、原則として、船荷証券と引換えでなければ、貨物を引渡しませんが、銀行の連帯保証を付けた輸入者の保証状（L／G）を提出すれば、例外的に貨物を引渡してくれます。

なお、荷物引取り保証は、銀行が、書類未着、かつ代金未払いの貨物の引取りを認めることであり、万一の場合、銀行、輸入者ともに損害賠償の責任を負うことになります。またこの場合、輸入者は、銀行へT／Rを提出する必要があります。

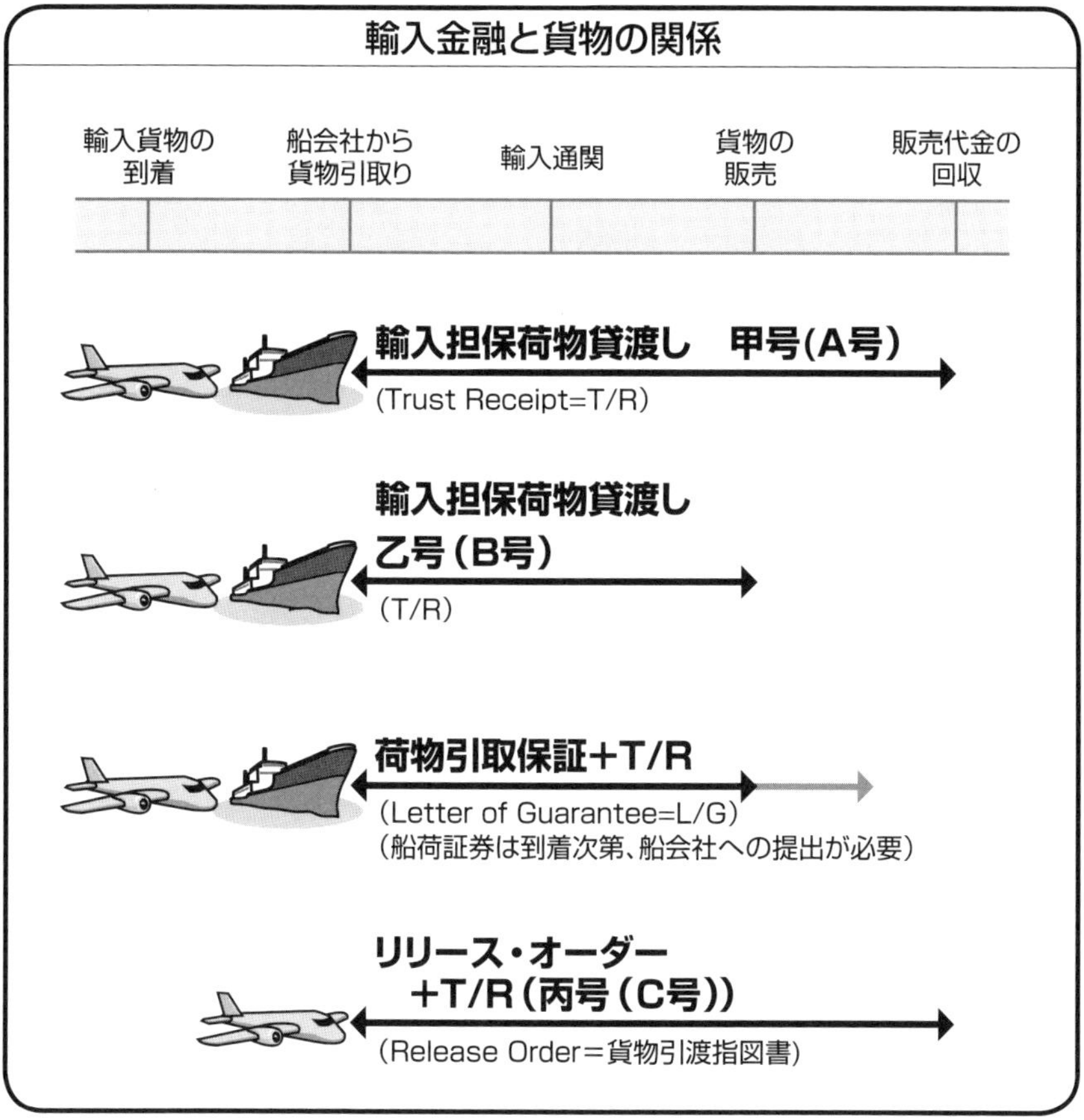

●リリース・オーダー

航空機で運送される輸入貨物は、航空運送状を利用して送られ、通常、銀行経由で送られる書類より早く到着します。

航空運送状は、有価証券でなく、荷受人を記名して発行され、流通性がありません。したがって、銀行経由で貨物代金を取立てる場合、荷受人を銀行とすることが通常です。

この場合、輸入者は、銀行から航空会社宛てのリリース・オーダー（貨物引渡指図書）をもらって、貨物を引取ることができますが、貨物代金支払い前であり、所有権がありませんので、銀行へT／Rを提出する必要があります。

この航空貨物の一時的な貸渡しは、丙号（C号）貸渡しといいます。

COLUMN 8

セーフガードと報復関税

ある外国産品の輸入が急増し、その結果、国内の生産者が重大な損害を受ける場合、またはそのおそれがある場合には、輸入を抑えるために高い税率の関税をかけ、または輸入数量を制限することができます。セーフガード（緊急輸入制限措置）のことで、安い輸入品のために打撃を受ける国内産業を保護することが目的です。

2001年4月23日から200日間、日本は、ネギ、生シイタケ、畳表（イ草）の3品目について、セーフガードの暫定措置を発動しました。

日本がはじめて発動した、このセーフガード暫定措置の内容は、過去の平均輸入数量に対しては、現行の関税率（ネギ3%、生シイタケ4.3%、畳表6%）を適用し、それを超える輸入数量に対しては、現行の関税率のほか、内外価格差に相当する関税率（ネギ256%、生シイタケ266%、畳表106%にそれぞれ相当）を追加して適用するものでした。

セーフガードを発動する輸入国は、輸出国に対してセーフガードに見合う補償をする必要があります。補償交渉が成立しない場合、輸出国は輸入国に対して対抗措置を取ることができるのです。日本のセーフガード発動に対して、中国は、日本製の自動車、エアコン、携帯電話の輸入に、通常の関税のほかに100%の報復関税（商品価格と同額の関税）を課税しました。その結果、これらの日本製品は、価格の点で競争力がなくなってしまいました。セーフガード発動に対するとばっちりを受けたことになります。

その後、2001年12月21日、日本と中国は、①暫定措置発動後の正式な確定措置をとらないこと、②中国は報復をやめることなどの覚書をとり交わしました。

セーフガードは、一時的に輸入を抑える措置であり、輸入急増により損害を受ける産業は、将来の競争力を回復させるように生産、流通、販売など構造改革を計画し実行する必要があります。セーフガードの期間をまたとないチャンスとして、うまく利用したいものです。

第9章

貿易取引のクレーム

貨物が損傷を受けて到着した場合

運送クレームと保険クレーム

船会社に対するクレーム（運送クレーム）と保険金の請求（保険クレーム）とがある。

注文した貨物が損傷を受けて到着した場合など、被害者である荷主（輸入者）が提起する損害賠償の請求をクレームといいます。クレームは、運送人である船会社または航空会社に対する運送クレームと、貨物の品質不良など売り手に対する貿易クレームに分けることができます。

運送クレームの場合、運送人が責任を認めないことが多いので、結果として保険契約にもとづいて保険金を請求することが一般的です。保険金を請求することを保険クレームといいます。

●船会社に対するクレーム（運送クレーム）

輸入者が、到着した貨物の事故を知った場合、輸入者は船会社に対して、貨物受取り後3日以内（航空貨物の場合14日以内）に「事故が発生したこと、および損害賠償請求の権利を留保する」旨の事故通知（予備クレーム）を送る必要があります。損害賠償請求権を保全するためです。

また、損害の程度が大きい場合、損害の原因、状態、損害額などについて、第三者機関のサーベヤー（損害検査人）に調査を依頼します。サーベイ・レポート（損害検査報告書）により、事故の責任が船会社にあると判断される場合、船会社に対して本クレームを提起することができます。

●保険金の請求（保険クレーム）

貨物に事故が発生した場合、船会社に事故通知を送ると同時に、保険会社に事故の状況を連絡しておく必要があります。船会社から損害賠償金を受取る代わりに、保険会社から保険金を受取ることが多く、その手続きをスムーズに行うためです。

貨物に損害が発生したとき、保険金をもらえるか否か、いくら保険金をもらえるのかは、保険の契約（保険条件）によって定まります。保険クレームは、保険会社に対する損害賠償の請求ではなく、保険契約に取決めた保険事故により損害が発生したため、保険金を請求することです。

運送クレームと保険クレーム

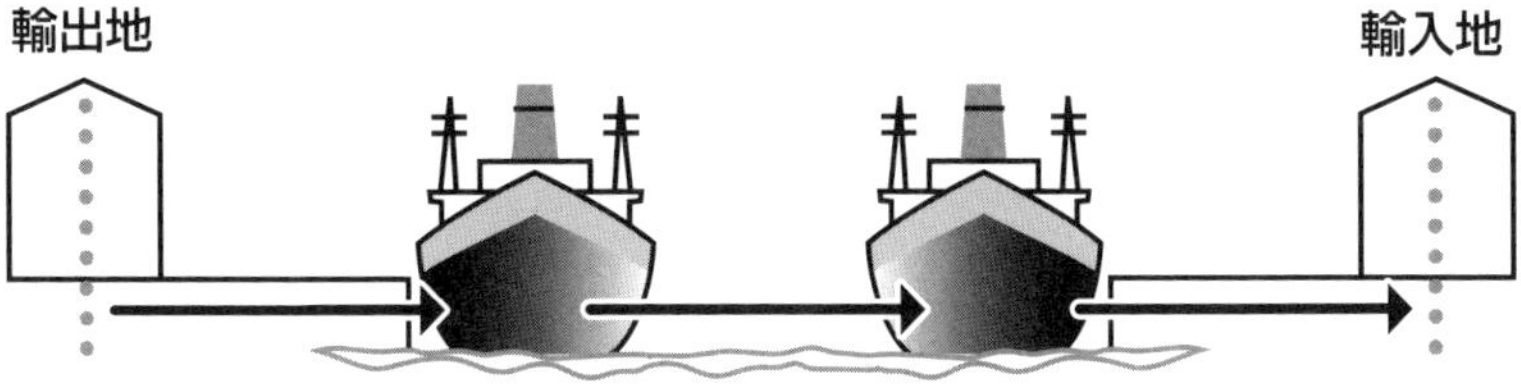

到着した貨物が注文通りでないため、
輸入者が損害賠償を請求すること

||

クレーム ─┬ 運送クレーム・保険クレーム
　　　　　└ 貿易クレーム

運送クレーム

①貨物受取後3日以内（航空貨物は14日以内）に事故通知（予備クレーム）を出す=損害賠償請求権を保全するため

②サーベイ・レポート（損害検査報告書）により、事故の責任が船会社にあると判断されるとき、本クレームを提起する

保険クレーム

①事故発生の通知は船会社へ送ると同時に、保険会社へも送る=保険金請求手続きをスムーズに行うため

②保険クレームは、保険事故発生による損害をてん補するため

SECTION 89

運送中の貨物が滅失・損傷した場合

保険求償と代位求償

保険求償は、荷主が保険会社に保険金を請求すること。代位求償は、保険会社が船会社に損害賠償を請求すること。

運送中の貨物が滅失・損傷した場合、荷主は、船会社に対して損害賠償を請求する必要があります。ところが船会社は、国際海上物品運送法やヘーグ・ヴィスビー・ルールによって、商業過失については責任を負いますが、航海過失については免責とされており、容易に損害賠償に応じません。

●保険求償

荷主は、運送中の貨物に対して、あらかじめ保険会社と貨物保険の契約を結びます。運送中の貨物が滅失・損傷し、その滅失・損傷が保険契約に取決めた危険（事故）によるものであれば、荷主は、保険会社に保険金を請求（保険求償）することができます。

●代位求償

運送中の貨物に危険（事故）が発生した場合、荷主は、船会社に損害賠償を請求できますし、保険会社に保険金を請求することもできます。船会社に対する損害賠償の請求は、船会社に過失があったのか否かなどの調査に時間がかかることが多く、荷主は、保険会社から保険金を受取ることが通常です。

保険会社は、保険金を支払うのと引換えに、荷主が船会社に対して持っている損害賠償請求権を引取ります。このことを一般に代位または保険代位と呼んでおり、代位にもとづいて、保険会社が船会社に損害賠償を請求することを代位求償といいます。保険金受取りと引換えに、荷主が保険会社に提出する権利移転領収書が、その事実を証明する書類となります。

●荷主の義務

貨物に損害が発生した場合、荷主は、保険会社の代位求償を容易にするため、迅速かつ適切な処置をとって、保険会社に協力することが要求されます。①船会社から貨物を引取る際、貨物受取書に滅失・損傷の事実を記載すること、②船会社に事故発生を通知して、求償権を保全すること、③事故結果について、専門のサーベヤー（損害検査人）にサーベイ・レポートを作成してもらうことなどがその例です。

保険求償と代位求償

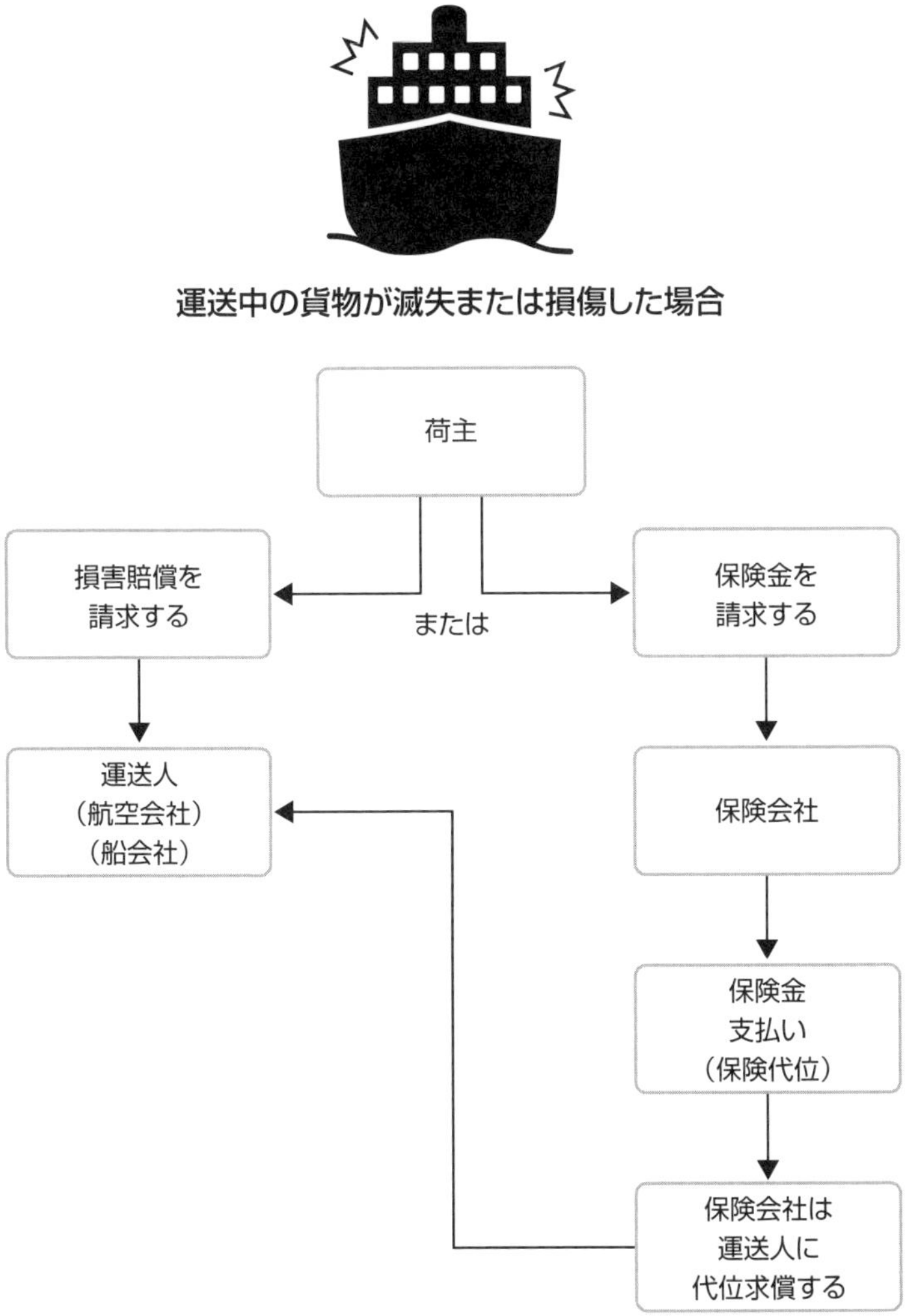
運送中の貨物が滅失または損傷した場合
荷主
損害賠償を請求する
または
保険金を請求する
運送人
（航空会社）
（船会社）
保険会社
保険金支払い
（保険代位）
保険会社は運送人に代位求償する

貨物の売り手に損害賠償請求する場合

貿易クレームとマーケット・クレーム

貿易クレームには、品質、数量、受渡し、契約不履行などに関するクレームがある。

●貿易クレーム

運送クレームや保険クレームが、運送中の貨物の危険（事故）による損害を対象とするのに対して、貿易クレームは、主として、受取った貨物に関連して、買い手（輸入者）が売り手（輸出者）に対して損害賠償を請求することです。貿易クレームの主なものは次の通りです。

①品質に関するクレーム（品質不良、品質相違、不完全梱包、破損など）
②数量に関するクレーム（到着貨物の数量不足など）
③受渡しに関するクレーム（船積相違、船積遅延など）
④契約不履行に関するクレーム（価格相違、決済不履行など）

これらの原因は、よく見ると、売買契約における主な取引条件に該当するものです。すなわち、取引条件の交渉の際、お互いに誤解を生じることのないように、細かく打合せすることによって、クレームの発生を予防することができるものです。

貿易クレームは、売買契約に直接に関連するクレームであり、当事者の責任で解決しなければなりません。

●マーケット・クレーム

通常の取引では、まったく問題にならない輸出者のごく小さなミスや納期遅延などを理由に、輸入者が、輸出者の責任を追及することをマーケット・クレームといいます。

売買契約の成立後、あるいは貨物が輸入地に到着後、輸入者が、契約内容について満足できなくなった状況が発生した場合など、輸入者側の事情で、一方的に相手側（輸出者側）に責任をなすりつけて、輸入者が負担すべき損失をなくす、あるいは少なくすることが目的のクレームです。

貨物の輸入地における市況（価格）が暴落し、契約通り貨物を引取れば、輸入者が大きな損害を受ける場合、あるいはもっと安く仕入れる（輸入する）ことができるルートが見つかった場合などに、起こりがちなクレームです。

貿易取引の２つのクレーム

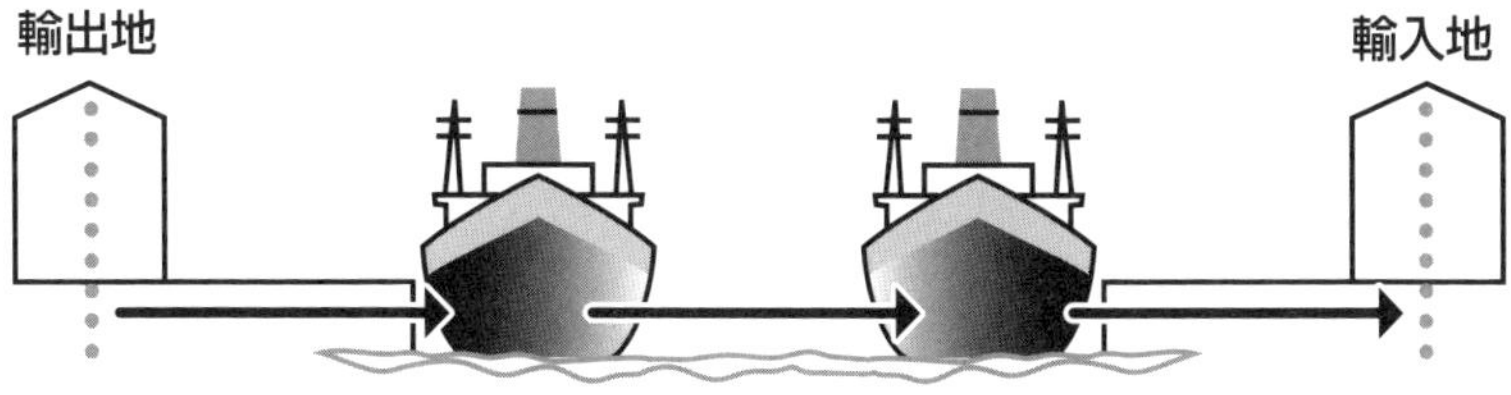

受取った貨物について、輸入者が相手方に
損害賠償を請求すること

＝

①貿易クレーム
②マーケット・クレーム

①貿易クレーム

貨物の品質、数量、受渡し、契約不履行などが原因で発生するクレーム（売買契約の交渉の際、細かく話し合って誤解をなくし、クレーム発生を予防したい）

②マーケット・クレーム

貨物の価格が暴落したためなど、損失を受ける輸入者が輸出者のささいなミスなどを理由に、代金を支払わないなどのクレーム

・悪意のあるクレームであり、根本的な解決策はない
・相手のつけ入るスキを見せないように注意して取引する
・相手の誠実性、信用状態などをよく調べておく

誠意を持って、スピーディに

貿易クレーム解決の方法

和解、斡旋・調停、仲裁、そして訴訟（裁判）があるが、実務上、裁判は避けたほうが無難。

不幸にして貿易クレームが発生した場合、誠意を持って、スピーディに対応することが必要です。輸出品のクレームが機械などの場合、技術者が出張して現地でクレームの原因を調べることによって、容易に解決できる場合もあります。なお、マーケット・クレームの場合、貨物を引渡していないこと（取戻すこと）、代金を支払っていないこと（支払いを中止すること）などは、交渉を有利に進める条件となる可能性が大きいといえます。

●和解

当事者双方の話合いによって解決する方法です。これまでの取引経過を振り返り、お互いに冷静に判断して、代替品を提供するとか、損害賠償金を支払って、友好的に解決する方法です。さらに継続して、次の取引へ進んで行くためにも、最も望ましい解決法です。

●斡旋・調停

斡旋《あっせん》は、当事者間で和解して解決できない場合、公正な第三者の助言を受けて解決する方法であり、調停は、さらに第三者が当事者の主張を聞いて調停案を作り、当事者の受諾によって解決する方法です。なお、斡旋も調停も、第三者は仲介するのみで、強制力はなく、当事者の合意によって解決します。

●仲裁

当事者が、仲裁によって解決することを合意している場合、強制力を持った仲裁により解決することができます。商取引における紛争の場合、最も多く利用される方法です。詳しくは208ページを参照してください。

●訴訟（裁判）

当事者間で解決できない場合、いずれかの国の裁判所に提訴して、裁判官の判断により解決する方法です。相手当事者の合意がなくても提訴することはできますが、たとえ勝訴しても、その判決を外国で強制執行することはたいへん困難です。いずれの国の裁判権も外国には及ばないからです。

貿易取引の紛争を解決する方法としては、望ましい方法とはいえません。

貿易クレームを解決する４つの方法

（注）裁判以外の紛争解決方法は、ADR（Alternative Dispute Resolution）と呼ばれ、仲裁、調停、斡旋などが含まれます

●シンガポール国際商事調停条約

国境を越えた企業間取引の紛争解決に利用される調停（国際的な調停）に関する「シンガポール国際商事調停条約」が、２０１９年８月、シンガポールで、アメリカ、中国など46ヶ国により調印されました。国内法との調整が必要な日本や欧州連合は調印しませんでした。条約が適用されると、合意された国際調停には、仲裁と同様に、強制執行される可能性があります。

２０１８年11月、日本で初めての国際調停の常設機関として、京都国際調停センターが、京都に開設されました。今後、国際仲裁と同様に、国際調停が、日本企業や海外企業の紛争解決に役立つものと期待されます。

※The United Nations Convention on International Settlement Agreements Resulting from Mediation（The Singapore Convention on Mediation）

裁判よりも好ましい紛争の解決方法

仲裁

仲裁のメリットは、仲裁人を当事者が選べること、手続きが非公開であること、一審制であることなど。

仲裁は、商取引にともなう紛争の解決を、第三者である仲裁人の判断に委ねること、および仲裁人の判断（仲裁判断）が出た場合、その判断に従って解決することを、あらかじめ当事者が合意している場合に利用できる方法です。仲裁が合意されていれば、相手が裁判に訴えようとしても、裁判所にその旨伝えることによって、その訴えは却下されます。また、仲裁の合意は、文書で行われる必要があり、仲裁機関名、使用する仲裁規則なども明確に指定しておく必要があります。

仲裁は、裁判よりも好ましい紛争の解決方法として、多く利用されています。それは主に次の理由によります。

●仲裁人は当事者が選ぶ

裁判官に相当する仲裁人は、当事者の合意した方法によって選ぶことができます。特定分野の専門家を仲裁人に選べますし、また相手の選んだ仲裁人が公正でないと判断される場合、忌避（拒否）することもできます。

●手続きが非公開である

当事者の合意がなければ、第三者が審問に参加することもできず、仲裁判断も公開されません。したがって、企業秘密も保護しやすく、紛争の存在自体も公にしないで済ませられます。

●仲裁は一審制である

仲裁は一審制であり、したがって、仲裁の結果は三審制の裁判より早く確定し、費用も安く済ませることができます。また仲裁判断は、確定判決と同一の効力を持ち、最終的かつ確定的に当事者を拘束します（強制力を持つ）。

●仲裁判断は外国で執行できる

貿易取引の紛争は、仲裁判断を外国で執行できなければ解決したことになりません。「外国仲裁判断の承認および執行に関する条約」（通称：ニューヨーク条約）は、国際的な商事紛争における仲裁判断が、どこの国で行われたものでも、これを承認し、執行することを加盟国に義務づけています。なお、2019年2月現在の条約加盟国は、日本を含めて159ヶ国です。

仲裁と裁判（訴訟）のちがい

	仲　裁	裁判（訴訟）
手続き	仲裁合意により、仲裁手続きが行われる。	裁判所に提訴する。相手の合意は不要。
仲裁人・裁判官	仲裁人は、当事者が選ぶ。	裁判官は、当事者が選ぶことはできない。
仲裁人・裁判官の忌避	仲裁人が公平でないと判断される場合、忌避（拒否）することができる。	裁判官を忌避（拒否）することはできない。
非公開性	手続きは、非公開で行われる。取引上の秘密を守ることができる。	手続きは、公開で行われる。
一審制	仲裁は、一審制で行われる。	裁判は、三審制であり、時間、費用などがかかる可能性がある。
効力	仲裁判断は、確定判決と同一の効力を持つ。	判決は、強制力を持つ。
外国における効力	仲裁判断は、外国において承認・執行されうる。	判決は、外国では、通常、強制力を持たない。

（注）日本における常設商事仲裁機関
①日本商事仲裁協会
②日本海運集会所

COLUMN 9

航空会社には厄介な（!?）保険の求償権

日本経済がバブルに沸いていた頃のことです。東京の一流ホテルで豪華な宝飾品展示会が開かれました。展示されている宝飾品は、米国のニューヨークやダラスから、またフランスのパリから、オランダのアムステルダムなどから送られてきた超一流品がいっぱいです。

この展示会には、日本中からたくさんのお客さんが招待されて、気に入ったものを買っていかれました。

展示会終了後、売り切れなかった商品が、それぞれの出品者のもとに送り返されることになりました。超高級品ですから、いずれも航空便で送ります。ところが、ニューヨークへ向けて送り返す宝飾品は、運送を引受けてくれる航空会社が見つからないのです。

「エエッ、どうして？」

なんとも理由がわかりません。いろいろ調べたところ、やっとわかりました。

航空会社は、あまりにも高価な商品がたくさん含まれているので、運送中の危険に責任をもてないというのです。その頃、ニューヨークは非常に物騒な街でした。航空会社は、貨物が航空機に載っている間は、なにも問題はありません。航空機から下ろされたとき以降、貨物について責任を持てないというのです。

航空会社は、運送中の貨物に滅失・損傷などの事故が発生した場合、損害を賠償しなければなりません。事故が起きた場合、貨物の送り主が保険金をもらって納得しても、その後、保険会社が航空会社に、送り主に代わって、損害賠償を請求します。代位求償です。航空会社にしてみれば、相手がだれであっても、損害賠償の請求から、逃げるわけに行かないのです。

ニューヨーク行きの航空便を持っている航空会社は、たくさんありますが、どの航空会社も、みな同じように「運送お断り」だったのです。貨物の荷送り人は困ってしまいました。いろいろと交渉した結果、ある航空会社が、条件付きで、ニューヨーク向けの運送を引受けてくれることになりました。すなわち、保険会社が求償権を放棄すること。

第10章
これからの貿易取引

SECTION 93

輸出代金を安全に回収するには

フォーフェイティング、国際ファクタリング、サイレント・コンファメーション

いろいろな方法が利用されている。

貿易取引で発生する売掛債権（輸出代金）の回収を安全に行うため、いろいろな方法が利用されています。

●フォーフェイティング

輸出者が振出す期限付為替手形を、輸出地の銀行が、輸出者の買戻し条件なしで、買取ることをいいます。

輸出地の銀行は、輸入者による手形の引受け（支払いの保証）や輸入地の銀行による支払保証などをもらって、手形代金回収のリスクに見合った金利を計算し、手形金額（インボイス金額）の100％を買取ります。買取りの対象は、信用状付輸出為替手形が一般的です。

買戻し条件なしですから、輸出者は、輸入者の支払リスク、輸入国のカントリーリスクを心配する必要がありません。しかし、商品に対する貿易クレーム、マーケット・クレーム、輸出書類のディスクレなどは輸出者の責任であり、銀行は責任を持ちません。

●国際ファクタリング

ファクタリングは、企業の売掛債権（未回収販売代金）を買取って、決済期日前（支払期日前）に売却（譲渡）して資金を調達するなど、売掛金を主な対象とする債権管理のサービスです。

国際ファクタリングは、輸入国のファクタリング会社の信用保証にもとづいて、輸出国のファクタリング会社が輸出債権（輸出代金）の支払を保証します。信用状のない輸出為替手形Ｄ／Ｐ、Ｄ／Ａだけでなく、送金による決済にも利用できる方法です。なお、ファクタリングは、輸入者の不払いなどの信用危険と天災などによる支払不能のみを対象としており、その他の非常危険、貿易クレーム、マーケット・クレームなどの事故は対象になりません。

●サイレント・コンファメーション

信用状発行銀行や輸入国のカントリーリスクに不安がある場合、輸出者が受取った信用状に、輸出者の取引銀行のサイレント・コンファメーション（信用状の確認）をもらう方法です。

フォーフェイティング、国際ファクタリング、サイレント・コンファメーション

A：信用状にもとづく代金回収の流れ

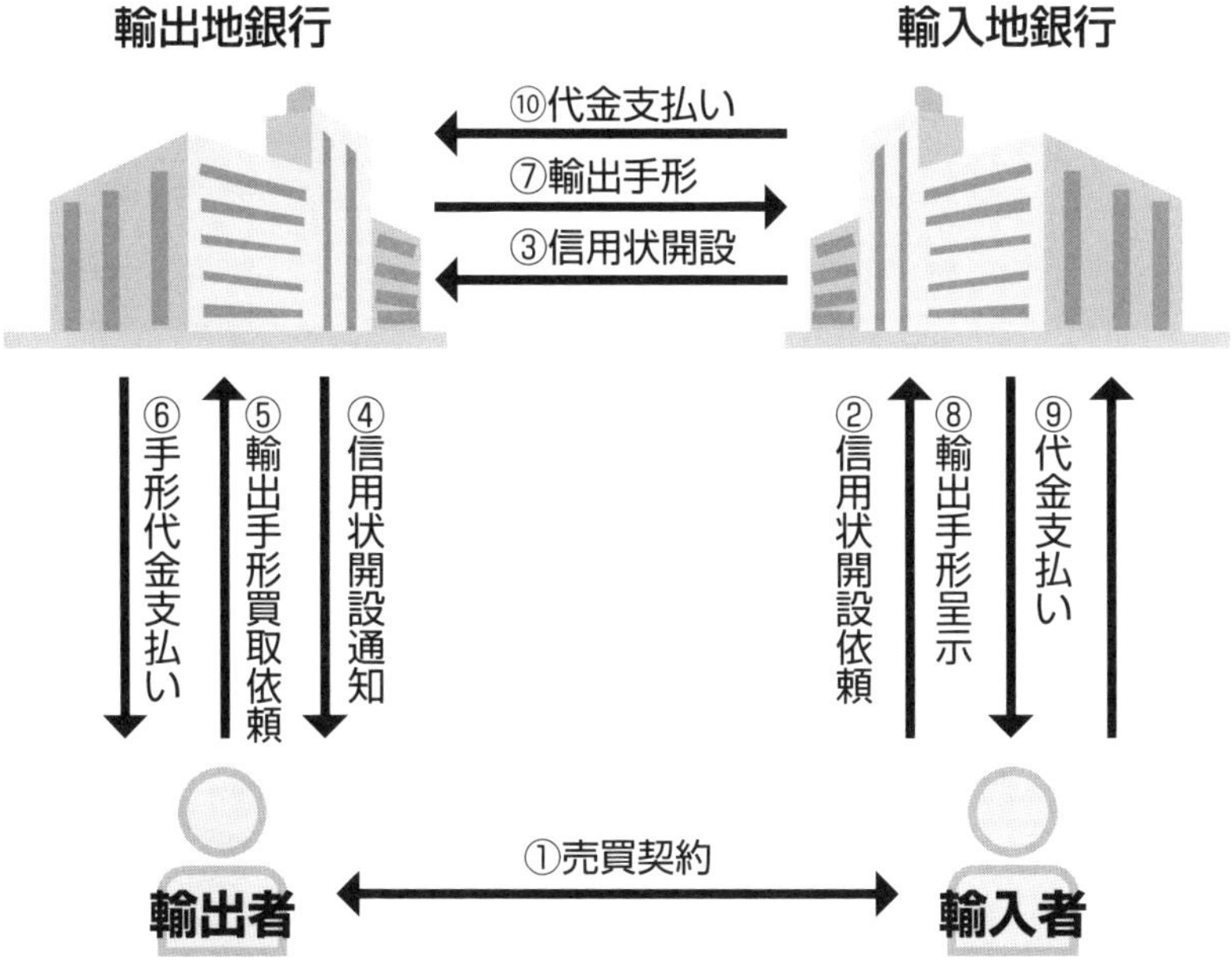

B：代金回収のいろいろな方法（信用状との併用が多い）

1．フォーフェイティング

・期限付き為替手形を、買戻し条件なしで買取ること。

2．国際ファクタリング

・売掛債権（輸出代金）の支払を保証する。

・回収不能はファクタリング会社の負担。

3．サイレント・コンファメーション（信用状の確認）

・（信用状発行銀行の依頼なしに、輸出国の銀行が行う信用状の確認＝支払い保証）

・輸出地銀行が、輸出者受取りの信用状に、支払いの確約を与えること。

SECTION 94

発注から輸送状況までを情報技術で管理

サプライチェーン・マネジメントとバイヤーズ・コンソリデーション

地球規模のサプライチェーン・マネジメントを築く。

商品の原材料供給者からメーカー、流通業者（卸売業者）、小売業者を経て、最終消費者に至るまでの、商品の供給にかかわる関係者のつながりをサプライチェーンと呼んでいます。

これら一連の業務のつながりもサプライチェーンといい、またバリューチェーン、デマンドチェーンと呼ぶこともあります。

●サプライチェーン・マネジメント

どんなものでも作れば売れた時代が、今では消費者（顧客）が欲しいと思う品物を、欲しいと思うときに提供しなくては売れない時代になっています。多様化した消費者のニーズに合わせて、在庫は持ちたくないが、買いたい顧客にはすぐ売りたいために、全体として、サプライチェーンの業務が最適な効果を得るように、効率をめざした経営戦略をとる必要があります。

これをサプライチェーン・マネジメントと呼んでいます。

いわば、在庫ゼロをめざすジャストインタイム（カンバン方式）の考え方を、商品の流れにかかわる他の企業の協力を得て行うことです。

貿易取引は、国境を越えた売買取引ですから、地球規模のサプライチェーン・マネジメントで、貨物がいつ出来上がるのか、いまどこにあるのか、いつどこへ到着する見込みなのかなど、情報技術を利用して貨物の状況を把握し、できる限り全体最適の状態で輸出・輸入して販売に結びつける必要があります。

●バイヤーズ・コンソリデーション（バイヤーズ・コンソリ）

サプライチェーン・マネジメントの一つの形に、バイヤーズ・コンソリデーションがあります。これは海外（輸出国）の多数の仕入先から購入した多種類の商品を、買い手（輸入者）が、国際物流の会社に依頼して、輸出地で一つまたは複数のコンテナにまとめて、運送し輸入する方法です。国際物流会社の現地事務所は、輸入者に代わって、注文先から受取る商品の納期を

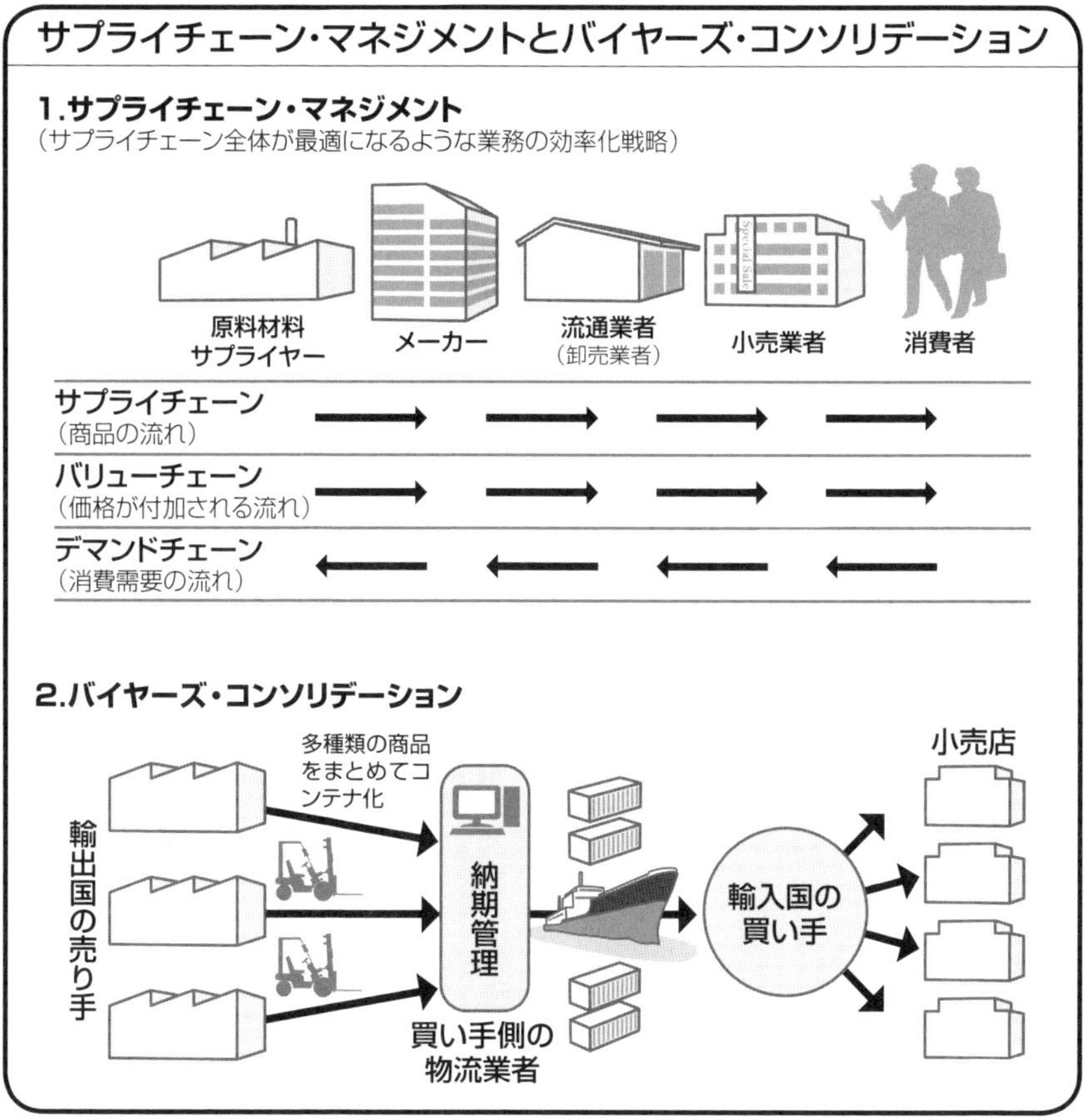

管理（生産状況の確認、出荷の確認・催促）し、受取った商品をまとめてFCL貨物として運送し、輸入国の国際物流会社が輸入後、指定倉庫で買い手に引渡します。

貨物は、FCL単位のコンテナ貨物とすることで、船積・運送費用を小さくします。またコンピュータ利用の輸送進捗管理システムで、輸入商品の担当者は、貨物一つ一つの出荷、船積、海上運送、陸揚、陸上運送などの進行状況がわかるので、自分の欲しい商品が、いまどこにあるのかを、いつでもチェックすることができます。

バイヤーズ・コンソリデーションは、中国をはじめ世界各国から多種類の商品を輸入する米国や日本の大手小売業者が利用している方法でもあります。

SECTION 95

為替リスクを避けるには

通貨オプション

コールオプションとプットオプションがある。オプション料なしのゼロコスト・オプションもある。

●コール&プットオプション

国境を越えて行う貿易取引では、為替リスクを避けることができません。為替リスクを避ける（ヘッジする）方法として、デリバティブの一種といわれる通貨オプションを利用する方法があります。

通貨オプションとは、「将来の一定時期に、一定価格で、ある通貨を売買することができる権利」を売買する取引のことをいいます。また、通貨を買う権利をコールオプション、通貨を売る権利をプットオプションといいます。

たとえば、輸出代金を米ドルで受取る輸出者が、取引銀行から「3ヶ月先に10万米ドルを銀行へ1米ドル＝120円で売る権利」を買うことをいいます。

3ヶ月後にドル安円高の、1米ドル＝110円になっていれば、権利を行使して、1200万円を受取ることができます。3ヶ月後にドル高円安の1米ドル＝130円になっていれば、権利を放棄して、1300万円を受取ることができます。為替リスクのヘッジとともに、為替差益を狙うこともできるのです。

オプション取引では、権利を行使するか否かは、オプションの買い手（一般に輸出入者）の自由です。しかし、オプションの売り手（一般に銀行）は、買い手が権利を行使する場合、これに応ずる義務があります。

先の例の場合、オプションの売り手は、どんなにドル安円高になっても、約束通りに1米ドル＝120円で米ドルを買わなければなりません。売り手のリスクは無限といっていいでしょう。

その代わりに、買い手からオプション料（プレミアム）をもらいます。オプション料は、オプションの権利を買うために、買い手が支払う代金です。売り手が負担するリスクの大きさに合わせて、オプション料は変化します。

●ゼロコスト・オプション

オプション料を支払いたくない人が利用できる通貨オプションとして、ゼロコスト・オプション（レンジ・フォ

通貨オプションの例

● 輸出取引に利用できる通貨オプション

・3ヶ月後の直物レートと円貨受取額
・3ヶ月後の輸出者による10万米ドルのドル売り（1米ドル=120円の予約）

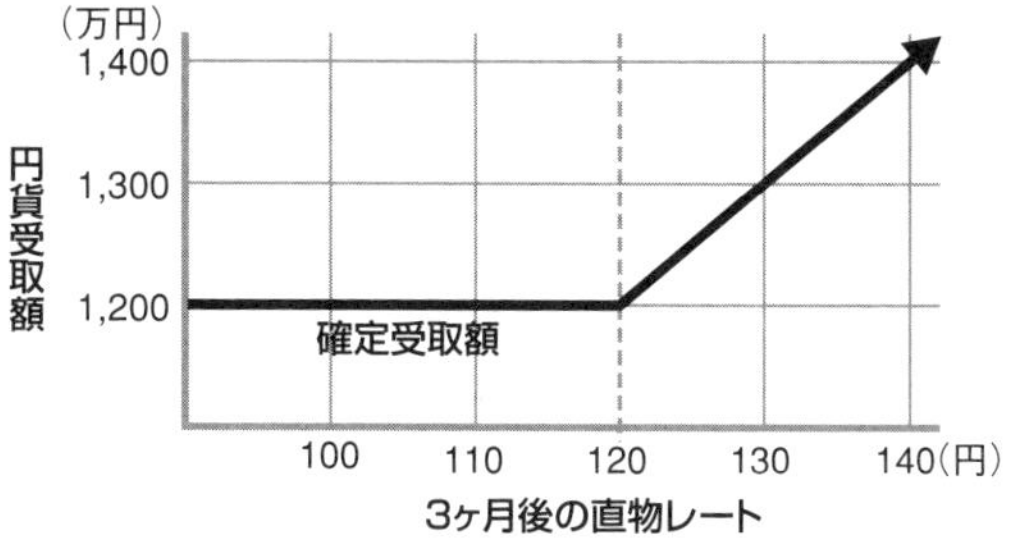

● 輸入取引に利用できる通貨オプション

・3ヶ月後の直物レートと円貨支払額
・3ヶ月後の輸入者による10万米ドルのドル買い（1米ドル=120円の予約）

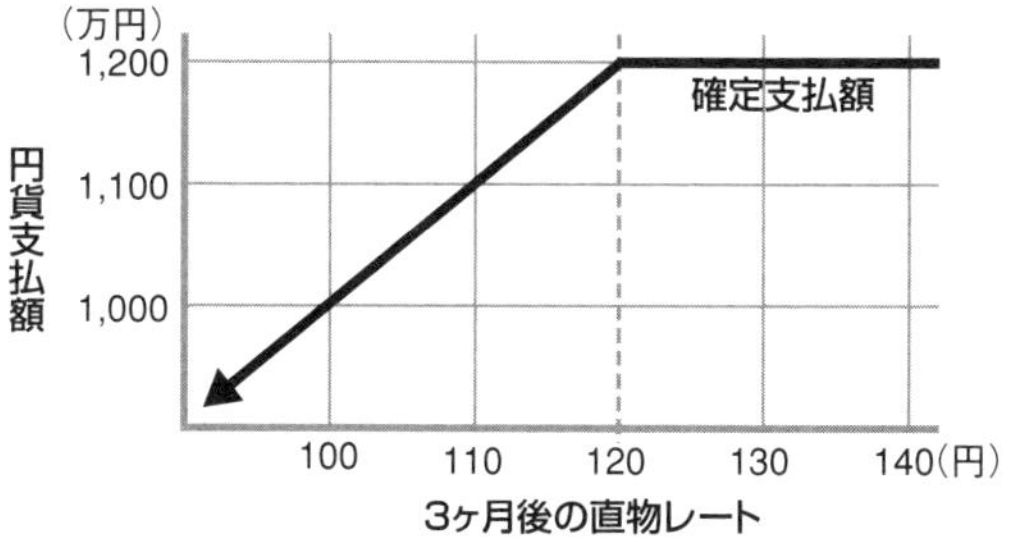

ワードと変額レンジ・フォワード）があります。

レンジ・フォワードは、先物予約を、一定金額の相場でなく一定の幅（レンジ）の相場で行う先物予約です。為替リスクも為替差益もほどほどの狭い範囲でカバーされる方式です。

また変額レンジ・フォワードは、相場の変動によっては、有利な相場を利用できる反面、オプション料をゼロにするため、外貨の売買金額を必要以上に、どんどん増やさなければならない可能性のある先物予約です。

なお、通貨オプションの権利行使には、あらかじめ定めた期日だけ実行できるヨーロピアンタイプと、期日までの期間内はいつでも実行できるアメリカンタイプがあります。

SECTION 96

知的財産権を侵害された場合

知的財産権と貿易

ジェトロの情報網を利用したり、日本貿易保険の知的財産権等ライセンス保険（知財保険）を付けたりする。

●商品は知的財産である

競合する他社（他国）商品とくらべて、どんな差別化をはかることができるかが、取引商品の重要なポイントになります。他社がマネできない輸出商品・輸入商品として特徴をあらわすことができるのは、価格競争から離れた、商品の品質、デザイン、ブランドなど商品そのものによる差別化です。

フランスの有名ブランド商品は、品質・デザインの良いことが、ブランドの評価・信用を高くし、価格が高くても、たくさんの人が買っています。

これは「商品が知的財産である」という差別化によるものです。

知的財産基本法による知的財産とは、「①発明、考案、植物の新品種、意匠、著作物その他の人間の創造的活動により生み出されるもの、②商標、商号その他事業活動に用いられる商品または役務を表示するもの、および③営業秘密その他の事業活動に有用な技術上または営業上の情報」と定義されています。

また知的財産権とは、「特許権、実用新案権、育成者権、意匠権、著作権、商標権その他の知的財産に関して法令により定められた権利または法律上保護される利益にかかる権利」のことをいいます。

自社のブランドや得意とする生産技術は、非常に重要な知的財産です。顧客のニーズに合わせて、競合企業との競争で優位に立てるように、うまく利用したいものです。

国際的には、世界貿易機関の「知的所有権の貿易関連の側面に関する協定」（ＴＲＩＰＳ協定）により、知的財産権保護が推進されていますが、国により、保護の程度に濃淡があります。

●知的財産権侵害への対処法

①最近、中国や東南アジアの海外生産品や輸出品の知的財産権侵害が非常に多く発生しています。特許権や商標権などの知的財産権は、権利を登録して有効になります。権利の侵害事件が起きてからでは、手遅れになることも

知的財産権と貿易

［競合する他社（他国）製品とくらべて競争上優位に立つためには］

↓

知的財産による差別化

↓

知的財産とは	知的財産権
①発明、考案、植物の新品種、意匠、著作物その他の人間の創造的活動により生み出されたもの	①特許権、実用新案権、意匠権、著作権など
②商標、商号その他商品またはサービスを表示するもの	②商標権など
③営業秘密、その他技術上、営業上の情報	③ノウハウなど

↑

海外で知的財産権に対する侵害を受けた場合	海外取引先からライセンス契約にもとづくロイヤリティーなどを回収できない場合
ジェトロの情報網を利用することができる	日本貿易保険の知的財産権等ライセンス保険（知財保険）を利用することができる

あります。日本のみでなく外国においても、あらかじめ権利を登録しておくことをおすすめします。

②海外で知的財産権の侵害を受けた場合、費用はかかりますが、ジェトロ（独立行政法人日本貿易振興機構）の情報網を利用することができます。

③外国企業とライセンス契約を結んで、特許、ノウハウ、著作権などを提供する場合、ロイヤリティーなどの回収不能による損失は、株式会社日本貿易保険の知的財産権等ライセンス保険（知財保険）を付けることによってカバーすることができます。

④特許権、商標権、育成者権などの権利者は、権利を侵害すると思われる貨物が輸入されようとしている場合、税関長に申し立てて、権利侵害物品であることが認定された場合、税関長は、貨物を没収し、または輸入者に積戻しを命じることができます。

SECTION 97

貿易手続きの電子化

書類の数を減らし、転記ミスを防ぐ

商取引の書類を電子データ化し、そのデータを電子的に受発信する。

●電子式データ交換

貿易取引は、国境を越えた遠く離れた外国との取引であるため、商品の注文から受取り、代金の決済まで、さまざまな人がかかわっており、たくさんの書類が使われています。

また、取引商品がメーカー、運送業者、保険会社、銀行、通関業者、税関などを移動するにつれて、それぞれの手続きとともに、いろいろな書類が使われています。

輸出者が作成するインボイスは、商品の明細・価格などを表示しており、輸出国・輸入国の税関手続きにも必要な書類ですが、その内容は、船会社が発行する船荷証券にも記載され、保険会社が発行する保険証券にも記載されます。同じ内容が繰返し重複して記載されています。すなわち転記されているのです。

書類の数を減らしたい、転記によるミスを防ぎたい、さらに手続きをスピーディに行いたいなどの目的で、コンピュータを利用して、商取引の書類を電子データ化し、そのデータを電子的に発信し受信することが行われています。電子式データ交換、あるいは電子データ交換のことで、ＥＤＩと呼んでいます。

地球規模の巨大な通信網であるインターネットが普及するとともに、紙を使わない電子商取引が進展し、国際的なデータ交換のフォーマット（データ書式）の標準化が行われ、貿易手続きの電子化が促進されつつあります。

さらに貿易手続きの電子化は、単に書類の作成・送付をスピーディに行うだけでなく、商品のサプライチェーン・マネジメントを改善することにもつながります。

●ＥＤＩデータの安全性

インターネットは、だれでも利用できるオープンなネットワークである反面、盗聴、改ざん（送信途中で元情報が変更されること）、成りすまし（本人に成りすまして、情報を受取り発信すること）、しらばくれ（送受信した

貿易手続きの電子化

EDIとは	・電子データ交換（electronic data interchange）のこと。 ・異なる企業間で、商取引のデータを、標準化されたフォーマット（標準規約）にもとづいて、コンピュータ間で交換すること。
貿易EDIとは	・貿易取引にかかわるEDIのことで、次の２つに大別できる。 ①経済産業省や税関など、政府機関へ輸出･輸入の許可･承認などを申請するシステム。NACCSや貿易管理サブシステムなどがある。 ②貨物の運送や代金決済など、民間企業中心の貿易手続きシステム。TEDIやBoleroなどがある。
貿易金融EDIとは	・貿易取引にかかわる物流や代金決済などを含めた総合的な貿易EDIのこと。 ・具体的には、上記の貿易EDIの②を指す。

（1） 物流に関連する代表的な書類の流れ

売買契約書 → インボイス → 輸出申告書 → 保険証券 → 船荷証券 → 輸入申告書

（2） 政府機関に提出する代表的な書類

輸出許可申請書 → 輸出承認申請書 → 輸入割当申請書 → 輸入承認申請書

（3） 代金決済にともなう代表的な書類

信用状 → 為替手形 → 送金依頼書

にもかかわらず、送受信していないといいはること）などの危険があります。このため、暗号技術の中でも安全性の高い公開鍵暗号方式を中心とするシステムを利用して、ＥＤＩデータの安全性を守る努力がなされています。

なお、貿易取引にかかわるＥＤＩは、①経済産業省や税関など、政府機関へ輸出・輸入の許可・承認などを申請するシステムと、②貨物の運送や代金決済など、民間企業中心の貿易手続きシステムに大別することができます。

なお、貿易取引の物流や代金決済などを含めた総合的な貿易ＥＤＩを貿易金融ＥＤＩと呼んでいます。

貿易金融ＥＤＩで最大の問題は、船荷証券の機能を、いかに電子化することができるか、ということです。貨物引換証の働きを持つ有価証券の電子化が問題です。

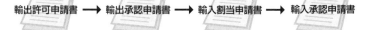

輸出入手続きの全面電子化

府省共通ポータルとNACCS

政府機関に対するワンストップサービス、シングルウィンドウ化が行われつつある。

オーストラリア、シンガポール、韓国をはじめとして、世界各国で輸出入手続きの全面電子化が進められています。日本でも政府機関に対する輸出入の許可・承認などの申請手続きを、コンピュータを利用して電子申請することができます。

●外為法上の許可・承認手続き（従来のJETRAS：ジェトラス）

輸出貨物に対する外為法上の輸出許可・輸出承認などの申請を、あるいは輸入貨物に対する輸入割当・輸入承認などの申請を行うとき、パソコンとインターネットを利用して「府省共通ポータル」の運営を行っているNACCSセンター経由で、経済産業大臣に電子申請することができます。具体的にはNACCS貿易管理サブシステムから申請します。経済産業大臣の輸出許可・承認申請、輸入割当・承認申請などの審査が完了して許可・承認がされると、正式の許可・承認書がNACCSセンターの貿易管理サブシステムに送られて保管されます。申請者（輸出入者）から連絡を受けた通関業者は、許可・承認書のパスワードを入れてデータに裏書した上で、NACCSを利用して税関に輸出入申告することができます。また、税関職員は、みずから貿易管理サブシステムに接続して、外為法上の許可・承認を確認し、通関手続きを行います。紙ベースの許可・承認書を提出する必要はありません。なお、この電子申請を行うには、あらかじめ経済産業省へ利用者登録を済ませておくことが必要です。また別途、NACCSセンターへ利用申込みをして、利用者ID、暗証番号などの交付を受けておく必要があります。

●NACCS（ナックス　輸出入・港湾関連情報処理システム）

政府機関に対する同じ種類の、複数の手続きを一つの窓口（1ヶ所）で行うことをワンストップサービスといい、政府機関に対する複数の手続きを1回の入力・送信で行うことをシングルウィンドウといいますが、NACC

NACCS貿易管理サブシステム

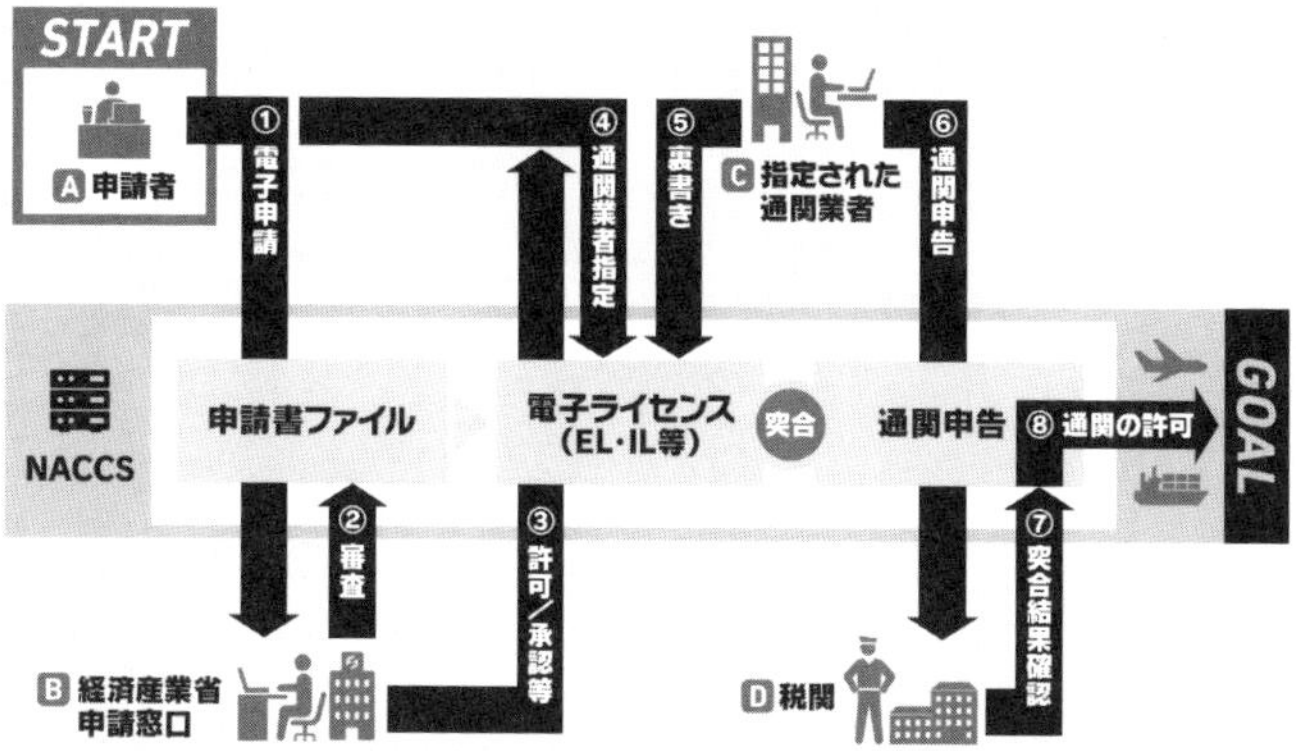

③許可/承認等 が下りたら、**④通関業者指定** の操作(交付された電子ライセンスの許可番号ごとに、取引先の通関業者のNACCS利用者コードを登録/指定する)を行えば、即、全国どこの税関官署でも通関申告できます。

電子申請できる手続き

- **安保関連**(個別許可)
- **安保関連**(包括許可)
- **化学品**
- **銃砲・刀剣・火薬類**
- **バーゼル**
- **ワシントン**
- **水産物**

経済産業省「電子申請にしてよかった！」より

Sを中心に、輸出入手続き・港湾関連手続きのワンストップサービス、シングルウィンドウ化が行われつつあります。

NACCSセンターが運営する「府省共通ポータル」には、①貿易管理（従来のJETRAS）（経済産業省）、②食品衛生（厚生労働省）、③植物検疫（農林水産省）、④動物検疫（農林水産省）、⑤輸出入通関・輸出入貨物管理（NACCS）（財務省）、⑥乗員上陸許可（法務省）、⑦港湾EDI（港湾手続きは国土交通省、検疫手続きは厚生労働省）が含まれています。

また、NACCSおよび港湾EDIを利用して「1965年の国際海上交通の簡易化に関する条約（FAL条約）」に対応する港湾手続きの簡素化・電子化も行われています。

貿易金融EDI

ボレロ(Bolero)・テディ(TEDI)・トレードカード(TradeCard)

ボレロはEU、テディは経済産業省、トレードカードは世界貿易センター連合が設立。

船荷証券の危機を契機として、船荷証券そのものを電子化すれば、この危機をなくすことができるだろうと考えたのが、貿易金融EDIの始まりです。

貿易取引の書類を電子化し、インターネットで交換することによって、貿易手続きをスピーディに、スムーズに、コストを掛けないで行うことをめざしています。

●ボレロ(Bolero)

ボレロは、EU(欧州連合)がスポンサーとなって始まった貿易金融EDIです。運営の主体となるボレロ・インターナショナル社は、1998年、世界中の主な金融機関をオンラインで結び、世界で最も安全なシステムといわれるスイフト(SWIFT=国際銀行間金融通信協同組合)と、世界中の大手船会社、フォワーダー、港湾当局などが加盟しているTTクラブ(T.T.Club=国際複合輸送の相互保険協同組合)が折半で出資して設立されました。

ボレロの電子船荷証券は、登録機関、認証機関が仲介することによって、貨物所有権の発生、移転、消滅が厳密に管理され、記録されます。紙ベースの船荷証券と同じ効果をもたせることができるのです。

ボレロの利用者は、ルールブック(会員規約)に署名することにより、ボレロ・ルールに拘束され、ボレロ・ルールに従った権利・義務の関係が発生します。ボレロの電子船荷証券を利用する貿易取引は、会員間の貿易取引に限られます。

●テディ(TEDI)

テディは、日本の経済産業省がスポンサーとなって始まった貿易金融EDIで、2001年から実用化されました。

貿易取引の当事者同士が合意した取決めにもとづいて、認証機関・登録機関で認証を受けて登録し、電子船荷証券と貨物の所有権を移転します。

しかし、日本の輸出企業、特に大手

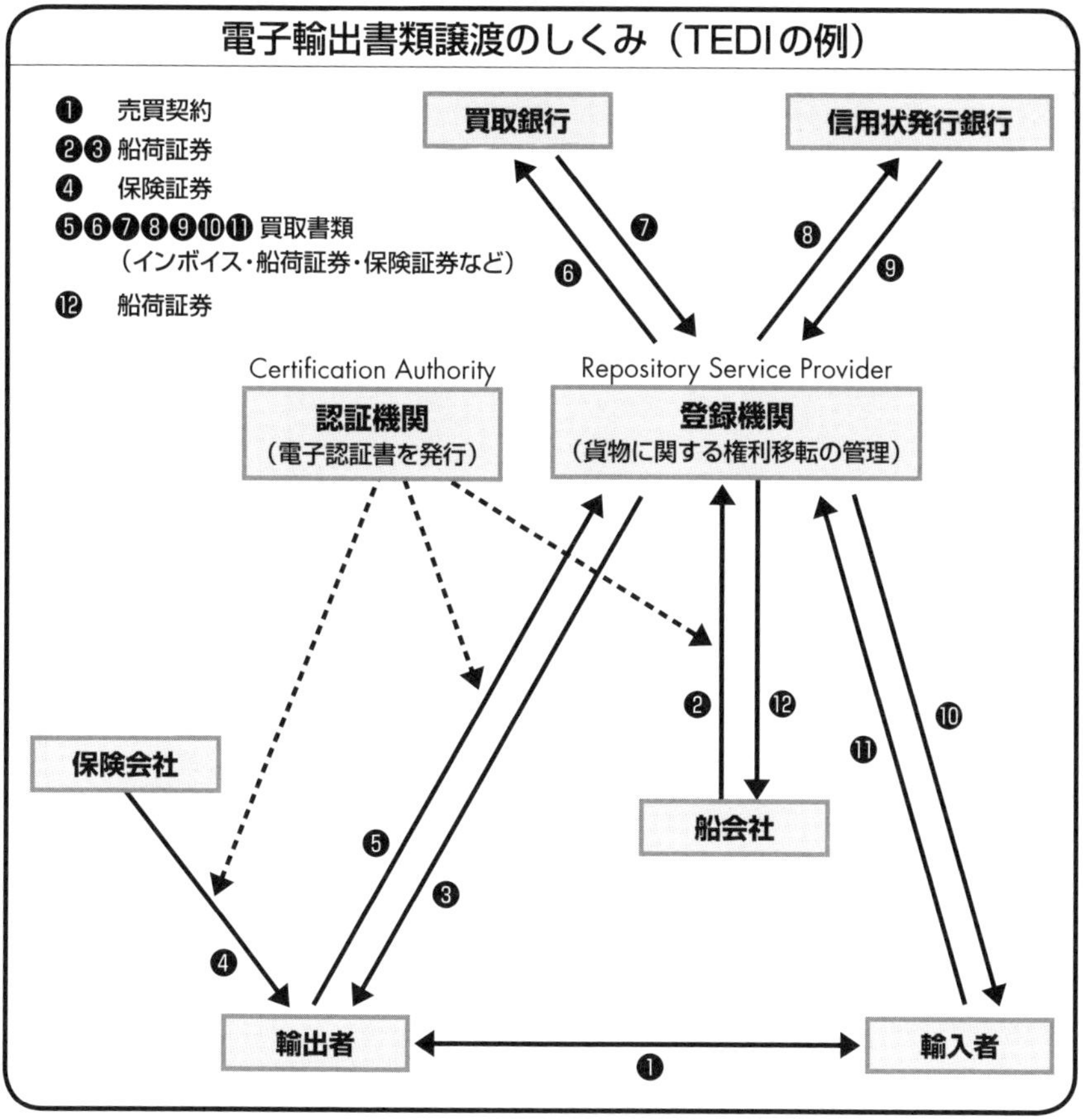

の企業は、自社独自の個別ＥＤＩを構築しており、海外取引に必要な手続きも、自社の個別ＥＤＩにより処理している状況があります。このため当初の期待に反して、テディの利用がきわめて少なく、２００９年テディ業務を担当する会社（団体）は解散し、その活動は（財）日本貿易手続簡易化協会に継承されています。

●トレードカード（TradeCard）

　トレードカードは、１９９７年、約１００ヶ国が加盟している世界貿易センター連合が米国ニューヨークに設立した企業で、従来の貿易取引のしくみを見直し、貿易書類の審査、取引先の信用状態の確認、代金決済の手続きを中心に電子化しています。船荷証券は使用しません。また加入者は、フランスの信用保険会社コファスの信用調査を受けることになっており、売り手の代金回収は、コファスが保証します。

SECTION 100

法令違反や道徳規範に反する行為は命取りに

コンプライアンス（法令順守）

コンプライアンスのしっかりした企業なら、ＡＥＯ制度を利用できる。

コンプライアンスとは、法令を遵《じゅん》守《しゅ》すること、すなわち法律や法律にもとづく命令を守ることをいいます。また、コンプライアンス・プログラム（コンプライアンス・マニュアル）は、法令を遵守する計画のことですが、一般的には、企業の経営や活動に際して、経営者や従業員が守るべき法令や道徳規範（企業倫理）に反する行為を未然に防ぐために、また万一にも違反が起きた場合、マイナス影響を受けないために、あらかじめ作っておくルールのことをいいます。

輸出手続きや輸入手続きに関連して、コンプライアンスを要求され、あるいはコンプライアンス・プログラムを作成することが多くなりつつあります。

●安全保障輸出管理制度

国際的な取決めにより、「国際的な平和および安全の維持を妨げることとなると認められる貨物」の輸出には、外為法による経済産業大臣の輸出許可を受けなければなりません。

特に、通常兵器の開発・製造、および大量破壊兵器（原子核兵器、化学・生物兵器、ミサイルなど）の開発・製造に利用される恐れのある貨物の輸出には、技術面の確認と法令上の確認を含めて、企業の自主的積極的な輸出管理が求められています。輸出企業は、代表取締役を最高責任者とするコンプライアンス・プログラムを作成して、経済産業大臣へ提出するとともに、一定の手順にしたがって日常業務を行うことが求められています。

●ＡＥＯ制度

ＡＥＯ制度を利用する特定輸出者・特例輸入者などは、過去の一定期間に法令違反がないほか、税関手続きや貨物の管理について、法令遵守の体制を整備し、社内規定（コンプライアンス・プログラム）を作成して、税関へ提出するとともに、一定の手順に従って日常業務を行うことが求められています。170ページを参照してください。

●輸出者等遵守基準

国際的な平和および安全の維持のた

コンプライアンス（法令遵守）

コンプライアンス

・法令を遵守すること。
・すなわち、法律や法律にもとづく命令を守ること。

▼

コンプライアンス・プログラム

・法令を遵守する計画のこと。
・一般的には、企業の経営や活動において、経営者や従業員が守るべき法令や道徳規範（企業倫理）に反する行為を未然に防ぐため、また万一にも違反が起きた場合、マイナス影響を受けないように、あらかじめ作っておくルールのこと。

▼

コンプライアンスが要求される例：

1．**安全保障輸出管理制度**
「軍事目的に直接に使われる貨物」および「通常兵器や大量破壊兵器の開発・製造に利用される恐れのある貨物」の輸出企業は、法令遵守の社内規定（コンプライアンス・プログラム）を作成し、実行する。
2．**AEO制度（Authorized Economic Operator）（認定事業者制度）**
過去一定期間に法令違反のない輸出者・輸入者が、「税関手続き」や「貨物の安全管理」について、法令遵守の社内規定（コンプライアンス・プログラム）を作成し、実行する。
3．**EUの環境規制**
産業、金融などいろいろの分野で、EUは独自のルールを作っている。たとえば環境の分野で、一定の規制値を超える特定物質を含む製品は生産・輸入・販売が禁止される。輸入企業は、法令を遵守すること(コンプライアンス)が要求される。

め、外為法には、貨物の輸出や技術の提供を継続して行うすべての輸出者が守るべき基準が規定されています。

①すべての輸出者が守るべき基準

輸出貨物・技術がリスト規制に該当するか否かの判断確認の責任者を置く、輸出に従事する者に、最新の法令を遵守するため、必要な指導を行う。

②リスト規制貨物・技術の輸出者が守るべき基準

組織の代表者を輸出管理の責任者にする、組織内の業務分担・責任関係など、社内の輸出管理体制を定める、該当・非該当確認の手続きを定める、出荷時に、該当非該当を確認した貨物と一致していることを確認する、法令違反、またはその恐れがあるとき、経済産業大臣に報告し、かつ再発防止策を講ずるなど。

COLUMN 10

産業の空洞化は今後も進むのか、それとも……

日本の「産業の空洞化」が問題になっています。産業の空洞化とは、国内で生産していては国際競争力を維持できない産業が、生産拠点を海外に移す結果、国内産業が衰退し、企業の設備投資が減少し、雇用が減少して、経済活動が低下することをいいます。

なお、産業が海外移転したために生じる空白を、新しい産業が補い、国内の雇用が維持・増進される場合は、産業の空白といわず、「産業（構造）の高度化」といいます。

産業の空洞化は、急激な円高傾向、貿易摩擦の激化、賃金・税負担の上昇などにより国内賃金コストが高くなること（または外国賃金がきわめて安いこと）、さまざまな規制などのために国内生産コストが高くなることによって生じる現象です。貿易黒字は円高や貿易摩擦をひき起こし、産業が空洞化する非常に大きな原因です。

現在、問題となっている産業の空洞化は1990年代以降のことで、その主な原因は「世界の工場」となりつつある中国の豊富で優秀な労働力と安価な賃金です。それに加えて、巨大な人口を持ち、将来有望な中国の国内市場が、日本のみならず世界中の企業をひきつけているからです。

これまで日本の最大の貿易相手国は米国でしたが、2004年、中国が米国に代わって、日本の最大の貿易相手国になりました。日本から部品・素材を輸出し中国で最終製品に組み立てて、日本はじめ世界に輸出するという流れができたためと見られます。しかし、海外現地での部品調達が進んでおり、中国へも日本の部品・素材メーカーが進出し、現地メーカーの技術水準向上とあいまって、現地調達率が高くなっています。また開発部門を現地へ移転させる日本企業もあり、現地の技術水準は今後ますます高くなるものと思われます。日本からの輸出がこれからも継続して増加するとは限りません。

しかし、日本のすぐれた技術と効率的な生産性を生かして、高付加価値の製品を日本で作ろうとする動きも大きくなりつつあります。

産業の空洞化はこれからも大きなテーマです。

さくいん

Index

著者略歴

高橋 靖治（たかはし　やすはる）

貿易ビジネスコンサルタント、貿易アドバイザー協会会員、国際商取引学会会員、独立行政法人日本貿易振興機構（ジェトロ）貿易アドバイザー試験合格者
1958年大阪外国語大学卒業（現大阪大学外国語学部）、1965年産業能率短期大学卒業。

1958年株式会社服部時計店入社（現セイコーホールディングス株式会社）、特品海外業務部長を経て、株式会社ピーエスジー代表取締役（セイコー関連会社）、1996年同社退社。

貿易ビジネスコンサルタントの業務のほか、公益財団法人日本関税協会、公益財団法人東京都中小企業振興公社、国際商業会議所日本委員会をはじめ、各種の企業、ビジネス専門学校、資格予備校などで貿易実務講座、貿易ビジネス英語講座などの講師をつとめる。東京都武術太極拳連盟監査。社会保険労務士、宅地建物取引主任者でもあり、それが著者の視野を広くしている。

著書に『貿易の取引と実務』（東京リーガルマインド）、『貿易のしくみと実務』（同文舘出版）がある。

なるほど！　これでわかった
最新版 図解　よくわかるこれからの貿易

2020年4月9日　初版発行

著　者 ―― 高橋　靖治
発行者 ―― 中島　治久

発行所 ―― 同文舘出版株式会社

東京都千代田区神田神保町1-41　〒101-0051
電話　営業03（3294）1801　編集03（3294）1802
振替 00100-8-42935　http://www.dobunkan.co.jp

ISBN978-4-495-57203-7
印刷／製本：萩原印刷
Printed in Japan 2020